»Moskau ist mehr als schön, es ist unvergeßlich«, schwärmte Stefan Zweig. Und bis heute kann sich kaum ein Besucher dem Zauber der Stadt entziehen. Der vorliegende Reisebegleiter lädt ein, auf sechs Spaziergängen die bedeutendsten Sehenswürdigkeiten Moskaus zu erkunden: den Kreml und den Roten Platz, die Gassen von Kitaj Gorod und des Arbatviertels, die Basiliuskathedrale und die Dreifaltigkeitskirche u. v. a. Wir sind mit Dr. Schiwago in Moskau unterwegs, folgen den Spuren Tolstojs, Bulgakows und Tschechows, begegnen Marina Zwetajewa, Lermontow und Gogol. Doch auch vieles, den Touristen normalerweise Verborgenes gibt es hier zu entdecken. Ein unentbehrlicher Begleiter im Reisegepäck und wunderbare Lektüre für zu Hause.

Von Ingrid Schalthöfer liegt im insel taschenbuch außerdem der Reisebegleiter *St. Petersburg* (it 2833) vor. Sie studierte Slawistik in Mainz und Moskau und ist bis heute beruflich mit Rußland verbunden.

insel taschenbuch 3454

Moskau

Mittelpunkt der kirchlichen und weltlichen Macht: das Kreml-Ensemble

Moskau

Ein Reisebegleiter

Von Ingrid Schalthöfer
Mit Stadtplänen und farbigen Fotografien

Insel Verlag

Umschlagabbildung: Bildagentur Huber/G. Simeone

insel taschenbuch 3454
Erste Auflage 2010

Hinweise zu dieser Ausgabe am Schluß des Bandes
Vertrieb durch den Suhrkamp Taschenbuch Verlag
Umschlag: Elke Dörr
Satz: Hümmer GmbH, Waldbüttelbrunn
Druck: Nomos, Sinzheim
Printed in Germany
ISBN 978-3-458-35154-2

1 2 3 4 5 6 – 15 14 13 12 11 10

Inhalt

Vorwort — 9

I. Moskau: Die alte Hauptstadt — 13

II. Moskauer Kreml — 21
1. SPAZIERGANG:
Metrostation Ochotnyj Rjad → Manegeplatz → Alexandergarten → Moskauer Universität → Kreml: Tutafjaturm – Dreifaltigkeitstorturm – Kathedralenplatz – Großer Kremlpalast – Rüstkammer (Schatzkammer) → *Metrostation Alexandrowskij Sad*

III. Kitaj Gorod — 47
2. SPAZIERGANG:
Metrostation Ochotnyj Rjad → Manegeplatz: Auferstehungstor und Kapelle der Iberischen Gottesmutter → Roter Platz: Historisches Museum – Kirche der Gottesmutter von Kazan – GUM – Leninmausoleum – Basiliuskathedrale → Warwarka-Straße → Dreifaltigkeitskirche in Nikitniki → Il'inka-Straße → Nikol'skaja-Straße → Lubjankaplatz → Majakowskij-Museum → *Metrostation Lubjanka*

IV. Rund um die Hauptstraße Twerskaja — 87
3. SPAZIERGANG:
Metrostation Ochotnyj Rjad → zwischen Manege- und Theaterplatz → Fußgängerzone am Moskauer Künstlertheater → unterwegs mit Doktor Schiwago → Konservatorium → Stalins Generalbebauungsplan in der Twerskaja → Hotel Lux → Delikatessen Jelissejew → *Metrostation Puschkinskaja*

V. Vom Boulevardring zum Arbat — 111
4. Spaziergang:
Metrostation Puschkinskaja → Puschkinplatz → Englischer Klub → Twerskoj-Boulevard → Villa Rjabuschinskij → auf der Spur Tolstojs, Tschechows und Bulgakows → bei Zwetajewa und Lermontow → bei Gogol → Arbat → *Metrostation Smolenskaja*

VI. Rund um das Marstallviertel — 147
5. Spaziergang:
Metrostation Kropotkinskaja → Erlöserkathedrale: Christianisierungslegende und orthodoxer Gottesdienst → Puschkin-Museum für Bildende Künste → Schtschukins Villa → Pretschistenka → eine weitere Spur von *Meister und Margarita* → Turgenjews Ostoschenka → bei Lew Tolstoj → Neu-Jungfrauen-Kloster → *Metrostation Park Kul'tury bzw. Sportiwnaja*

VII. Metrobesichtigung, stalinistische Architektur und das Samoskworetschje — 173
6. Spaziergang:
Metrostation Kropotkinskaja → Metrobesichtigung: Kropotkinskaja – Park Kul'tury – Kiewskaja – Krasnopresnenskaja – Nowoslobodskaja – Prospekt Mira – Komsomol'skaja – Kropotkinskaja → Trifonows *Haus an der Uferstraße* → Tretjakow-Galerie → Bol'schoj Moskworeckij Most → *Metrostation Kitaj Gorod*

VIII. Ausflug: Dreifaltigkeitskloster in Sergijew Possad — 187

Textnachweise — 214
Museen — 219
Cafés und Restaurants — 226

Vorwort

Moskau gehört zu jenen Städten, mit denen sich tiefe Sehnsüchte verbinden. Tschechow weckt sie auf der Bühne, wenn in den *Drei Schwestern* verheißungsvoll »Moskau! – Moskau!« erklingt, und Tolstoj in *Krieg und Frieden*, wenn Napoleon gefühlvoll von Moskau als der »heiligen Stadt« spricht.
Schon in der Vergangenheit war Moskau für ausländische Reisende etwas ganz Besonderes. Der deutsche Schriftsteller und Weltenbummler Johann Gottfried Seume sah Moskau als »ein eigenes Gemisch alter neugriechischer halborientalischer Erscheinungen«.[1] Für den französischen Romancier Alexandre Dumas den Älteren war Moskau das richtige, alte Rußland, das eigentliche Rußland.[2] Hier erfaßte Dumas eine beispiellose Euphorie: »An diesem Abend erschien mir der Kreml in dem sanften Licht, gebadet in einer dunstigen Atmosphäre, mit seinen Turmspitzen, die sich zu den Sternen aufschwingen wie die Pfeile von Minaretten, schön wie ein Feenpalast, von dem die Feder keine Vorstellung geben könnte. Ich kehrte verwundert, entzückt, überwältigt, ja glücklich zurück. Glücklich!«[3] Selbst den äußerst kritischen französischen Reiseschriftsteller und Diplomaten de Custine bezauberte Moskau als »eine poetische Stadt, deren Bauart keinen Namen wie kein Vorbild hat [und] einen Eindruck [hinterläßt], den man nicht wieder vergessen kann«.[4]
Bis heute betört Moskaus Zauber: nicht nur der mittelalterliche Kreml und der geschichtsträchtige Rote Platz. Auch die Gassen von Kitaj Gorod und des Arbatviertels, die Vielzahl bunter, märchenhafter Kirchlein und imposante, klassizistische Paläste der Hocharistokratie machen Moskau zu einem Gesamtkunstwerk, dem zwar die Makel-

losigkeit und Harmonie Sankt Petersburgs fehlt, das dafür aber Lebendigkeit und gar eine Seele besitzt – wie der russische Schriftsteller Michail Lermontow zu berichten wußte.[5]
Aus der Sowjetzeit ist vor allem die Architektur der Stalinzeit interessant. Sie prägte eine Phase, in der die mystische Heiligkeit der Stadt einer neuen Ideologie weichen mußte und die ehrwürdige Hauptstadt zur »Hure Moskau«[6] wurde – so Ossip Mandelstam.[7] Die postsowjetische Zeit brachte noch keine architektonischen Glanzleistungen. Vielleicht werden die Wolkenkratzer des neuen Geschäftszentrums, der Moskau City, Furore machen.
Um das architektonische Gesamtkunstwerk Moskau begreifen zu können, muß neben der Stadtgeschichte vielfach auch die Geschichte des Landes beleuchtet werden. Schließlich spielte für die Geschichte Moskaus und Rußlands der vorpetrinischen Zeit auch die orthodoxe Kirche eine bedeutende Rolle. Deshalb werden dem Leser in diesem Band Einblicke in die russische Orthodoxie und in die Bedeutung der Ikonen vermittelt. Neben Wissenswertem werden auch Stimmungen sowie der Geist einer Epoche, einer Gegend oder eines bedeutenden Ereignisses eingefangen.
Die *Literarischen Spaziergänge* eignen sich als Einstimmung auf eine bevorstehende Reise und zur Nachbereitung eigener Reiseeindrücke. Das Buch kann auch ganz unabhängig von einem Moskaubesuch gelesen werden, und die »Armchairtraveller« werden sich zu Hause an Geschichtlichem und Geschichten erfreuen. Schließlich kann der Reisende vor Ort mit diesem Führer auf sechs Spaziergängen die bedeutendsten Sehenswürdigkeiten Moskaus erkunden. Zur besseren Orientierung im gewaltigen Netz öffentlicher Verkehrsmittel beginnen und enden die Spaziergänge an einer Metrostation. Ein Ausflug in das Zentrum der russi-

schen Frömmigkeit, in das Kloster von Sergijew Possad, beschließt diesen Band.

I. Moskau: Die alte Hauptstadt

»Sie ist mehr als schön:
sie ist unvergeßlich«[8]

Moskaus Aufstieg von einer kleinen Siedlung zum Zentrum eines mächtigen Reiches ging mit dem Zerfall der Kiewer Rus einher. Im ausgehenden 12. Jahrhundert leiteten ehrgeizige Söhne des Kiewer Fürstenhauses den Niedergang des ersten osteuropäischen Staates ein. Durch offenen Kampf, Mord und Plünderungen trachteten sie ihrem Ziel näher zu kommen und die Großfürstenwürde an sich zu reißen. Die ohnehin schon gefährliche und unübersichtliche Lage wurde auch für die einfache Bevölkerung zunehmend unerträglicher, denn die Steppennomaden des Südens zogen immer wieder raubend und mordend durch das Land.[9] Sicherer war es dagegen in entfernten Gebieten im Nordosten der Kiewer Rus. Dort, zwischen der oberen Wolga und der Oka, jenseits der ausgedehnten, schutzgewährenden Wälder, versuchten machthungrige Anwärter auf die Kiewer Fürstenwürde ein eigenes politisches Zentrum zu etablieren. Dafür gründeten sie neue Festungen und Städte. So auch am Ufer des Flusses Moskwa. Hier, über 700 Kilometer von Kiew entfernt, wurde ein geschäftiger Marktflecken befestigt, nach dem Vorbild traditionsreicher altrussischer Städte ausgebaut und schließlich Ende des 15. Jahrhunderts die Hauptstadt des zentralisierten russischen Staates.

Die Lage Moskaus war günstig gewählt, denn über den gleichnamigen Fluß kann die Oka erreicht werden, die wiederum zur Hauptverkehrsader des russischen Landes, zur Wolga, führt. Aber gewichtiger als die geographische Lage war das politische und militärische Geschick der Moskauer Fürsten. Sie setzten sich gegen Rivalen, gegen Häupter anderer Teilfürstentümer und auch gegen den Großfürsten, der zuletzt in der Stadt Twer residierte, durch. Sie schafften es, die Großfürstenwürde während des mongolisch-tatarischen Jochs an das kleine Teilfürstentum Moskau zu binden, nach und nach alle Konkurrenten aus dem Weg zu räumen und andere russische Fürstentümer zum eigenen Besitz zu machen. Schließlich wurde 1472 durch die Heirat Iwans III. mit der Nichte des letzten byzantinischen Kaisers aus dem Moskauer Großfürstentum ein würdiger Nachfolger des gerade niedergegangenen östlichen Kaiserreiches. Dieses neue Selbstverständnis demonstrierten die Moskauer Herrscher nach außen mit unübersehbaren Zeichen: Iwan III. baute den Kreml zum repräsentativen Sitz aus und übernahm das byzantinische Hofzeremoniell. Gut fünfzig Jahre später führte sein Enkel Iwan IV. das byzantinische Krönungszeremoniell ein und wählte den doppelköpfigen byzantinischen Adler als Wappen.

Wie in jeder altrussischen Stadt von Bedeutung war die Keimzelle Moskaus eine Festung: der Kreml. Die befestigte Siedlung, zu der auch ein Possad, ein Handwerker- und Händlerviertel, gehörte, wuchs zu einer verwinkelten, buntgemischten, gemütlichen Stadt. De Custine notierte noch in den dreißiger Jahren des 19. Jahrhunderts, daß »die Schnur und das Winkelmaaß Moskau weniger entstellt [haben] als Petersburg«.[10]

Die Kremlmauern bildeten die innerste Verteidigungsanlage, der zweite Mauerring umfaßte seit den dreißiger Jahren des 16. Jahrhunderts das Händler- und Handwerkerviertel östlich des Kremls, das sogenannte Kitaj Gorod.[11] Die dritte Verteidigungsmauer wurde Ende des 16. Jahrhunderts hinzugefügt. Als sie zweihundert Jahre später baufällig geworden war, wurde an ihrer Stelle ein Boulevard errichtet. Schon Tolstojs Helden in *Anna Karenina* flanierten dort, und bis heute kann man inmitten des Boulevardringes durch eine Allee spazieren und dem Lärm und Streß der Stadt entfliehen. Einen vierten Verteidigungsring bildete seit dem Ende des 16. Jahrhunderts ein Erdwall mit Pfahlzaun. Er zog sich bis zum großen Brand 1812 kreisförmig um die ganze Stadt. Heute erinnert die Gartenringstraße an seinen früheren Verlauf. Dieses Ringsystem, das sich vom Kreml aus konzentrisch ausbreitet, durchbrechen radial verlaufende Straßen. Vom Kreml aus führen die Straßen in alle Richtungen. Markante Punkte wie Kreuzungen und Abzweigungen wurden in vorrevolutionärer Zeit mit Kirchen bebaut. Da die Kirchen früher alle Häuser Moskaus überragten, konnte man sich an den Gotteshäusern mit ihren schlanken, hohen Glockentürmen orientieren. Sich zurechtzufinden war trotzdem nicht einfach, denn immerhin zählten Besucher im vorrevolutionären Moskau zwischen 600 und 1600 Kirchen. Vielleicht beeindruckten die unzähligen bunten Kuppeln die Gäste der Stadt aber auch so sehr, daß sich der eine oder andere vor lauter Schwärmerei verzählte. Auch de Custine war vom Moskauer Stadtbild verzaubert: »eine poetische Stadt, deren Bauart keinen Namen wie kein Vorbild hat. Um die Seltsamkeit des Bildes zu begreifen, muß man sich an die orthodoxe Form jeder griechischen Kirche erinnern; der Obertheil dieser Gebäude besteht stets aus mehreren Thürmen, die ihrer Form und Höhe nach verschieden sind, deren Zahl sich aber wenigstens auf fünf beläuft, indeß häufig auch noch weit bedeutender ist. Der Thurm in der Mitte ist der höchste; die vier andern sind niedriger und umgeben ehrfurchtsvoll den Hauptthurm. Die Form ist verschieden; ihre Spitze gleicht oft spitzen Mützen auf einem Kopfe: man kann auch den großen Thurm mancher Kirchen, der äußerlich bunt angestrichen und vergoldet ist, mit einer Bischofsmütze, mit einer Tiara, welche mit Edelsteinen besetzt ist, mit einem chinesischen Pavillon, mit einem Minaret, mit einer Bonzenmüt-

Wehrhafte Türme und vergoldete Zwiebelkuppeln: Kreml und die Erlöserkathedrale

ze vergleichen; häufig ist es auch ganz einfach eine kleine kugelförmige Kuppel, die in einer Spitze endiget; über alle diese mehr oder minder seltsamen Gestalten ragen aber große, durchbrochen gearbeitete kupferne, vergoldete Kreuze hinweg, deren complicirte Muster einigermaßen an Filigranarbeiten erinnern [...] dieses metallische Geflecht, das über eine ganze Stadt ausgespannt ist, macht einen, selbst auf einem Bilde, viel weniger in einer Beschreibung schwer wiederzugebenden Effect; die Worte bleiben hinter den Farben fast eben so weit zurück als hinter den Tönen. Denken Sie sich also, wenn Sie es vermögen, den Effect dieser heiligen Schaar von Thürmen, die, ohne gerade menschliche Formen zu haben, in grotesker Weise eine Gesellschaft von Personen oben auf jeder Kirche wie auf den kleinsten Kapellen darstellen; es ist eine Phalanx von Phantomen, die über einer Stadt schweben.

Noch habe ich Ihnen aber nicht gesagt, was das Seltsamste an dem Aussehen der russischen Kirchen ist: ihre geheimnißvollen Kuppeln sind gleichsam mit einem Panzer versehen, so vortrefflich ist die Arbeit ihrer Umhüllung. Man könnte sie eine damascirte Rüstung nennen und man bleibt stumm vor Erstaunen stehen, wenn man diese Menge guillochirter, schuppiger, emaillirter, beflitterter, streifiger, immer in sehr hellen glänzenden Farben angestrichenen Dächer in der Sonne blitzen sieht.«[12]

Nicht nur die Herzen ausländischer Besucher berührte diese Stadt. Auch der in Moskau gebürtige Dichter Michail Lermontow schwärmte und ergriff Partei: »Moskau ist nicht eine stumme Menge kalter Steine, angeordnet in symmetrischen Linien ... nein! Moskau hat eine Seele, hat ein eigenes Leben.«[13] Lermontow nahm Bezug auf das kalte, unpersönliche, aus Stein gebaute, planmäßig angelegte Petersburg, das der slawischen Natur immer fremd war. Graf Moltke ging soweit, zu mutmaßen, daß Moskau »für jeden Russen ein Gegenstand der Verehrung und Liebe [sei]. Petersburg ist sein Stolz, aber Moskau steht seinem Herzen nahe.«[14]

Peter der Große hat die aus dem Sumpf gestampfte Stadt an der Newa 1712 zur neuen Hauptstadt erhoben, eine Stadt zum Wohlfühlen war St. Petersburg aber nur für wenige. Die ablehnende Haltung seiner Untertanen war Peter durchaus klar, so daß er sich berechtigte Sorgen um »seine« Stadt machte: »Ich weiß, die Menschen lieben Sankt Petersburg nicht, anzünden werden sie die Stadt und die Flotte sobald ich tot bin, aber solange ich lebe, halte ich sie hier fest, sie sollen spüren, ich bin Zar Peter Alexejewitsch.«[15]

Die Tochter Peters des Großen, Elisabeth, führte das Werk ihres Vaters fort. Katharina II. und ihre Nachfolger machten aus St. Petersburg eine Weltstadt, aber das kümmerte die Moskauer wenig. Moskau war und blieb die alte, ehrwürdige Hauptstadt, die »heilige Stadt«,[16] der Mittelpunkt. Johann Gottfried Seume beobachtete den stillen, stoischen

Widerstand der Moskauer: »Der Hof hat sehr wenig Einfluß auf die alte Kapitale. Man mag mit ihm zufrieden sein oder nicht, das macht keine große Veränderung von keiner Seite, da alles seinen gewöhnlichen Gang geht und man von keiner Seite zu Extremitäten kommen wird. Man bekümmert sich gewöhnlich in Moskau nicht viel um das, was in Petersburg vorgeht [...].«[17] Hundert Jahre nach der Gründung Petersburgs beobachtete Nikolai Gogol sogar eine Art Rivalität zwischen den »zwei Hauptstädten«: »In der Tat, wo hat es die russische Hauptstadt hin verschlagen – ans Ende der Welt! Ein seltsames Volk, diese Russen: Sie hatten ihre Hauptstadt in Kiew, aber da ist es zu warm, zu wenig Kälte; also übersiedelte die russische Hauptstadt nach Moskau – ach nein, auch da war es noch nicht kalt genug: Der Himmel schenkte uns Petersburg! Sie bringt es noch fertig, diese russische Hauptstadt, und sucht sich den eisigen Nordpol zum Nachbarn. Ich sage das, weil ihr schon das Wasser im Mund zusammenläuft beim Gedanken daran, die Eisbären aus der Nähe zu betrachten. [...] Doch welch ein Unterschied, welch ein Unterschied zwischen den beiden Städten! Die eine bis auf den heutigen Tag ein bärtiger Russe, die andere schon ein akkurater Deutscher. Wie hat sich das alte Moskau hingeräkelt und ausgebreitet! Wie zerzaust es wirkt! Wie ist dagegen das stutzerhafte Petersburg eng zusammengerückt, aufgereckt wie eine gespannte Saite. Rundum von Spiegeln umgeben: dort die Newa und da der Finnische Meerbusen. Es kann sich betrachten. Kaum bemerkt es auch nur ein Federchen oder Fläumchen auf seinem Gewand, schon ist es fortgeschnippt. Moskau ist eine alte Stubenhockerin, bäckt Plinsen, schaut von ferne zu und läßt sich, im Sessel ruhend, erzählen, was in der Welt geschieht. Petersburg ist ein kecker Bursche, der nie zu Hause sitzt, immer adrett gekleidet, tut schön vor Europa, macht seine Verbeugung vor den Leuten jenseits des Meeres. Petersburg regt sich unentwegt, vom Keller bis zum Dach; um Mitternacht beginnt es französische Brote zu backen, die am Morgen seine Deutschen verzehren, und die ganze Nacht hindurch leuchtet bald das eine Auge, bald das andere auf; Moskau schläft des Nachts tief und fest, bekreuzigt sich am nächsten Morgen, verbeugt sich nach allen vier Himmelsrichtungen und fährt seine Weißbrotkringel zum Markt.

Petersburg ist auf großen Anstand in seiner Kleidung bedacht, es mag nicht die bunten Farben und duldet keine kühnen und dreisten Abweichungen von der Mode; läßt Moskau sich dagegen schon auf Mode ein, dann muß es eine ganze Sache sein: Ist die Taille gerade lang, dann macht es sie noch länger; trägt man große Aufschläge am Frack, dann sind sie in Moskau wie Scheunentore so breit. Petersburg ist ein akkurater Mensch, ein vollkommener Deutscher, der alles umsichtig erwägt, und ehe er nur an eine Abendgesellschaft denkt, sieht er in seine Taschen; Moskau dagegen ist ein russischer Edelmann, wenn er sich schon vergnügt, dann vergnügt er sich auch bis zum Umfallen und sorgt sich nicht darum, mehr zu verbrauchen, als er in seinen Taschen hat: das Mittelmaß wird nicht geschätzt.«[18]

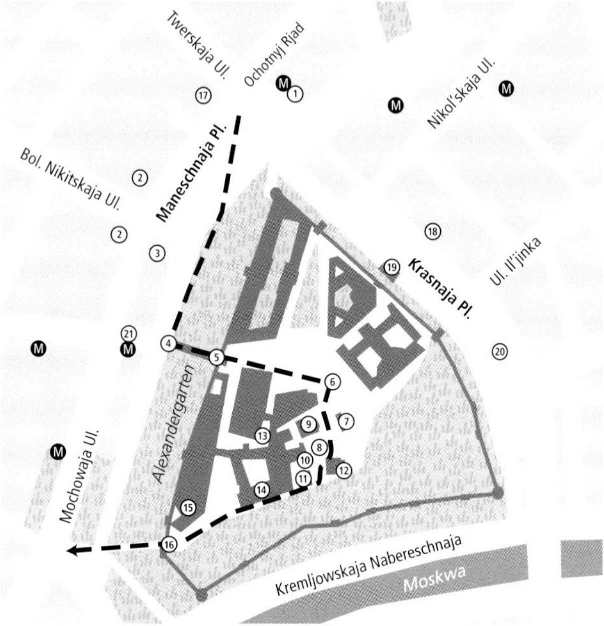

1 Metrostation Ochotnyj Rjad – 2 Moskauer Universität (altes und neues Gebäude) – 3 Gebäude der Manege – 4 Kutafjaturm – 5 Dreifaltigkeitstorturm – 6 Zarenkanone – 7 Glockenturm Iwan Welikij und Zarenglocke – 8 Kathedralenplatz – 9 Mariä-Entschlafens-Kathedrale – 10 Facettenpalast – 11 Mariä-Verkündigungs-Kathedrale – 12 Erzengel-Michael-Kathedrale – 13 Terem – 14 Großer Kremlpalast – 15 Rüstkammer (Schatzkammer) – 16 Borowizkijtor – 17 Hotel National – 18 GUM – 19 Leninmausoleum – 20 Basiliuskathedrale – 21 Metrostation Alexandrowskij Sad

II. Moskauer Kreml

»Hügelhoch gehobene Einsamkeit unzähliger goldener Kirchenkuppeln«[19]

1. Spaziergang:
Metrostation Ochotnyj Rjad → Manegeplatz → Alexandergarten → Moskauer Universität → Kreml: Tutafjaturm – Dreifaltigkeitsturm – Kathedralenplatz – Großer Kremlpalast – Rüstkammer (Schatzkammer) → *Metrostation Alexandrowskij Sad*

Das verspielt-zauberhafte und dennoch ehrfurchtgebietende Ensemble ist der imaginäre Mittelpunkt des Landes. »Rußlands Altar« – so nannte Michail Lermontow 1834 den Moskauer Kreml.[20] Für seinen Zeitgenossen de Custine war der Kreml »ganz Moskau, ganz Rußland«, mehr noch – ein »Nationalheiligtum«.[21] Ausgenommen das zweihundertjährige Petersburger Zwischenspiel, das Graf Moltke als eine »zweihundertjährige Abschweifung«[22] abgetan hat, konzentriert sich hier seit Jahrhunderten die politische und geistliche Macht. Vom 14. Jahrhundert an lenkt der Kreml die Schicksale immer größerer Territorien und einer wachsenden Zahl an Völkern. Wolfgang Koeppen spürte die besondere Machtaura dieses Ortes. Er sah »auf ein Stück der roten Kreml-Mauer, auf ein paar Fuß Erde, vor denen die eine Hälfte der Welt sich fürchtet«.[23]

Als Festungsanlage entstand der Kreml auf einem Steilufer. Natürlichen Schutz bot im Süden der Fluß Moskwa, die nordwestliche Flanke wurde durch das kleine Flüßchen Neglinka begrenzt. An der Ostseite des unregelmäßigen Dreiecks hob man einen Burggraben aus, der die Neglinka mit der Moskwa verband. Dieser wurde Anfang des 19. Jahrhunderts zugeschüttet, und es entstand die geschlossene

Fläche des Roten Platzes, wie wir sie heute sehen können. Ebenfalls im 19. Jahrhundert wurde die Nordwestseite des Kremls neu angelegt. Seitdem fließt die Neglinka unterirdisch, und an der Kremlmauer erstreckt sich eine elegante Parkanlage, der Alexandergarten.

Vor dem repräsentativen Tor des Alexandergartens beginnt unser Spaziergang. Es gibt imposantere Blicke auf den Kreml. Den schönsten hat man von der Bol'schoj-Moskworeckij-Brücke, und wir werden ihn während des Rundgangs durch Kitaj Gorod genießen können. Hat man jedoch eine private Besichtigung des Kremlterritoriums vor, so kommen nur zwei Eingänge in Frage, und diese erreicht man über den Alexandergarten. Der Name der Grünanlage erinnert an den Sieg Alexanders II. über Napoleon. Die Sowjetregierung griff die Tradition der Siegerehrung auf und ließ nach dem Zweiten Weltkrieg gleich hinter dem schmiedeeisernen Gitter das Grabmal des Unbekannten Soldaten errichten. Dem schließt sich eine Reihe dunkelroter Porphyrblöcke an, die an die heldenhafte Verteidigung sowjetischer Städte erinnern. In jüngster Zeit kann man an der ewigen Flamme der Gedenkstätte viele Blumensträuße sehen. Vor allem am Freitag und Samstag kommen scharenweise junge Hochzeitspaare, um hier nach der Trauung den Brautstrauß niederzulegen und sich vor der Kulisse der Kremlmauer fotografieren zu lassen.

Die Nordecke des Parks begrenzt der Manegeplatz. Nachdem in der Sowjetzeit der historische Name durch »Revolutionsplatz« ersetzt worden war und hier ein riesiger Parkplatz den Gesamteindruck nicht gerade geziert hatte, veranlaßte Bürgermeister Jurij Luschkow eine Neugestaltung, pünktlich zum 850. Jubiläum der Stadt. Der alte Name hat sich inzwischen erneut durchgesetzt, und der Platz vor der ehemaligen Reitschule aus dem Jahr 1817 lädt wieder zum Flanieren ein. Auch unterirdisch kann man bummeln gehen. Das noble Einkaufszentrum ist auf drei Etagen nach historischen Stilrichtungen ausgeschmückt: Die oberste Ebene im Jugendstil, die mittlere präsentiert sich im Empire, und unten verzaubern die phantasievollen Verzierungen des russischen Mittelalters. Wieder oben angelangt, fällt jenseits der Mochowaja Uliza ein weiteres gelbweißes klassizistisches Gebäude auf. Nach dem großen Brand 1812 entstand hier das neue Gebäude der Moskauer Universität. Gegründet wurde sie bereits 1755 von Michael Lomonossow, sie befand sich am Roten Platz, dort, wo heute das Historische Museum steht. Die Moskauer Universität brachte viele berühmte Persönlichkeiten hervor. Der Schriftsteller und Publizist Alexander Herzen weiß darüber zu berichten: »Die Universität Moskau wuchs nach dem Jahre 1812 an Bedeutung zugleich mit dem Wachstum der Stadt. [...] Seit dieser Zeit begann für Moskau eine neue Epoche. Die Universität wurde immer mehr zum Mittelpunkte der russischen Bildung. Alle Bedingungen für eine blühende Entwicklung waren hier vereinigt – die historische und die geographische Lage und – die Abwesenheit des Zaren. [...] Wie in ein großes Sammelbecken mündeten alle jungen Kräfte Rußlands in sie ein und strömten von allen Seiten und aus allen Kreisen hier zusammen. In ihren Hallen reinigten sie sich von den alten Vorurteilen, die sie aus den Vaterhäusern mitbrachten.«[21]

Der markante rotweiße, wuchtige Kutafjaturm ist heute für private Besucher der Haupteingang zum Kreml. Bis zum Anfang des 19. Jahrhunderts verband ihn eine Zugbrücke mit dem reichverzierten Dreifaltigkeitstorturm. Alle heutigen Türme wie auch die Kremlmauern gehen auf die Bautätigkeit am Ende des 15. Jahrhunderts zurück. Unübersehbar ist der oberitalienische Einfluß. Die schwalbenschwanzförmigen Zinnen und muschelgeschmückten Bögen verraten die Herkunft der Baumeister. Nichts prägt

Ein Ruhepol in der Millionenstadt: Manegeplatz am Alexandergarten

den Kreml mehr als die pyramidenartigen, zuckergußähnlichen Aufbauten der Kremltürme. De Custine hat einen begeisterten Lobgesang darauf niedergeschrieben: »Einige gleichen Priestermützen, andere dem Rachen eines Drachen, noch andere umgekehrten Schwerdtern, den Griff nach unten, die Spitze nach oben; wieder andere erinnern an die Form und selbst an die Farbe gewisser exotischer Früchte, noch andre haben die Gestalt einer spitzigen Kopfbedeckung der Czaren, die, wie die des Dogen von Venedig, mit Edelsteinen besetzt ist; noch andre endlich sind einfache Kronen und alle diese Thurmarten hat man mit lackirten Ziegeln bekleidet; alle diese metallischen, alle diese emaillirten, vergoldeten, versilberten Kuppeln glänzen in der Sonne wie Emails auf einer Etagère, oder vielmehr wie colossale Stalaktiten in den Salzwerken in der Gegend von Krakau. Diese ungeheuren Pfeiler, diese Thurmspitzen von verschiedener Form, pyramidal, rund und spitz zulaufend, die aber stets einigermaßen wenigsten an die menschliche Gestalt erinnern, überragen die Stadt und das Land.«[25] Die Kremltürme sind ohne ihre spitzen Aufbauten kaum vorstellbar. Ursprünglich aber sahen sie Wehr- und Kanonentürmen gleich, wie man sie auch von anderen Burgbauten kennt. Erst nach dem Verlust ihrer militärischen Bedeutung Anfang des 17. Jahrhunderts wurden sie nach und nach mit phantasievollen Spitzhauben geschmückt. Der erste Zar aus der Romanow-Dynastie setzte sich damit ein Denkmal, das weder Napoleons Truppen noch kommunistische Stadtplaner zu zerstören vermochten. Nur das zaristische Wappen duldeten die neuen Herrscher des Arbeiter- und Bauernstaates nicht. Der doppelköpfige Adler mußte nach der Oktoberrevolution fünfzackigen Sternen weichen. Seit 1935 schmückten die fünf höchsten Kremltürme Sterne aus rostfreiem Stahl und Kupfer, auf denen mit Bergkristall, Topas, Amethyst, Aquamarin und Alexandrit Hammer und Sichel dargestellt waren. Zwei Jahre später wurden sie durch noch imposantere ersetzt. Seitdem bildet tiefrotes Rubinglas die facettierten Flächen der Sterne, die durch vergoldete Streben verbunden sind. Für jeden Stern benötigte man sieben bis elf Kilogramm Blattgold. Ungeachtet aller Umbrüche im Kreml waren und bleiben die Rubinglassterne ein unverwechselbares Wahrzeichen Moskaus.

Hinter dem Dreifaltigkeitstorturm eröffnet sich eine breite Fahrbahn, und man sollte sich hüten, diese zu betreten. Andernfalls ertönt ein schriller, zurechtweisender Trillerpfiff eines Sicherheitsbeamten. Für die Kremlbesucher ist der Besichtigungsweg genau vorgegeben; dieser führt am Kongreßpalast aus der Chruschtschowzeit vorbei. Direkt gegenüber liegt das Arsenalgebäude aus der petrinischen Epoche, in dem heutzutage Sicherheitsbeamte und Wachsoldaten des Kremls ihre Unterkunft haben. Wir lassen links im Hintergrund das Senatsgebäude aus dem Ende des 18. Jahrhunderts und die Residenz des Präsidenten der Russischen Föderation aus der Stalinzeit hinter uns und können die amtliche, geordnete Atmosphäre verspüren, die auch Walter Benjamin im Winter 1926/27 empfand: »Das erste, was innerhalb der Mauer frappiert, ist das übermäßig gepflegte Äußere der Regierungsgebäude. Ich kann es einzig mit dem Eindruck vergleichen, den man von allen Bauten in der kleinen Musterstadt Monaco erhält, eine privilegierte Siedlung in der nächsten Nähe der Regierenden. [...] Nahe den strahlenden Fenstern der Amtsgebäude hoben sich Türme und Kuppeln gegen den Nachthimmel: überwundene Denkmäler, die Posten stehen vor den Toren der Sieger.«[26]

Die goldfarbenen Kuppeln der Gotteshäuser am Kathedralenplatz locken im Vordergrund – in Rußland ist alles Gold, was glänzt ..., zuerst jedoch bleibt unser Blick an der riesigen Zarenkanone haften, einem Meisterstück aus dem ausgehenden 16. Jahrhundert. Dieses seinerzeit weltgrößte Geschütz mit dem Kaliber 890 Millimeter, einer Länge von 5 Metern und 40 Tonnen Gewicht, wird im Volksmund ›die friedliche Kanone‹ genannt, denn sie hat niemals einen Schuß abgefeuert.

Nur wenige Meter weiter steht neben dem Glockenturm, der »Iwan der Große« (Iwan Welikij) genannt wird, die Zarenglocke. Auch sie hat ihre Bestimmung nie erfüllt. Nachdem 1735 diese größte Glocke der Welt gegossen worden war, blieb sie vorerst in der Gießgrube. Als dann zwei Jahre später ein Flächenbrand das Kremlgelände erfaßte und Löscharbeiten durchgeführt wurden, bekam sie einen Sprung. Nach weiteren hundert Jahren wurde sie aus der Gießgrube gehoben, und ein etwa 11 Tonnen schweres Stück brach ab. Trotz ihres enormen Gewichts von 210 Tonnen hätte die Zarenglocke läuten können, da in Rußland nicht die ganze Glocke, sondern nur der Klöppel schwingt.

Wenn die Glocken des Iwanturms plötzlich ertönen würden, dann könnte es uns auf dem Kathedralenplatz ergehen wie Rainer Maria Rilke: »Als ich in einer Osternacht mit meiner kleinen Kerze auf dem Kreml stand, da schlug die Glocke auf dem ›Iwan Welikij‹ so gewaltig und groß, daß ich glaubte, das Herz des Landes schlagen zu hören.«[27] In der Sowjetzeit »schwiegen die Glocken und Priester und verlöschten die Kerzen«, wie Paul Scheffer zu berichten weiß,[28] und der Revolutionsdichter Wladimir Majakowskij verfremdete und entmystifizierte die gesamte imposante historischen Kulisse:

ZUFALLS-
LANDUNG

Schwing mich vor
Und strande auf dem Geschiebe.
Bleib an etwas hängen mit den Hosenlumpen.
Befühle:
glitschig.
Wie ein Zwiebelklumpen.
Sehr groß.
Und vergoldet, über und über.
Darunter –
heulender Glocken Getu.
Der Mauerzinnen umdämmerte Sprossen.
Ich bin auf dem Glockenturm
namens Iwan der Große.
Die Kreml-Türme wie spitze Pfähle.
Moskauer Fenster,
die lichtschwach schwelen.
Tannen, weihnachtend,
lustig und froh.
Eine Welle schlägt durch des Kreml Täler,

hier Gesang,
dort des Glockengeläutes Strom.
Von den sieben Hügeln,
wie ein Darjal,
wie ein Terek
schleudert
Moskau
die Fete.[29]

Der schlanke, 81 Meter hohe »Iwan der Große« dominiert die Ostseite des Kathedralenplatzes. Entlang der Westseite reihen sich an die Mariä-Verkündigungs-Kathedrale (Blagoweschtschenskij Sobor) der Facettenpalast (Granowitaja Palata) und die Mariä-Gewandniederlegungs-Kathedrale (Pokrowskij Sobor). Den südlichen Abschluß des Platzes bildet die Erzengel-Michael-Kathedrale (Archangelskij Sobor), den nördlichen die Mariä-Entschlafens-Kathedrale (Uspenskij Sobor). »Hier atmet alles Altertümlichkeit: alles erinnert an Zaren und Patriarchen, an große historische Ereignisse; hier trägt jede Stelle den Stempel vergangener Jahrhunderte«[30], schrieb Anfang des 19. Jahrhunderts der Dichter Konstantin Batjuschkow. Verfolgen wir nun die Bauentwicklung und Geschichte des Kremls. Sie fängt im 12. Jahrhundert an, als das erste russische Reich, die Kiewer Rus, seinen Niedergang erlebte und in zahlreiche Teilfürstentümer zerfiel. Nur am nordöstlichen Rand des alten Reiches bildet sich ein größeres, zusammenhängendes Territorium heraus, das Fürstentum Rostow-Wladimir-Susdal.
Um Macht zu sichern und Präsenz zu demonstrieren, werden auf Geheiß der Großfürsten von Wladimir Siedlungen befestigt und Festungen erweitert. Auch eine kleine Ansiedlung an der Westgrenze des Fürstentums soll ausgebaut werden: »Fürst Jurij bestieg den Hügel, sah sich um, schau-

te nach allen Seiten, hierhin und dorthin, in beiden Richtungen den Moskau-Fluß und die Neglinnaja entlang; und er entzückte sich an ihren Dörfern und befahl, unverzüglich hier eine Stadt aus Holz zu errichten, und ihr Name solle Moskau-Stadt sein.«[31] So beschreibt ein Chronist den Aufenthalt des Großfürsten Jurij von Wladimir in Moskau. Doch schon neun Jahre zuvor suchte der junge Fürst Jurij diesen Ort auf. Hier, am Rande seines Fürstentums, traf er 1147 den Fürsten aus Tschernigow, um sich seiner Unterstützung zu versichern: »Fremde Fürsten trachten nach russischem Land! Wir müssen wegen der Gefahren beraten, die uns bedrohen. Komm zu mir nach Moskau.«[32] Dies ist bislang die älteste schriftliche Erwähnung Moskaus und gilt als das Gründungsjahr der Stadt. Es sollte jedoch weitere zwei Jahrhunderte dauern, bis Moskau von einer unbedeutenden befestigten Siedlung zum Sitz des russischen Großfürsten aufstieg. In der Zwischenzeit residierten die Großfürsten in Wladimir, Rjasan und Twer. Es war eine unruhige Periode, geprägt von Fürstenfehden und Machtkämpfen zwischen Fürsten und Bojaren.[33] Neu war die Bedrohung aus dem Osten. Im 12. und 13. Jahrhundert unterwarf Dschingis Khan weite Gebiete in Asien und drang bis nach Europa vor. Für die russischen Fürsten wurde 1223 die Schlacht am Fluß Kalka eine kleine Kostprobe dessen, was in den nächsten zweihundertfünfzig Jahren folgen sollte: Belagerungen, Zerstörungen, Plünderungen, Tributzahlungen. Nach und nach gerieten alle russischen Territorien in mongolisch-tatarische[34] Abhängigkeit. Als Dschingis Khans Enkel Batu Khan an die Macht kam, entging auch Moskau nicht dem Wüten der Goldenen Horde:

»Am Morgen gelangte die erste Tausendschaft, bei der Batu-Khan war, an ein von altem Kiefernwald bestandenes abschüssiges Steilufer. Unten schlängelte sich der Lauf des unter der Eisdecke schlafenden Flusses.

Drüben, am jenseitigen Ufer, erblickte man auf einem Hügel ein verschneites altes (zumeist aus Holzhäusern bestehendes und von Palisaden umgebenes) Städtchen: ungeordnete Häuserhaufen, die sich um zwei bunte Türmchen und vier kleine Kirchen zusammendrängten, dazwischen die Speicher der Kaufleute. [...]

Offenbar war man hier ganz und gar nicht auf die Ankunft der Tataren gefaßt. Schlitten fuhren in langen Reihen durch die Gassen, Menschen gingen zum Fluß hinunter oder kehrten von dort zurück, die Frauen mit Holzeimern am Schulterjoch. An einer Wake stand ein Schlitten mit einer großen Tonne darauf, die ein Mann voll Wasser schöpfte. Ein paar Frauen standen auf Brettern am Eisloch und bearbeiteten Wäschestücke eifrig mit Bleueln. [...]

›Dort wohnen die Kaufleute mit ihren Gehilfen und Ladendienern‹, sagte der Dolmetscher. ›Mit diesen Booten fahren sie nach Nowgorod, nach Kiew, nach Bulgar und über Smolensk zu den Lateinern. Diese Kaufleute stammen meist selber aus fremden Ländern. Die in diesem Jahr zu früh eingetretenen Fröste haben sie in Muschkaf[35] festgehalten.‹ [...]

Fünf Tage lang belagerten Batu-Khan und sein Bruder Scheibani Moskau, dessen Einwohner sich hinter ihren Palisaden heldenmütig zur Wehr setzten [...]. Dann aber trafen die Wurfmaschinen und Rammböcke der Mongolen ein. Hunderte von Pferden und Gefangenen brachten sie vor der Mauer in Stellung. Riesige Steinblöcke und lange Pfeile mit loderndem Werg, das mit brennbaren Flüssigkeiten getränkt war, flogen über die Mauer hinweg in die Stadt. Die Holzhäuser fingen vielerorts zu brennen an, und die Löschmannschaften konnten des Feuers nicht mehr Herr werden. Am hohen Ufer zwischen zwei Lagerfeuern saß Batu-Khan [...]. Neben ihm Subudai. Beide blickten gleichmütig auf die brennende Stadt. Was bedeutete ihnen das untergehen-

de Muschkaf? Eine Stadt mehr oder weniger – war das nicht völlig belanglos? […]
Der Brand von Muschkaf dauerte fort. Die Holzbauten verwandelten sich in lauter lodernde Scheiterhaufen. In den dunklen Rauchwolken, die den Himmel verhüllten, sah man die weißen Punkte ängstlich hin und her flatternder Tauben. Schwärme von Kohlen und Krähen zogen über die Stadt hin. Die Rammböcke brachen breite Breschen in die Palisaden, durch welche die Tataren in die Stadt eindrangen.
›So befiehlt es die Jassa! Uragsch! Kchu-kchu!‹ schrien die Tataren und säbelten erbarmungslos nieder, was ihnen vor die Klinge kam. Wenn sie glaubten, genug Beute gemacht zu haben, beeilten sie sich, wieder aus der brennenden Stadt herauszukommen. Manche trieben Frauen vor sich her oder hatten weinende Kinder vor sich auf den Sätteln. Andere schleppten gefesselte Gefangene hinter sich her. Zwei Tage waren die Stadt und die umliegenden Dörfer den Gewaltakten der Tataren preisgegeben; am dritten Tage begannen sich die Truppenverbände wieder zu formieren. Überall wurden Scheiterhaufen aufgeschichtet, auf denen die Leichen der Gefallenen verbrannt werden sollten […]. Am Morgen des vierten Tages zogen sie ebenso schnell wieder ab, wie sie erschienen waren.«[36]
Erstaunlich, daß es später gerade die grausamen Herrscher der Goldenen Horde waren, die Moskau zum Aufstieg verhalfen. Mit List und Verrat erreichte Iwan I. Danilowitsch im 14. Jahrhundert, daß der Khan des fernen Sarai[37] gerade ihm und nicht seinem Konkurrenten und entfernten Verwandten in Twer den Großfürstentitel verlieh. Denn Iwan I. unterstützte 1327 die Goldene Horde bei der Unterwerfung des für Unabhängigkeit kämpfenden Fürstentums Twer. Auf solche Weise entledigte sich der Moskauer seines ärgsten Rivalen und sicherte sich das Wohlwollen

und Vertrauen des Khans. Dieser schätzte Iwan so sehr, daß dem Moskauer Großfürsten neben dem begehrten Titel zusätzlich auch das Amt des Tributeintreibers übertragen wurde. Damit festigte Iwan I. nicht nur seine politische Position. Er kontrollierte zudem große Geldströme, die nicht immer vollständig nach Sarai abgeführt wurden. Wohl aus diesem Grund bekam Iwan den Beinamen Kalita, was soviel wie Geldbeutel bedeutet. Plötzlich verfügte er über Geldmittel, mit denen wankelmütige Fürsten und Bojaren an Moskau gebunden werden konnten und ausgedehnte Gebiete erworben wurden. In nur dreizehn Jahren Herrschaft (1328-1341) vergrößerte Iwan I. das Territorium des Großfürstentums Moskau um das Dreifache, auf 21 300 Quadratkilometer.
Die neue politische Stellung Moskaus wirkte sich bald auch auf die Bautätigkeit im Kreml aus. Für den Metropoliten ließ Iwan I. 1326 ein repräsentatives Gotteshaus aus Stein bauen. Das Kremlterritorium wurde 1339 fast verdoppelt[38] und mit einer mächtigen Befestigung aus Eichenblöcken versehen. Als 1365 eine Feuersbrunst die Holzfeste zerstörte, ordnete der Enkel Iwans I., Großfürst Iwan Donskoj, einen Neubau an. Monumentaler und beständiger sollten die neuen Festungsmauern sein. Man entschied sich für strahlend weißen Kalkstein. In nur zwei Jahren (1367-1369) entstand eine Mauer, deren Verlauf mit der heutigen fast identisch ist.[39] Vor allem im Sockelbereich der Südwand sind bis heute noch weiße Steinquader aus dem 14. Jahrhundert zu sehen. Der Volksmund nannte den Kreml nun den »weißsteinigen« und »goldköpfigen«.[40]
Das heutige Aussehen des Kathedralenplatzes geht weitgehend auf eine spätere Bautätigkeit zurück. Die Elemente der neuen Stilrichtung brachte Ende des 15. Jahrhunderts die Gattin Iwans III., Sophia Palaiologa, aus Italien mit. Dahin war die Nichte des letzten byzantinischen Kaisers,

Gotteslob im Kreml: Mariä-Verkündigungs-Kathedrale, Glockenturm Iwan der Große und Erzengel-Michael-Kathedrale

Alexanders XI., vor den Osmanen geflüchtet. Deshalb finden wir hier den »östlichsten Stützpunkt des Renaissance-Europa«.[41]

Die von Iwan III. in Italien angeforderten Baumeister sollten eine neue, der damaligen Kriegstechnik adäquate Festungsmauer errichten. Neben strategischen Erwägungen waren bei den Gestaltungsplänen auch repräsentative Motive ausschlaggebend. Die Residenz des Großfürsten, der eine byzantinische Prinzessin zur Gattin nahm, damit den Aufstieg in den Kreis der europäischen Herrscherfamilie schaffte und zudem das Territorium seines Reiches von 430 000 auf 1 400 000 Quadratkilometer[42] vergrößerte, sollte im neuen Glanz erstrahlen. Jedoch nicht jeder wollte den Auftrag im fernen Moskau annehmen: »Bei den Venezianern[43] gab es viele kundige Meister, aber keiner wollte nach Rußland reisen. Nur dieser Aristoteles war bereit und bedingte sich einen Lohn von zehn Rubeln im Monat aus. Er ging also nach Moskau, nahm auch seinen Sohn

Andreas und einen Diener mit [...]«,[44] berichtet ein Chronist.
In Rußland angekommen, waren die Baumeister in ihrer Gestaltungsfreiheit sehr eingeschränkt. Vor allem bei der Errichtung von Gotteshäusern mußten sie strenge Vorgaben beachten. Seit Jahrhunderten galt es, sich am Prototyp der byzantinischen Kirchen zu orientieren, wie Graf Moltke berichtet: »Die St. Sophia in Konstantinopel ist das Vorbild, nach welchem sämmtliche russischen Gotteshäuser erbaut sind [...]. Was man in der Weite nicht erreichen konnte, suchte man in der Höhe, die Kuppeln wurden eng und thurmartig hoch. Der rohe Stein, bei kunstloser Fügung, erforderte übermäßig starke Pfeiler und dicke Mauern, in welche die Fenster wie Schiessscharten schmal und tief eingeschnitten sind [...] überall herrscht ein mystisches Dunkel [...]. Zwar sind auch jene meist von italienischen Meistern erbaut, aber sie mussten sich den einmal eingeführten, zur Regel gewordenen Formen fügen.«[45]
Wie schon vor dreihundert Jahren die Hauptkirche in Wladimir, so wurde auch in Moskau das wichtigste Gotteshaus des ganzen Landes dem Mariä-Entschlafens-Fest geweiht. In der römisch-katholischen Kirche ist dieses Fest unbekannt, deshalb wird oft fälschlicherweise der Name Himmelfahrts-Kathedrale verwendet. Die Hauptikone der Kathedrale zeigt jedoch eindeutig, daß in Rußland tatsächlich das Ereignis des Entschlafens[46] im Vordergrund steht. Die Gottesmutter liegt auf der Totenbahre, im Hintergrund steht Christus, ihre Seele in den Armen haltend, so daß sie einem Wickelkind ähnelt. Um die Totenbahre versammeln sich zwölf Apostel, die aus aller Welt zusammenkommen. Die leibliche Himmelfahrt der Maria ist in der Ostkirche unbekannt.[47]
Die Mariä-Entschlafens-Kathedrale blieb über Jahrhunderte die Hauptkirche des Russischen Reiches. Seit der Zeit

Iwans IV. wurden hier alle russischen Zaren gekrönt, selbst als Sankt Petersburg zwischenzeitlich zur Hauptstadt wurde. Ergreifend beschreibt Rainer Maria Rilke ihr Interieur:

> [...]
> Selten ist Sonne im Sobór.
> Die Wände wachsen aus Gestalten
> und durch die Jungfrauen und die Alten
> drängt sich, wie Flügel im Entfalten,
> das goldenen, das Kaiser-Tor.
>
> An seinem Säulenrand verlor
> die Wand sich hinter den Ikonen,
> und, die im stillen Silber wohnen,
> die Steine, steigen wie ein Chor
> und fallen wieder in die Kronen
> und schweigen schöner als zuvor.
>
> Und über sie, wie Nächte blau,
> von Angesichte blaß,
> schwebt, die Dich freuete, die Frau,
> die Pförtnerin, der Morgentau
> die Dich umblüht wie eine Au
> und ohne Unterlaß.
>
> Die Kuppel ist voll Deines Sohns
> und bindet rund den Bau:
> willst Du nicht brauchen Deines Throns,
> den ich in Schauern schau ...[48]

Walter Benjamin hielt nach seinem Besuch des Kathedralenplatzes fest: »Zwei Kathedralen wurden betreten: die Archangels- und die Uspenski-Kathedrale. Diese letzte ist Krönungskirche der Zaren gewesen. In ihren zahlreichen, aber sehr kleinen Räumen, mußte die Macht in der höchsten Entfaltung sich repräsentieren. Die Spannung, die dadurch in diese Zeremonien gekommen sein muß, ist heute schwerlich mehr vorstellbar.«[49] Wie effektvoll die Krönungszeremonien tatsächlich waren, schildert eindrücklich Graf Moltke. Als persönlicher Adjutant des damaligen Prinzen Friedrich Wilhelm[50] erlebte er aus nächster Nähe die Krönung Alexanders II. am 7. September 1856: »In der Uspenski Sobor fanden wir das diplomatische Corps schon vereint und nahmen unsere Plätze auf den nur zum Stehen eingerichteten Tribünen ein, welche sich auf drei Seiten der Kathedrale erhoben. Die vierte Seite ist von der Ikonostase begrenzt, hinter welcher sich der Altar befindet. Dieser gegenüber stand auf mit Teppichen belegten Stufen der Thron mit zwei Sesseln unter prachtvollem Baldachin [...].

Die Sonne schien klar durch die Fenster und spiegelte sich in der Vergoldung, welche alle Wände und Pfeiler bis in die oberste Kuppel bedeckt. Es war also hell, und ich stand so, daß ich in ziemlicher Nähe alle Haupthandlungen sehen konnte.

Es erschienen nun die Regalien, von den höchsten Militär- und Civilbeamten getragen, das Reichsbanner, mit dem von Byzanz übernommenen Doppeladler, das Reichssiegel [...], das Reichsschwert, die Krönungsmäntel der beiden Majestäten, der Reichsapfel von Gold mit einem Kreuzgürtel von großen Diamanten [...], die Scepter mit dem bekannten Lazaref'schen großen Diamanten [...] endlich die beiden Kronen.

Jetzt wurde dem herannahenden Kaiser das Kreuz aus der Kirche entgegengetragen, und der Metropolit von Moskau besprengte seinen Weg mit Weihwasser. Die Majestäten verneigten sich drei Mal vor der Pforte des Heiligthums und nahmen dann ihre Plätze auf dem Thron ein, die hohe

Geistlichkeit stellte sich vom Thron bis zum Mittelthor der Ikonostase auf, und der Chor stimmte den Psalm ›misericordiam‹ an [...] die Stimme des alten Metropoliten war kaum noch zu hören, als er den Kaiser aufforderte, sein Glaubensbekenntnis abzulegen. Sobald dies erfolgt war, wurde der Kaiser mit dem Krönungsmantel bekleidet, welcher aus dem reichsten Goldstoff besteht und mit Hermelin gefüttert ist [...]. Dann ließ sich der Kaiser die Krone bringen und setzte sie sich selbst auf sein Haupt, ergriff das Scepter mit der rechten, den Reichsapfel mit der linken Hand und setzte sich so auf den Thron. Hierauf trat die Kaiserin vor ihn und kniete nieder. Der Kaiser nimmt die Krone vom Haupt und berührt damit die Kaiserin, worauf nun sie ebenfalls mit Mantel und Krone bekleidet wird und sich auf den Thron zur Linken ihres Gemahls setzt [...].
Neben mir war die Gemahlin eines nordamerikanischen Diplomaten ohnmächtig geworden, die Großfürstin Helene fiel dem Prinzen in die Arme, aber die betagte Mutter des Kaisers hielt sich standhaft. Jetzt erhob sie sich und schritt in festem Gange die Stufen des Thrones heran, die blitzende Krone auf dem Haupt, den Goldmantel nachschleppend. Hier vor den Augen der Welt umarmte sie ihren Erstgeborenen und segnete ihn. Der Kaiser küßte ihr die Hände. Dann folgten alle Großfürsten und Prinzen mit tiefer Verbeugung; der Kaiser umarmte sie. Unterdeß wurde das ›Domine salvum fac imperatorem‹ gesungen, die Glocken aller Kirchen erklangen, und hundertein Kanonenschüsse machten die Fenster erzittern. Alle Anwesenden verneigten sich drei Mal.
Hierauf entkleidet sich der Monarch seines Kaiserlichen Schmuckes, steigt vom Thron herab und kniet zum Gebet. Nachdem er sich erhoben, knieen alle Anwesenden oder beugen sich nieder, um für das Wohl des neuen Kaisers zu beten.

In keines sterblichen Menschen Hand ist eine solche Machtfülle gelegt, wie in die des unumschränkten Beherrschers des zehnten Theils aller Erdbewohner, dessen Scepter sich über vier Welttheile erstreckt, und der über Christen und Juden, Muselmänner und Heiden gebietet. Wie sollte man nicht aufrichtig Gott bitten, mit seiner Gnade den Mann zu erleuchten, dessen Wille Gesetz ist für sechzig Millionen Menschen, dessen Wort von der chinesischen Mauer bis zur Weichsel, vom Polarmeer bis zum Ararat gebietet, auf dessen Ruf eine halbe Million gehorsamer Krieger warten [...].

Nunmehr folgte das *Te deum* und die allerdings sehr lange Messe nach griechischem Ritus. Nach Beendigung derselben schreitet der Kaiser die Stufen des Thrones herab, ohne den Schmuck und ohne Waffen, durch die Czarenpforte in das Allerheiligste und empfängt vor dem Altar das Abendmahl in beiderlei Gestalt, wie die Priester selbst. Die Kaiserin erhält dasselbe nach griechischem Ritus vor der Thür. Es erfolgt dann die Oelung auf Stirn, Augenlieder, Lippen, Ohren, Brust und Hände durch den Metropoliten von Moskau [...]. Von diesem Augenblick ab sind sie die Gesalbten des Herrn, und die Feierlichkeit ist geschlossen [...].«[51]

Im Gegensatz zur Innenausstattung ist das Äußere der Kathedrale sehr schlicht. Mit nur wenigen gestalterischen Mitteln schufen die italienischen Baumeister Ende des 15. Jahrhunderts eine harmonische Verbindung der altrussischen Baukunst und der Renaissance.

Der Facettenpalast (Granowitaja Palata) ist ebenso wie die Gotteshäuser am Kathedralenplatz und die Kremlmauer ein Baudenkmal des ausgehenden 15. Jahrhunderts und ein schönes Beispiel der Frührenaissance. Ursprünglich schmückten spitzbogenartige Fensterpaare die Fassade. Ende des 17. Jahrhunderts sind sie modernisiert und im Stil des russischen Barocks umgestaltet worden. Das Gebäude besteht fast ganz aus einem 22 Quadratmeter großen Saal, dessen Kreuzrippengewölbe nur von einer einzigen Mittelsäule getragen wird und dessen Wände mit Fresken und Gold prunkvoll ausgestattet sind. Auch hier arbeiteten italienische Baumeister – Marco Ruffo und Pietro Solari.

Betreten wir nun die Erzengel-Michael-Kathedrale. Seit ihrer Weihe 1508 ist sie für zweihundert Jahre die Grabkirche der russischen Herrscher und ihrer Familien gewesen. Als 1712 Sankt Petersburg zur Residenzstadt wurde, diente dort die Peter-und-Paul-Kathedrale diesem Zweck. Die letzte Ruhestätte von Boris Godunow und seiner Gattin werden wir hier vergeblich suchen – sie ist im Dreifaltigkeitskloster von Sergijew Possad.

Am südwestlichen Rand des Kathedralenplatzes kommen wir zur Mariä-Verkündigungs-Kathedrale. Der Innenraum besticht trotz der geringen Ausmaße durch die kostbare Ausstattung und läßt erahnen, daß das Gotteshaus den russischen Herrschern als Hofkirche diente. Seit dem Ende des 15. Jahrhunderts beteten sie hier, zwischen »vier dunklen Pfeilern, mit Gold und Malerei bedeckt bis oben hin, Gold und Edelstein über allen Reliquien [...], jeder Winkel von Gottesdienst belegt, jede Fläche mit Reliefen und Ikonostasen geschmückt, Gedenken an hundert Heilige, Patriarchen und Fürsten und der Geruch tausendjähriger Gebete«.[52] Die besten Meister wirkten bei der Ausgestaltung, darunter auch Andrej Rubljow und Simon Uschakow. Doch ein verheerender Brand in der Mitte des 16. Jahrhunderts machte eine grundlegende Renovierung notwendig. Iwan IV. ließ sie durchführen und veranlaßte gleichzeitig einige Erweiterungen, so daß die Silhouette des Bauwerks seitdem von neuen Kuppeln geprägt wird.

Nach der Regierungszeit Iwans IV. stagnierten vorerst die Bauarbeiten innerhalb des Kremlgeländes, denn nach dem Aussterben der Rurikiden-Dynastie 1598 waren die folgenden Jahre von Kämpfen um die Thronfolge überschattet. Erst nach der Wahl Michail Fjodorowitsch Romanows zum neuen Zaren im Jahr 1613 konnten erneut herrschaftliche Bauprojekte verwirklicht werden. Der holsteinische Gesandte Olearius besuchte Moskau Anfang des 17. Jahrhunderts und sah den Kreml in der Zeit des ersten Romanow-Herrschers: »Kremelin [...] ist so groß und weit, wie eine ziemliche Stadt umfaßt, und dreifach mit dicken, steinernen Mauern und einem tiefen Graben umgeben und mit stattlichem Geschütze und Soldaten wohlversehen. Es sind viel köstliche, aus Steinen aufgeführte Gebäude, Palatinen und Kirchen darinnen zu finden, welche vom Großfürsten, Patriarchen, fürnehmsten Reichsräten und Herren bewohnt und besucht werden.

Neben zwei Klöstern, welche von München und Nonnen bewohnt werden, sind dort fünfzig steinerne Kirchen [...]. Diese Kirchen, wie auch allgemein alle andern steinernen im ganzen Land, haben fünf weiße Türme. Auf dem Schloß aber sind die Türme mit glattem, stark vergoldetem Blech überzogen, welche bei hellem Sonnenschein einen schönen Glanz und daher der ganzen Stadt von außen ein treffliches Ansehen geben, daß etliche der Unsrigen, als sie in die Stadt kamen, sagten: Von außen scheint die Stadt wie Jerusalem, innen aber ist sie Bethlehem.«[53]

Der erste Romanow läßt in den dreißiger Jahren des 17. Jahrhunderts den Zarenpalast des Kremls erweitern. Dabei entsteht der Terem, ein Gebäude, das an orientalische Bauten aus Tausendundeiner Nacht erinnert. Mehrere spätere Umbauten des Kremlterritoriums bewirkten, daß heute nur der obere Teil dieses bizarren Gebildes sichtbar ist, und wir können vom Kathedralenplatz lediglich die Ostseite des Dachbereiches sehen. Im Terem befanden sich verschiedene Funktionsbereiche. Das Erdgeschoß bildeten Wirtschaftsräume des Hofproviantamtes. Darüber wurden in den Zarinnengemächern Gewänder für die Herrscherfamilie genäht. Im zweiten Stock lagen zahlreiche Diensträume des Zarenhofes. Noch ein Stockwerk höher waren die Privatgemächer des Zaren. De Custine ergötzt sich noch zweihundert Jahre später an dem pittoresken Bauwerk: »Ich besah [...] endlich auch den kleinen eckigen Palast, der sehr niedlich ist und einigermaßen an die Meisterwerke der maurischen Baukunst erinnert. Er zeichnet sich durch seine Zierlichkeit inmitten der plumpen Masse umher aus und man könnte ihn einen Karfunkel nennen, der in Bausteine gefaßt ist. Dieser Palast enthält mehrere Stockwerke und die unteren sind größer als die, welche sie tragen, was die Terrassen vervielfältiget und dem ganzen Gebäude eine pyramidale Form von sehr malerischem Aussehen giebt. Jedes Stockwerk tritt von dem untern zurück und das letzte, die Spitze der Pyramide, ist nur ein kleiner Pavillon [...]. Hier erinnert Alles an die Pracht der alten Czaren und die Phantasie muß sich nothwendig in die Zeit der Regierung der Iwan und Alexis zurück versetzen; es ist völlig russisch [...]. Das Ganze erinnert an die Abbildungen des Porzelanthurmes zu Pekin.

Diese Gebäudegruppe macht den Kreml zu einer der theatralischesten Decorationen der Welt [...].«[54]

Einer Märchenkulisse gleich erheben sich über den Hauskirchen der Zarinnen im Terem elf vergoldete Zwiebelkuppeln. Jede sitzt auf einem hohen Tambour, der effektvoll mit tiefroten Tonziegeln und grün emaillierten Kacheln verziert ist. Die Kuppeln tragen vergoldete Kreuze, die jeweils über einer liegenden Sichel aufragen. Eine eindeutige Erklärung dieser Komposition gibt es nicht. Orthodoxe Priester sehen in dem Kreuz über einem Halbbogen die Darstellung eines Ankers. Symbolisch steht der Anker für den Halt, den die Menschen in der Kirche finden. Andere vermuten in der Sichel das Symbol einer vorchristlichen Gottheit. Das darüber stehende Kreuz drückt den Sieg des Christentums über das Heidentum aus. Wieder andere deuten die Sichel als Wiege Jesu und das Gesamtbild als Darstellung seines Lebensweges von der Geburt bis zum Tode. Die Interpretation, bei der unterhalb des Kreuzes ein Halbmond gesehen wird und in der Gesamtkomposition den Sieg des Christentums über den Islam, ist wenig verbreitet.

Hinter der Mariä-Verkündigungs-Kathedrale können wir das letzte große Bauwerk der Zarenzeit sehen. Zwischen 1838 und 1849 ließ Nikolaus I. den größten Teil des Zarenpalastes von Michail Romanow abreißen, da ihm die alten Gemächer nicht mehr adäquat erschienen. Es entstand der bis in die heutige Zeit erhaltene, sehr prunkvolle Große Kremlpalast. De Custine äußerte jedoch 1839 kritisch: »Leider baut man jetzt im Kreml einen neuen Palast, um die ehemalige Wohnung des Kaisers bequemer zu machen. Aber hat man sich gefragt, ob diese Verbesserung das in der Welt einzige Ganze des alten Gebäudes der heiligen Feste nicht verdirbt? Die jetzige Wohnung des Kaisers ist ärmlich und beschränkt, ich gebe es zu, aber um diesem Übelstande abzuhelfen, vergreift man sich an den ehrwürdigsten Gebäuden des alten Nationalheiligtums; das ist eine Profanation. Ich hätte an der Stelle des Kaisers meinen neuen Palast lieber in die Luft gehangen, ehe ich einen Stein von den alten Wällen des Kremls verrückte.
Als der Kaiser in Petersburg mit mir über diese Arbeiten sprach, sagte er, sie würden Moskau verschönern; das bezweifle ich, dachte ich; es ist als wollte man die Geschichte ausschmücken. Die Architectur der alten Feste entsprach allerdings den Regeln der Kunst nicht; aber sie war der Ausdruck der Sitten, der Handlungen und Ideen eines Volkes und seiner Zeit, welche die Welt nie wiedersehen wird;

das war heilig wie das Unwiderrufliche. Es trug den Stempel einer über dem Menschen stehenden Macht an sich, der Macht der Zeit. Aber in Rußland legt die Gewalt ihre Hand an Alles. Der Kaiser, der in meinen Zügen wahrscheinlich einen Ausdruck des Bedauerns sah, verließ mich mit der Versicherung, sein neuer Palast würde viel größer und den Bedürfnissen seines Hofes entsprechender werden, als der alte. Dieser Grund schlägt hier zu Lande Alles nieder.«[55]

In diesem Punkt irrte de Custine. Der Große Kremlpalast ist bis heute ein würdiger Rahmen für repräsentative Staatsempfänge. Wer kennt nicht den eleganten, weißen, mit viel Gold verzierten Georgsaal aus den Fernsehübertragungen? Seit der Oktoberrevolution finden im angrenzenden Andreas- und Alexandersaal Konferenzen und Sitzungen statt. Ossip Mandelstam beschrieb die dort abgehaltene I. Internationale Bauernkonferenz: »Die Treppe, die zum Andrejewskij-Saal führt, schwillt berghoch an und stößt auf ein holzschnitthaftes Gemälde: Alexander III. empfängt die Amtsbezirksvorsteher. Eine kolossale Leinwand, der Zar gleicht einem Droschkenkutscher und ist umgeben von seinen höchsten Hausmeistern in taillierten Herrenmänteln samt Blechschild und den Krönungsburjäten.

An diesem Museumsstück vorbei und dorthin, wo ein maßlos hoher Saal mit seinen Ball-Lichtern den tapferen Freunden verschiedenster Muttersprache Obdach gewährt, die als Gäste zu uns gekommen sind für ein kräftiges Gespräch. [...]

[...] an den letzten Tisch haben sich die weiblichen russischen Delegierten gesetzt [...]

Die Zusammensetzung der Konferenz ist äußerst bunt. Hier gibt es Menschen, die eben erst aus der Masse hervorgetreten und noch warm sind von der Berührung mit ihr, dann Großaktivisten, Organisatoren europäischen Maßstabs –

doch unter jedem rührt sich seine bäuerliche Scholle und alle wollen sie die eine große Last bezwingen.«[56]
Zeitgleich mit dem Großen Kremlpalast entstand Mitte des 19. Jahrhunderts das geräumige Gebäude der Rüstkammer. Seit dieser Zeit ist die als Rüstkammer bezeichnete Schatzkammer Pflichtprogramm eines jeden Besuchers. Lewis Carroll wurde von der gesehenen Pracht überwältigt: »Als nächstes gingen wir zur Schatzkammer und besichtigten Throne und Kronen und Juwelen – bis es uns schließlich so vorkam, als wären diese drei Artikel vielleicht weiter verbreitet als Brombeeren. Über einige der Throne etc. waren die Perlen buchstäblich niedergeprasselt wie Regen.«[57]
Durch das Borowizkijtor verlassen wir den Kreml. Hier ist besondere Vorsicht geboten, denn durch dieses Tor erreichen schwarze Dienstlimousinen das Kremlgelände. Es wird offensichtlich, daß wir uns im Zentrum der Macht befinden, die – mal mehr, mal weniger – sehr bedrohlich empfunden wurde. Der Schriftsteller Boris Pilnjak schildert die Stimmung kurz nach der Oktoberrevolution: »Grau steht der Kreml im Moos der weißen Nächte. Die Soldaten stehen in Helmen und Hemden, die nachts Ähnlichkeit mit Schuppenpanzern haben. [...] Die Kanonen in der mooslichen Helle stehen wie Jahrhunderte. [...]
Hier – ist das Sowjet-Kommissariat, die Nacht des Oktoberwillens, – und – auch Rußland ... Der Kreml ist grau! [...] – Über Moskau, über Rußland, über der Welt ist Revolution. – Ein herrlicher Wille. – Welch ein Satan hat Gott und dem Teufel zum Trotz den Erdball in einen zwischen den Planeten speienden Vulkan gerollt? [...]
Der Kreml ist grau. Die Kathedralen im Kreml sind Museen. [...] Von der Terrasse sieht man das arbeitende, von Wolkenkratzern überragte Tages-Moskau [...].«[58]

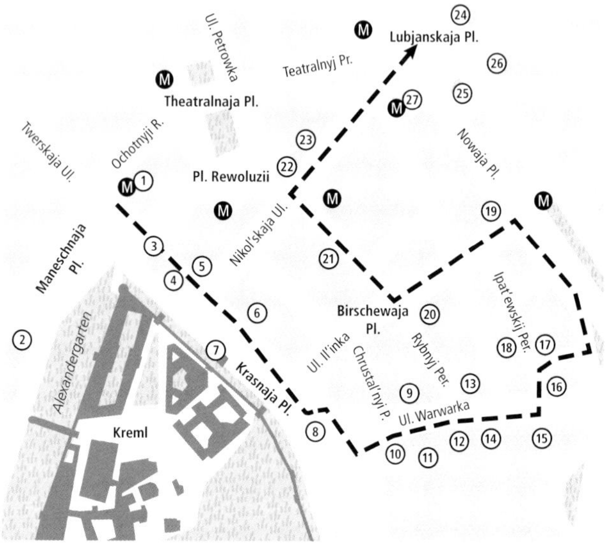

1 Metrostation Ochotnyj Rjad – 2 Gebäude der Manege – 3 Auferstehungstor und Kapelle der Iberischen Gottesmutter – 4 Historisches Museum – 5 Kirche der Gottesmutter von Kazan – 6 GUM – 7 Leninmausoleum – 8 Basiliuskathedrale – 9 Alter Kaufhof – 10 Kirche der hl. Barbara – 11 Englischer Hof – 12 Kirche des hl. Maxim, Glockenturm des Mariä-Erscheinungs-Klosters – 13 Neuer Kaufhof – 14 Alter Regentenhof (Haus des Bojaren Romanow) – 15 Kirche des hl. Georg mit Glockenturm – 16 Handelshaus der Familie Morosow – 17 Dreifaltigkeitskirche in Nikitniki – 18 Haus von Simon Uschakow – 19 Bürohaus der Nördlichen Versicherungsgesellschaft – 20 Börsengebäude – 21 Christi-Erscheinungs-Kloster – 22 Kaiserlicher Druckereihof – 23 Slawjanskij Bazar – 24 KGB-Gebäude – 25 Mahnmal »Steinbrocken vom Solowki-Lager« – 26 Majakowskij-Museum – 27 Metrostation Lubjanka

III. Kitaj Gorod

»Eine Zwiespältigkeit –
etwas wunderbar Tatarisches,
Orientalisches, Byzantinisches«[59]

2. SPAZIERGANG:
Metrostation Ochotnyj Rjad → Manegeplatz: Auferstehungstor und Kapelle der Iberischen Gottesmutter → Roter Platz: Historisches Museum – Kirche der Gottesmutter von Kazan – GUM – Mausoleum – Basiliuskathedrale → Warwarka-Straße → Dreifaltigkeitskirche in Nikitniki → Il'inka-Straße → Nikol'skaja-Straße → Lubjankaplatz → Majakowskij-Museum → *Metrostation Lubjanka*

Unser Spaziergang beginnt am doppeltürmigen Auferstehungstor. Im vorrevolutionären Moskau war das der Haupteingang zum Kitaj Gorod – einem mit Backsteinmauern gut befestigten Stadtteil östlich des Kremls. Ursprünglich vom Adel bewohnt, wandelte sich Kitaj Gorod im Verlauf der Jahrhunderte zu einem Viertel der Kaufleute mit noblen Verkaufspassagen, Handelshäusern und dem Hauptplatz Moskaus – dem Roten Platz. Doch unabhängig davon, ob Adeliger, Kaufmann oder einfacher Besucher, alle strömten zum Auferstehungstor. Denn seit dem 17. Jahrhundert schmückte das Tor eine unscheinbare Kapelle mit der wundertätigen Ikone der Iberischen[60] Gottesmutter. Kurz vor der Revolution charakterisierte sie der Dichter und Komponist Alexander Wertinski als »das religiöse Zentrum Moskaus«.[61] Rainer Maria Rilke gelangte hier »weiter in die Tiefe, in die größte Einfachheit und zu der schöneren Einfalt [... er sah die Beter vor] der iberischen Madonna, die alle mit der gleichen knieenden Kraft ihren Gott erschaffen, immer und immer wieder, ihn mit ihrem Leid und mit ihrer Freude beschenken und bezeichnen, ihn morgens heben mit dem Augenlid und ihn abends ruhig loslassen, wenn die Ermüdung ihrer Gebete wie Rosenkranzschnüre zerreißt.«[62] Auch andere ausländische Besucher konnten sich der besonderen Stimmung vor der Kapelle mit der Gottesmutterikone nicht entziehen. Ausführlich schildert 1841 Johann G. Kohl die Szenerie: »Die Leute bezeigen ihr ihre Huldigungen so, daß sie sich bekreuzigen, sich dann vor ihr auf die Kniee werfen, den Boden küssen und beten, darauf ihr selbst eine Hand und dem Christuskindchen einen Fuß küssen. Von vielem Küssen sind Hand und Fuß schon über und über mit dickem Schmutze bedeckt [...]. Sie hat die Pforten ihrer Kapelle den ganzen Tag offen, und von Sonnenaufgang bis zum Sonnenuntergang läßt sie Alle zu sich heran [...]. Ich sah oft mit Staunen lange der ungeheuren, unsichtbaren Gewalt, die dieses Bild über die Gemüther übt, und der herbeiströmenden Menschenmenge, welche beständig dieser Gewalt huldigt, zu. Keiner geht hier vorüber, und hätte er auch ein noch so eiliges Geschäft, der sich nicht wenigstens vor der Kapelle verneigte und bekreuzigte. Die meisten aber treten ein und beten mit frommen Seufzern, andächtig vor der Mutter knieend. Hierher kommen die Bauern des Morgens früh, wenn sie zum Markte gehen, legen ihre Bürde zur Seite, beten ein Weilchen und entfernen sich wieder. Wenn auch bei keinem anderen Heiligen Moskaus, so holt sich doch hier bei der iberischen Mutter der Abreisende die Ueberzeugung, daß auch höhere Kräfte über ihn wachen. Hierher kommt der Kaufmann, der eine neue Unternehmung machen will, um den Beistand aller Engelsköpfe anzuflehen, welche die Mutter umschweben. Hierher kommen der Genesene wie der Kranke, der Reichgewordene wie Der, welcher es werden möchte, der Zurückkehrende wie der Abschiednehmende, der Glückliche wie der Unglückliche, der Vornehme wie der Bettler. Alle bitten, danken, seufzen, lobpreisen und schütten ihr Herz der Mutter aus. Es leidet keinen Zweifel, daß bei diesem Hüttchen mehr Viergespanne den Tag über anhalten als beim Winterpalais in Petersburg und folglich mehr als bei irgend einem Hause Rußlands. Es hat in der That etwas mächtig Rührendes, selbst die elegantesten, von Seidengewebe umflatterten und von Edelsteingeflimmer umschimmerten Damen vorfahren zu sehen, wie sie sich von galanten Herren aus den Vierspännern heben lassen und mit den Bettlern sich in den Staub werfen. An Feiertagen besonders ist das Zuströmen ungeheuer. An einem solchen zählte ich einmal in einer Minute über 200 vorüberpilgernde Beter [...].«[63]

Wundertätige Ikonen sind im orthodoxen Glauben tief verwurzelt, besonders beliebt sind dabei die Gottesmutterikonen. Die berühmtesten unter ihnen sind die Wladimirer, die Kasaner und die Iberische. Legenden ranken sich bis heute um ihre Wundertaten. So hat sich die Iberische-Gottesmutter-Ikone in der unruhigen, gewaltvollen Zeit des Bilderstreits auf wundersame Weise selbst gerettet. Als die Ikonoklasten im 8. Jahrhundert auch private Häuser nach Ikonen durchsuchten, entkam die Iberische Gottesmutter der Zerstörung. Die Besitzer übergaben sie dem Meer, doch sie sank nicht. Sie richtete sich auf und segelte davon. Zweihundert Jahre spater erblickten sie die Mönche des Iberischen Klosters vor den Ufern des Berges Athos. In der folgenden Nacht erschien dem Klostervorsteher die Gottesmutter im Traum. Sie wies ihn an, über Wasser zu gehen und die Ikone ins Iberische Kloster zu bringen. Die gerettete Ikone fand einen Ehrenplatz in der Hauptkirche des Klosters. Am nächsten Tag jedoch war sie verschwunden. Die Mönche fanden sie später über dem Haupttor des Klostereingangs hängend. Wieder trug man die Ikone in die Hauptkirche, und erneut fand man sie am folgenden Tag über

dem Haupttor. Nach mehreren Versuchen, die Ikone in der Hauptkirche unterzubringen, erschien dem Klostervorsteher erneut die Gottesmutter. Sie verkündete, sie wünsche nicht, in der Kathedrale beschützt und verehrt zu werden, statt dessen wolle sie die Beschützerin des Iberischen Klosters sein. Danach errichteten die Mönche für die Gottesmutterikone eine Torkapelle, in der sie ihren Platz fand.
Rußland erfuhr von der wundertätigen Gottesmutter erst im 17. Jahrhundert, als der Prior des Iberischen Klosters Moskau besuchte. Er kam, um für die orthodoxe Mönchsgemeinschaft des Athos Spenden zu sammeln. Nachdem er sein Kloster wieder erreicht hatte, erfüllte er dem russischen Patriarchen Nikon die Bitte, von der wundertätigen Ikone eine Abschrift[64] anfertigen zu lassen. Am 13. Oktober 1648 erreichte die neu angefertigte Ikone Moskau. Nach ihrem feierlichen Empfang verblieb sie nicht lange in der Hauptstadt. Nikon ließ eigens für sie auf einer Insel im Waldai-See[65] ein gleichnamiges Kloster errichten. Für Moskau wurde im Kloster auf dem Athos eine neue Abschrift angefordert, die im Frühjahr 1669 in der Kapelle am Auferstehungstor ihren Platz fand.
Heute kann der Moskaubesucher wieder die tiefe Verehrung für die Gottesmutterikone beobachten. Wer allerdings in den dreißiger Jahren des 20. Jahrhunderts diese Stelle aufsuchte, der fand weder andächtige Pilger noch die Kapelle. Im Kampf gegen das »Opium des Volkes« wurde sie 1931 zerstört. Erst nach dem Ende des kommunistischen Regimes war ein Wiederaufbau möglich, und seit 1995 strömen wieder alte Mütterchen wie auch modisch gekleidete Neureiche zu der wundertätigen Gottesmutter.

Daß auch die heutigen Besucher den Roten Platz durch das Auferstehungstor betreten sollten, liegt an dem besonders malerischen Anblick, der sich aus dieser Perspektive bietet.

Walter Benjamin kam dem »Geheimnis der erstaunlichen Wirkung [der Basiliuskathedrale] ein wenig näher [...]. Es ist an dem, daß der Rote Platz, wenn man vom Revolutionsplatz [heute Manegeplatz] her ihn betritt, ein wenig ansteigt und die Kuppeln der Kathedrale allmählich so wie hinter einem Berg auftauchen.«[66] Vor uns liegt nun der geschichtsträchtige Rote Platz und in der Ferne die Basiliuskathedrale, von der Arthur Holitscher sagte: »Man fällt auf den Rücken, wenn man sie an einem farbigen Herbstabend zum erstenmal erblickt, wie sie im Scheine der untergehenden Sonne sprüht und flammt und aufglüht und erlischt!«[67] Rechts schließt sich direkt an das Auferstehungstor ein dunkelrotes Backsteingebäude. Mitte des 18. Jahrhunderts befand sich hier die gerade gegründete Moskauer Universität, danach eine Zeitlang das Rathaus, und heute sehen wir an derselben Stelle das Historische Museum – ein Baudenkmal des späten 19. Jahrhunderts im neorussischen Stil. Walter Benjamin war von der Ikonensammlung des Museums tief beeindruckt: »Hier blieb ich länger als eine Stunde in der außerordentlich reichen Ikonensammlung, wo ich in großer Menge auch spätere Werke des XVII. und XVIII. Jahrhunderts fand.«[68] Ein Besuch lohnt auch heute noch. Von Funden aus der Altsteinzeit bis zu Kunstgegenständen des Zarenhofes sind in über fünfzig Sälen effektvoll arrangierte Exponate zu sehen. Es ist das größte und bedeutendste Museum der Geschichte Rußlands.

Links vom Auferstehungstor, an der Ecke zur Nikol'skaja-Straße, schmückt den Roten Platz die wiederaufgebaute Kirche der Gottesmuter von Kazan. Das farbenfrohe Gotteshaus wurde 1625 errichtet und teilte in der Stalinzeit das Schicksal des Auferstehungstores. Seit ihrer Weihe 1993 werden hier wieder Gottesdienste zelebriert, und man kann erleben, was Walter Benjamin im Januar 1927 beobachtete: »Man tritt zuerst in ein geräumiges Vorzimmer mit einigen spärlichen Heiligenbildern. [...] Es ist düster; sein Halbdunkel eignet zu Konspirationen. [...] Daran stößt der eigentliche Andachtsraum. Im Hintergrund hat er ein paar Treppchen, die zu der schmalen, niedrigen Estrade führen, auf der man an den Heiligenbildern sich entlangschiebt. In kurzem Abstand folgt Altar auf Altar, ein glimmendes rotes Lichtchen bezeichnet jeden. Die Seitenflächen werden von sehr großen Heiligenbildern eingenommen. Alle Teile der Wand, die so nicht von Bildern bedeckt sind, sind mit leuchtendem Gold überzogen. Von der süßlich bemalten Decke hängt ein kristallner Kronleuchter herab. Von einem der Stühle am Eingang des Raumes betrachtete ich mir die Zeremonien. Es sind die der alten Bilderverehrung. Die großen Heiligenbilder werden durch Bekreuzigen begrüßt, ein Kniefall, bei welchem die Stirne den Boden berühren muß, folgt und unter neuer Bekreuzigung wendet der Betende oder Büßende sich zu dem nächsten. Vor kleinen Heiligenbildern, die einzeln oder in Reihen auf kleinen Pulten, unter Glas liegen, bleibt der Kniefall fort; man beugt sich über sie und küßt das Glas.«[69]

Neben dem bunten Kirchlein, an der Ecke der Nikol'skaja-Straße und des Roten Platzes, säumt den Platz auf einer Länge von 250 Metern das elegante Kaufhaus GUM.[70] Schon bevor das GUM 1894 im neorussischen Stil fertiggestellt wurde, befanden sich hier lange Reihen von Verkaufsläden. Man nannte diesen Stadtteil auch Sarjadje, abgeleitet von »Rjad«, was im Russischen eine »Reihe von Verkaufsbuden« bedeutet. Bis zur Revolution prägte der Handel und das geschäftige Treiben die Stimmung in den engen Gassen. Selbst als Sankt Petersburg Moskau in einigen Bereichen die Führungsposition abspenstig machte, konnte sich die alte Hauptstadt in merkantilen Angelegenheiten als Mittelpunkt des Binnenhandels behaupten.

Glaube und Kommerz: Kirche der Gottesmutter von Kazan und GUM

Das bunte Leben in Sarjadje beschrieb Johann Gottfried Kohl in der Mitte des 19. Jahrhunderts: »Man kann schwerlich einen Markt finden, der einen heitereren Charakter hätte als die Moskauischen Rjadi; denn so wenig man auch behaupten könne, daß die russischen Kaufleute minder gewinnsüchtig wären als andere, so haben sie trotz ihrer Gewinnsucht ein gewisses heiteres Wesen, welches dem deutschen oder englischen Kaufmanne völlig abgeht. Von den Braunschweiger, Frankfurter und Leipziger Messen her erinnere ich mich nur erster, ausschließlich auf Erwerb gerichteter Gesichter; der russische Kaufmann dagegen steckt immer seinen Kopf zum Schwatzen und zum Spielen mit seinen Nachbarn zusammen. Ganze Budenreihen sieht man oft leer und trifft die Kaufleute auf einem Haufen zusammen stehen, mit irgend einem Spiele beschäftigt; es bleibt dem Beobachter unbegreiflich, wie sie sich so wenig zu thun machen. Deutsche Kaufleute sah ich in ihren Buden immer mit Aufräumen ihrer Waaren, mit Anschreiben, Rechnen, Geldzählen und anderen Dingen beschäftigt, die russischen dagegen, die doch eben so viel verdienen wie jene, – denn es gehen aus diesen Buden Millionärs hervor – fast nur mit Gähnen, Beten, Theetrinken, Ball- und Damenspiel, Lachen und Schwatzen. Ihre Eßlust ist so groß, daß sich in den Gängen eben so viele Eßwaarenträger als Käufer herumstoßen, kleine Knaben mit Pfefferkuchen, bärtige Kerle mit großen Glaskrügen, aus denen sie ›Kwas‹[71] oder ›kisli Schtschi‹[72] ausschenken, andere mit Thee, andere mit ›Sbiten‹[73], einige, die auf einem Brete einen ganzen Thurm von Apfelsinen trotz des Gedränges geschickt umher balanciren [...]. Sie spielen sogar Ball in den engen Gängen ihrer Buden, indem sie eine große, mit Luft gefüllte Lederkugel mit dem Fuße stoßen. Doch ist entschieden das Hauptspiel das Damenbret; man sieht sie es überall spielen, auf den Bänken, vor den Thüren, in den Buden selbst, ja, oft setzen sie ihren Tisch mitten in die Straße und legen sich sinnend über die Steine. [...] Die Rjadi sind ein ungeheurer Irrgarten von Buden, in welchem nicht weniger als 12 000 Kaufleute ihren Kram und Handel treiben [...]. Die Hauptmasse der Buden liegt ›den rothen Platz‹ entlang zwischen der Nikolai- und Ilinski'schen Straße.«[74] Dieser Irrgarten war Ende des 19. Jahrhunderts nicht mehr repräsentativ und wurde beseitigt. Danach konnten die Kunden durch drei parallel ausgerichtete, glasüberdachte und lichtdurchströmte Einkaufspassagen nach Waren Ausschau halten. Auch Wolfgang Koeppen konnte sich begeistern: »Gum ist, man kann es nicht anders sagen, überwältigend. Das Warenhaus hat Gänge, Galerien, Brücken, Verliese, Hallen, kleine Tempel, die es zu einem Beispiel der phantastischen Architektur eines Piranesi machen. Auch hier gibt es Prozessionen, Schlangen ohne Anfang, ohne Ende [...]. Im Gum gibt es eine Fülle von Waren, vom Fernsehapparat bis zur Stecknadel, aber für die Schlange muß es etwas Besonderes geben, und dieses Besondere scheint oft das Einfachste zu sein, Schuhe einer bestimmten Größe, ein Hemd für Siebenjährige, und die Schlangen sind weniger ein Zeichen des Mangels als die Folge irgendeiner Dummheit in der Verteilung der Waren [...].«[75] Heutzutage gibt es im GUM keine Menschenschlangen mehr. In den Boutiquen der westlichen Modemarken finden die Kunden, was ihr Herz begehrt. Auf drei Etagen kann man bummeln und sich in zahlreichen Cafés eine kleine Pause gönnen. Den besten Blick auf die Kremlkulisse bietet das *Bosco Café* im Erdgeschoß. Wenn die Preise nicht schrecken, genießt man von hier einen unvergeßlichen Blick auf »die abenteuerlichen Formen der unzähligen Kuppeln und Türme, des mächtigen, von Mauern und Toren flankierten Kreml, [...] eine Silhouette von wahrhaft bestrickendem Reize«[76] – wie Ludwig Barnay 1896 zu berichten wußte.

Gegenüber dem GUM, direkt vor der Kremlmauer, erinnert ein schlichter dunkelroter Kubusbau an eine folgenreiche Periode in der russischen Geschichte: das Leninmausoleum. Zwei Jahre nach Lenins Tod erfuhr Ernst Toller: »Die Verehrung Lenins ward Leninkult. [...] Bolschewiki sagten mir, das Volk brauche diesen Kult, er sei Ersatz für vieles, das man ihm genommen, Lenin gelte als Symbol für die bindende Einheit des russischen Reiches, und wenn die Menschen aus Rußland zu ihm pilgern, so pilgern sie zum Bild des großen Rußland.«[77] Gleich nach Lenins Tod 1924 wurde der Leichnam einbalsamiert und in einem provisorischen Mausoleum aus Holz zur Schau gestellt. Der uns heute bekannte stufenförmige Kubus aus rotem Porphyr und schwarzem Labrador wurde erst 1930 fertiggestellt. Trotz der zahlreichen Gerüchte über die Echtheit der sterblichen Überreste Lenins gibt es seit der Perestroika keine Zweifel mehr. Ilya Zbarski, Sohn des Konservators und heute mitverantwortlich für den Zustand des Aufgebahrten, gibt Auskunft: »Mit der Konservierung des Leichnams ihres historischen Führers hat die UdSSR eine Großtat vollbracht, die bisher unmöglich schien. Die Einbalsamierung von Lenin ist die vollkommenste aller Zeiten. Er ist besser erhalten als die Mumien im alten Ägypten.«[78] Lenins sterbliche Überreste werden regelmäßig alle achtzehn Monate im Untergeschoß des Mausoleums aufgefrischt. Für die Erhaltung seines Zustandes ist ein Bad aus Glyzerin, Kaliumazetat, etwas Wasser und Chlorchinin notwendig – eine Rezeptur, die bereits nach Lenins Tod verwendet wurde. Falls man den Besuch des Leninmausoleums scheut, beschreibt Gabriel García Márquez bildhaft das Interieur: »Das ganz mit rotem Marmor ausgekleidete Innere war durch einen verschwommenen, geisterhaften Lichtschein erhellt. Wir stiegen eine Truppe bis zu einem Punkt hinunter, der offensichtlich niedriger lag als der Rote Platz. [...] Wir gingen durch noch eine gepanzerte Tür und weiter die glatte, glänzende Treppe hinunter, die aus demselben Material und von derselben Farbe wie die nackten Wände war. Schließlich – bei einer letzten gepanzerten Tür – gingen wir zwischen zwei strammstehenden, unbeweglichen Posten hindurch und tauchten in eine eisige Atmosphäre. Dort standen die beiden Schreine.

Es war ein kleiner quadratischer Raum mit Wänden aus schwarzem Marmor und Inkrustationen aus rotem Marmor in der Form von Flammen. Im oberen Teil ein mächtiges Lüftungssystem. In der Mitte auf einer erhöhten Plattform wurden die beiden gläsernen Särge durch einen kräftigen roten Lichtschein von unten erhellt. [...]

Lenin liegt im ersten Sarg. Er trägt einen schlichten tiefblauen Anzug. Die linke – in den letzten Jahren gelähmte – Hand ruht auf der Körperseite. Ich erlebte eine Enttäuschung: Er sieht aus wie eine Wachsfigur. Nach dreißig Jahren treten die ersten Anzeichen von Mumifizierung auf. Aber die Hand wirkt noch gelähmt. Die Schuhe sieht man nicht. Die untere Körperhälfte verschwindet unter einer Decke aus dem gleichen blauen Tuch wie der Anzug und hat weder Form noch Umfang. Bei Stalins Leiche ist es ebenso. Man kann sich der makabren Vorstellung nicht entziehen, daß nur der obere Teil der Leichen erhalten ist.«[79]

Was Márquez 1959 sah, war von kurzer Dauer. Zwar wurde nach Stalins Tod 1953 der schwarze Schriftzug oberhalb des Eingangs in das Mausoleum geändert. »LENIN STALIN« lautete nun die Inschrift, und innen waren die zwei Staatsmänner aufgebahrt. Doch dann kam der XX. Parteitag, und Chruschtschow benannte in seiner Geheimrede die Stalinschen Greuel. Daraufhin beschloß die Parteiführung, Stalin aus dem Mausoleum zu verbannen. Erst 1961 wurde der Beschluß ausgeführt, wie uns Erwin Behrens berichtet: »Es war hier in Moskau, wo man ihn früher als das größte Genie der Menschheit preisen mußte. Jetzt brachte man die sterblichen Überreste Stalins mitten in der Nacht aus dem Mausoleum, wo sie acht Jahre lang neben Lenin geruht hatten; und anders als bei der ersten Bestattung im März 1953 waren in dieser Nacht nur die Totengräber und die Offiziere des Staatssicherheitsdienstes dabei, als man den Sarg Stalins diesmal hinter dem Mausoleum beisetzte.«[80] Hinter dem Mausoleum sind weitere bedeutende sowjetische und ausländische Kommunisten beigesetzt. Hier vermutet man auch Chruschtschow. Doch diese Ehre wurde ihm nicht zuteil. Luise Rinser weiß warum: »Ein Teil liebt ihn als den Bringer des ›Tauwetters‹, viele hassen ihn, denn sie verzeihen ihm nicht, daß er ihnen den Stalin-Mythos zerstörte [...]. Fast alle Intellektuellen reden abfällig über Chruschtschow; er sei ein Dummkopf gewesen und ein Schwächling. ›Ja‹, sagt einer, ›aber ohne ihn wären du und ich und viele noch in Sibirien oder tot, vergiß das nicht.‹

Chruschtschow hatte nichts Großes geschaffen … er hat *nur* Tauwetter gemacht, *nur* Gefängnisse geöffnet, *nur* seinen Schwiegersohn zum Papst geschickt, um eine Brücke zu bauen, *nur* Ängste verscheucht, *nur* demokratisieren wollen. Zur Strafe darf er nicht im Mausoleum am Kreml liegen neben Lenin.«[81] Chruschtschow fand seine letzte Ruhestätte auf dem Prominentenfriedhof des Moskauer Neu-Jungfrauen-Klosters.

Beim Anblick des Leninmausoleums werden nicht selten Bildsequenzen wach, die in die Zeit der Sowjetunion zurückversetzen, als der Platz zur Bühne für Aufmärsche der Macht demonstrierenden Armee und des Überlegenheit beanspruchenden Staates wurde. Im Geiste sehen wir auf der Ehrentribüne Parteifunktionäre, die selbstzufrieden eine gelungene Dramaturgie verfolgen. Joseph Roth war 1926 voll des Lobes: »Diese Szenerie und diese Parade hätte Shakespeare dichten können. […] Breite Reihen marschieren, lebendige Wände. […] temperamentvolle Feierlichkeit, exakte Prozession. Sie hört nicht auf. Obwohl sie immer dasselbe bleibt, ist sie spannend.«[82]
Bis zum Anbruch der Perestroika war der ganze Platz eine »sakrale Sphäre«,[83] so der Historiker Karl Schlögel. Doch mit dem Fall revolutionärer Kultfiguren und Mythen verlor auch der Rote Platz etwas von seiner alten Symbolik, und die Menschen eroberten den Raum für sich zurück. Über das neuerdings ungezwungene Verhalten der Moskauer schreibt Jewgeni Jewtuschenko: »In der Neujahrsnacht kehrten sie von Freunden über den Roten Platz nach Hause zurück. Der Schnee fiel so dicht, daß sich die Luft in einen aus Flocken – dick wie Chrysanthemen – gewebten Vorhang verwandelt hatte. Man konnte kaum weiter als drei Schritte sehen, und das Lenin-Mausoleum ähnelte einer riesigen Schneewehe mit Schneemännern anstatt

Wachposten davor. Kaum erkennbar glänzten die Rubinsterne auf den Kremltürmen in ihrem Heiligenschein aus Schnee, der um sie herum ebenfalls rubinrot war. [...]
Über den Roten Platz fuhren nur wenige Autos – damals war die Durchfahrt noch nicht verboten. Doch auch davon sah man nur die unsicheren Fühler der Scheinwerfer, die tastend den Schneematsch absuchten, unter dem auch jene Pflastersteine begraben lagen, die sich noch an die blutverschmierten Stiefel Peters des Großen erinnerten, welcher hier den aufständischen Strelizen höchstpersönlich die Köpfe abgeschlagen hatte.
Ein alter Pobeda mit einem Schneehaufen auf dem Dach gab an der Steigung Gas und geriet dabei offensichtlich auf eine vereiste Stelle. Das Auto geriet ins Schleudern, drehte sich wie ein Kreisel und raste dann direkt auf das Mausoleum zu. Mit den Vorderrädern schlug es gegen die Marmorstufen des Mausoleums, und eine der Radkappen löste sich ab, rollte direkt zum Eingang des Mausoleums und fiel klirrend neben die Stiefel des Wachpostens. Der leicht angeheiterte Fahrer sprang aus seinem mit leicht angeheiterten, bunt geschminkten Püppchen vollgestopften Pobeda, wo man Champagner direkt aus der Flasche trank, ergriff mit ängstlicher, aber gerissener Spitzbübigkeit die Radkappe und ließ sich wieder auf seinen Sitz plumpsen. Und das aufheulende Auto verschwand, mit seinem Hinterteil wackelnd wie eine Dirne, von der Pleschka-Straße im Schneegestöber, so als sei es eine Erscheinung gewesen. Die Wachposten hatten nicht einmal gezuckt, so als steckten unter dem Schnee, der die Mäntel bedeckte, keine Menschen aus Fleisch und Blut.«[84]

Großzügig angelegt und in unmittelbarer Nähe der obersten weltlichen und kirchlichen Machthaber, war früher der Platz wie dafür geschaffen, dem Volk hier die Anordnungen des Zaren oder der Kirche zu verkünden – dafür wurde seit der ersten Hälfte des 16. Jahrhunderts die runde, aus Kalkstein errichtete Tribüne genutzt. Hierher kam das Volk aber auch, um seinen Unmut und seine Unzufriedenheit zum Ausdruck zu bringen, und hier wurden seine rebellischen Anführer hingerichtet. Wie die Gegner Iwans des Schrecklichen vernichtet wurden, beschreibt Alexej Tolstoj: »Auf dem großen Kaufplatz im Kitaigorod, einem Stadtteil von Moskau, wurde eine Menge Galgen errichtet. Dazwischen befanden sich hin und wieder große Blöcke mit Beilen. [...] Die Nachricht von den schrecklichen Vorbereitungen hatte sich in ganz Moskau verbreitet, und überall herrschte bald Totenstille. [...]

Hinter den Opritschniks[85] kam der Zar Iwan Wassiljewitsch selbst, hoch zu Roß, in kostbarem Gewand, den Köcher am Sattelknopf, auf dem Rücken einen vergoldeten Bogen. Die Spitze seines Helms war mit einem Bild geschmückt, das den Erlöser, die Mutter Gottes, Johannes den Täufer und verschiedene andere Heilige darstellte. Die Satteldecke unter ihm funkelte von Edelsteinen, und am Hals seines schwarzen Pferdes hing als eine Art Talisman ein Hundekopf. [...]

›Bewohner von Moskau‹, fuhr dann Iwan fort, ›ihr werdet heute Hinrichtungen und Folterungen beiwohnen; aber ich strafe nur diejenigen, die das Reich an meine Feinde verraten wollten. Unter Tränen überantworte ich ihre Leiber den Folterknechten, aber ich bin von Gott zum Richter über euch bestellt, damit ich richte über meine Völker!‹«[86]

Doch weder das vergossene Blut noch die Symbolfarbe der Kommunisten war für die Namensgebung des Platzes ausschlaggebend. Der Rote Platz, der im Russischen »Krasnaja Ploschtschad'« heißt, bekam den Namen seiner atemberaubenden Schönheit wegen. »Krasnyj« bedeutet im Altrussischen nicht nur rot, sondern auch schön.

Kreml und Roter Platz – sie sind das Herz Moskaus. Seit 1990 ist ihre Bedeutung auch außerhalb der Grenzen Rußlands anerkannt worden, und sie wurden zum UNESCO-Weltkulturerbe erklärt. Heute erscheinen sie uns als ein Ensemble. Unvorstellbar, sich den Platz ohne die Silhouette der verspielt-eleganten Kremlmauertürme zu denken. Erst der gezinnte, bizarre, rote Hintergrund macht den Platz zu etwas ganz Besonderem. Der Kreml vermittelt schon eher den Eindruck einer selbständigen Einheit. Eine mächtige Backsteinmauer trennt den Burghügel von den umliegenden Vierteln ab. Besonders von Süden her, von einer der über den Fluß Moskwa führenden Brücken, wird die Abgeschlossenheit des Kremlgeländes deutlich. Zu welchem Viertel gehört also städtebaulich der Rote Platz?
In unserer Zeit deuten kaum noch Spuren darauf hin, daß der Rote Platz den westlichsten Teil des Kitaj-Gorod-Viertels ausmacht. Die rote Backsteinmauer, die dieses älteste Stadtviertel einmal einfaßte, ist nur noch in wenigen Fragmenten sichtbar. Ein großer, beeindruckender Teil der Ostmauer ist am Ende der Warwarka-Straße erhalten geblieben. In der Nähe des Jugendstilhotels Metropol stehen zwei kürzere Stücke des nordöstlichen Mauerabschnitts, die 1998 rekonstruiert wurden.
Der Schutz, den die mächtige Mauer bot, war gerade für diesen Stadtbereich außerordentlich wichtig. Denn hier entstand in den zwanziger und dreißiger Jahren des 16. Jahrhunderts ein nobles Viertel mit Häusern der Hocharistokratie. Daran erinnert bis heute das Wohnhaus der Romanow-Familie in der Warwarka-Straße. Die Handwerker, die hier bis in jene Zeit ansässig waren, wurden verdrängt. Bleiben durften nur Kaufleute.
Im Süden des Roten Platzes stehen wir vor einem Gotteshaus, das Arthur Holitscher an eine »verdrehte Zwiebel aus gelb und grünen Korkzieherwülsten«[87] erinnerte. Für

die meisten Reisenden ist die Basiliuskathedrale ein sichtbarer Beweis dafür, daß Moskau eher dem Orient als dem Okzident zugerechnet werden sollte. Würden nicht Kreuze dieses Bauwerk krönen, so könnte man beim Anblick der phantasievollen Kuppeln, die »wie eine Ananas, eine Artischocke, eine Melone oder ein türkischer Turban«[88] aussehen, meinen, im Reich von Tausendundeiner Nacht zu sein. Graf Moltke empfand Ähnliches: »Man glaubt sich nach Ispahan, Bagdad oder sonst einen Ort versetzt, in welchem die Märchen der Sultanin Scheherezade spielen.«[89] De Custine nennt die Kathedrale eine »Confiturenschachtel« und zweifelt ebenfalls, ob er sich noch in Europa befindet: »Gewiß, das Land, in welchem ein solches Gebäude ein Gotteshaus heißt, ist nicht Europa, sondern Indien, Persien, China, und die Menschen, welche in dieser Confiturenschachtel Gott anbeten, können keine Christen sein [...]. Denken Sie sich eine Menge kleiner ungleicher Thürme, die zusammen einen Busch, einen Blumenstrauß bilden, oder denken Sie sich vielmehr eine unregelmäßige Frucht, die von Auswüchsen starrt, eine dergleichen Melone z. B. oder noch besser eine tausendfarbige Crystallisation mit spiegelnden Metallflächen, die in der Ferne in den Sonnenstrahlen wie böhmisches oder venetianisches Glas oder chinesisches Email glühen; es sind goldene Fischschuppen und Schlangenhäute, die man über einen Haufen unförmiger Steine gespannt hat, Drachenköpfe, Eidechsenpanzer mit schillernden Farben, Altarverzierungen, Priestergewänder, und über Alles hinwegragende Spitzen, deren Farben moirirtem Seidenzeug gleichen. In den schmalen Zwischenräumen zwischen diesen Thürmchen, die verziert sind wie man Personen herausputzt, sieht man Dächer glänzen in Taubenhalsfarben, in Rosa, in Himmelblau und dieses Blitzen und Flimmern blendet das Auge, wie es die Phantasie anregt.«[90]

Beim genauen Betrachten dieses zu Stein gewordenen Märchens kann man erkennen, daß der Grundriß der Kathedrale einem streng geometrischen Plan folgt. Der Gesamtbau besteht aus neun eigenständigen Kirchen, die auf einem gemeinsamen, hohen Unterbau errichtet sind, so daß der Eindruck entsteht, es handele sich bei diesem Komplex nur um ein einziges Gotteshaus. In der Mitte erhebt sich die höchste Kirche, die mit einem Zeltdach bekrönt ist. Um diesen zentralen Turm gruppieren sich vier kleinere, gleich hohe Kirchen, zwischen denen jeweils vier noch kleinere, wiederum gleich hohe Kirchen angeordnet sind.
Die Kathedrale gehört zum Typus der Memorialbauten, die in Rußland eine lange Tradition haben. Bereits Jaroslaw der Weise hat im 11. Jahrhundert in Kiew die Sophienkathedrale angeblich an jener Stelle erbauen lassen, an der er einen Sieg über das nomadische Turkvolk der Petschenegen errungen hatte. Wassilij III. hat aus Anlaß der Geburt seines langersehnten Thronfolgers, des späteren Iwan IV., die Himmelfahrtskirche in Kolomenskoe errichten lassen. Peter der Große hat an derjenigen Stelle, an der laut Überlieferung sein großes Vorbild, Fürst Alexander Newskij, die Schweden besiegt haben soll, das berühmte Alexander-Newskij-Kloster gegründet. Die Petersburger Erlöserkathedrale wurde zur Erinnerung an den grausamen, tödlichen Anschlag an Alexander II. gebaut.
Die Moskauer Basiliuskathedrale wurde ebenfalls zum Andenken an ein wichtiges historisches Ereignis errichtet. Sie ist ein Siegesdenkmal, das an den 1. Oktober 1552 erinnern soll. An diesem Tag eroberte das russische Heer unter der Führung Iwans IV. die Stadt Kazan. Damit fiel nicht nur das gleichnamige Khanat der Tataren an das Moskauer Reich. Wichtig an der Eroberung des an der unteren Wolga liegenden Gebietes war, daß Rußland nun Zugang zum Kaspischen Meer hatte und damit auch Zugang zum Orient.

Zeugen der Geschichte am Roten Platz: Leninmausoleum, Nikolaus-Turm und Historisches Museum

Da der Orienthandel seit der Einnahme Konstantinopels durch die Osmanen im Jahr 1453 ohnehin schwierig geworden war, brachten die Neuerwerbungen den russischen Kaufleuten große Vorteile.

Einer Legende nach soll Iwan IV. höchstpersönlich die Form der Kathedrale entworfen haben, »indem er bei Tafel allerlei große und kleine Becher neben und über einander stülpte, auf große Humpen Arbusen (süße Melonen), auf die Gläser Birnen und Zwiebeln setzte. Nach diesem Modell, das dem Architekten blos die Thürme und Kuppeln veranschaulichen sollte, während die Schöpfung eines entsprechenden Unterbaues seinem eigenen Scharfsinn überlassen blieb, wurde das wunderliche Gebäude ausgeführt [...].«[91]

Der Auftraggeber entschied sich für eine vollkommen neue und einzigartige Komposition. Das Projekt sollte zudem an einer exponierten, für alle sichtbaren und zugänglichen Stelle errichtet werden. Repräsentative Kathedralen der

Moskauer Großfürsten waren zuvor alle auf dem Territorium des Kremls errichtet worden. Architektonisch standen sie in der Tradition der vormongolischen Gotteshäuser: außen im Dekor zurückhaltend, aus elegantem, weißem Kalkstein errichtet und von vergoldeten Kuppeln gekrönt. Nicht so der Memorialbau Iwans IV. Die Außenwände wurden mit Steindekor üppig und flächendeckend verziert: pyramidenartig aufsteigende Bögen, Dreiecke, Rechtecke, gebündeltes, wulstiges Gesims, zackige Friese, Halbsäulen, Zwergsäulen ... Passend zur Kremlmauer wurden die Außenmauern des neuen Kirchenbaus rot angestrichen und mit Backsteinmuster versehen. Die Kuppeln hatten zuerst eine einfache Zwiebelform und waren mit Weißblech gedeckt. Erst gegen Ende des 16. Jahrhunderts veränderte man ihre Form, und die neue Gestaltung blieb bis heute. Die polychrome Fassadengestaltung, wie wir sie heute sehen, ist erst für die Zeit seit dem 17. Jahrhundert belegt.

Die Basiliuskathedrale wurde zu einem Wahrzeichen Moskaus. Verwirrend ist, daß dieses Gotteshaus offiziell Mariä-Schutz-und-Fürbitte-Kathedrale heißt, obwohl es unter diesem Namen kaum einem Moskauer bekannt ist. Um ganz präzise zu sein, müßte man dem offiziellen Namen noch den Zusatz »am Graben« anhängen. Die Kathedrale lag in früheren Zeiten am Burggraben. Dieser trennte den Kreml vom Roten Platz, bis er seine Fortifikationsbedeutung einbüßte und nach dem großen Brand von 1812 zugeschüttet wurde.

Wie Iwan IV. es vorsah, erinnert der offizielle Name des Gotteshauses zumindest Kenner der Geschichte an den großen Sieg über Kazan. Die Stadt ist am 1. Oktober eingenommen worden, einem Tag, der im russisch-orthodoxen Kalender als Mariä-Schutz-und-Fürbitte-Fest gefeiert wird. Wer aber war dieser Basilius, und welche gesellschaftliche Bedeutung muß er gehabt haben, daß das Volk seinen Namen über den Willen des grausamen Herrschers stellte?

Die Einheimischen nennen Basilius bis heute Wassilij Blaschennyj (der Selige). Er ist eine historisch gesicherte Person, ein »Jurodiwyj« – ein heiliger Narr. Schon Byzanz kannte Jurodiwyje. In Rußland erfreuten sie sich einer noch größeren Beliebtheit, über 30 wurden heiliggesprochen. Besonders in Zeiten nationaler Not, vor allem wenn sie innenpolitisch bedingt war, sind die Taten der Jurodiwyje bezeugt. Eine besonders schwierige Zeit für Rußland kam mit der Regierungszeit Iwans IV. In Westeuropa bekam er den Beinamen »der Schreckliche«.[92] Will man einer Legende Glauben schenken, so machte Iwan IV. nicht nur mit dem heiligen Narren Basilius Bekanntschaft. In Pleskau (Pskow) soll Iwan 1570 den heiligen Narren Nikola aufgesucht haben: »Nikola habe den Zaren in seiner kleinen Zelle am Fluß empfangen. Er setzte dem Zaren ein Stück rohes Fleisch vor. Es war die Zeit des großen Fastens, und der Zar antwortete auf diese seltsame Bewirtung mit den Worten: ›Ich bin Christ und esse zur Fastenzeit kein Fleisch.‹ Nikola erwiderte: ›Du trinkst aber Christenblut.‹«[93] Solches Verhalten war typisch für die heiligen Narren. Sie kritisierten und benannten Mißstände, über die sonst kein Sterblicher öffentlich reden mochte, schon gar nicht in Gegenwart eines unberechenbaren Herrschers. Weltliche Herrscher und der Adel entgingen dem wertenden Urteil der heiligen Narren ebensowenig wie der Klerus. Dies mag erklären, warum sonderbare Menschen wie Basilius beim Volk so hoch angesehen wurden. Viele Legenden über heilige Narren des 16. und 17. Jahrhunderts wurden mündlich tradiert. Mit der Zeit verschmolzen die meisten zu typisierten Legenden und wurden niedergeschrieben. Wer mehr über das Leben des Gottesnarren Basilius erfahren möchte, sollte die Basiliuskathedrale aufsuchen. Dort sind in einem

Anbau die sterblichen Überreste des 1550 verstorbenen Asketen beigesetzt. Fresken schmücken den Raum und berichten über die Taten des Gottesmannes, dessen Name sich bald nach seinem Tod als volkstümliche Bezeichnung für die Kathedrale durchsetzte.
Bevor es weiter durch die Gassen von Kitaj Gorod geht, empfiehlt sich ein kurzer Abstecher zur Brücke südlich der Basiliuskathedrale (Bol'schoj Moskworeckij Most): Von hier hat man einen der schönsten Blicke auf den Kreml.
Früher war Kitaj Gorod ein quirliger Teil Moskaus – »eine Stadt für sich, [...] welche von drei Haupt- und sechzehn Seitenstraßen durchschnitten [...] und eine Menge Kirchen, Klöster, Gasthöfe, Restaurants, Schenken, Marktplätze und Gehöfte enthält«,[94] notiert Bodenstedt Mitte des 19. Jahrhunderts. Für die älteste der drei historischen Hauptstraßen war die Kirche der hl. Barbara (russisch Warwara) namensgebend.[95] Als klassizistisches Eckgebäude schmückt ihr Neubau seit 1801 den westlichen Anfang der Straße. Es ist ein Ort von geschichtlicher Bedeutung. Durch diese Straße zog 1380 das Heer Dmitrij Donskojs, um gegen die Tataren zu kämpfen und dann unerwartet nach hundertfünfzig demütigenden Jahren am Kulikowo-Feld den ersten Sieg über die Reiterschar davonzutragen. Bis heute erinnert die Kirche Aller Heiligen auf dem Kulischki am anderen Straßenende an dieses geschichtsträchtige Ereignis. Die stimmungsvolle, farbenfrohe kleine Kirche aus dem 16. Jahrhundert ist die Nachfolgerin einer älteren, gleichnamigen Holzkirche, die noch Dmitrij Donskoj zum Andenken an die gefallenen Krieger der berühmten Schlacht hat errichten lassen.
Bis zur Revolution war die Warwarka-Straße eine Hauptverkehrsader des Handelsviertels mit Handelshäusern und Lagern wohlhabender Großhändler und Fernkaufleute. Die Nähe zur Moskwa bedeutete kurze Wege für das Be- und

Entladen der Güter. Sie kamen alle auf dem Wasserwege. Im Winter setzte man statt der Schiffe Schlitten ein. In der Warwarka – wie Russen sie liebevoll nennen – erinnert bis heute das monumentale klassizistische Gebäude des Alten Kaufhofs an vergangene, merkantile Zeiten. Von hier aus wurde ganz Rußland mit Waren aus aller Welt versorgt. Die Bedeutung des Bauwerks wird allein schon durch seine Größe deutlich. Zwei Stockwerke hohe, schneeweiße korinthische Säulen gliedern eine etwa 100 Meter lange, gelbe Fassade. Sie nimmt die Fläche eines ganzen Häuserblocks ein und wird in der Tiefe von der Il'inka-Straße und seitlich vom Chrustal'nyj Pereulok (Kristallgasse) und Rybnyj Pereulok (Fischgasse) begrenzt. Dem Betrachter bietet sich ein Gesamteindruck, als wäre es ein massives Gebäude. In Wahrheit handelt es sich um einen weitläufigen von Verkaufs- und Lagerräumen umgebenen Innenhof. Vierzehn Jahre lang dauerten die Bauarbeiten, bis das Gebäudekarree 1805 fertiggestellt werden konnte. Sieben Jahre später hat der große Brand[96] auch den Alten Kaufhof stark beschädigt. Erst 1830 wurde er nach einem Umbau wieder eröffnet. Die Geschäfte müssen sehr gut gelaufen und einträglich gewesen sein. Bereits Ende der dreißiger Jahre wurde nebenan, nur durch den Rybnyj Pereulok getrennt, der etwas kleinere Neue Kaufhof errichtet. Ende des 19. Jahrhunderts waren einzelne Kaufleute auch in der Lage, sich in dieser exponierten Lange ein Handelshaus bauen zu lassen. Das Haus Nr. 9, das wir etwas später am Ende der Warwarka erreichen, ließ 1896 die Unternehmerdynastie Morosow[97] im Geiste des Eklektizismus errichten. Auffällig sind sein abgeschrägter, von je einer kannelierten Säule eingerahmter Eckeingang und die darüber angebrachten, zwei Geschosse hohen, korinthischen Doppelsäulen.[98]

Johann Georg Kohl nimmt uns auf einen Rundgang durch den Alten Kaufhof des 19. Jahrhunderts mit: »Der Moskauische Gostinnoi Dwor ist ein riesenmäßiges, dreistöckiges Gebäude; drei Budenreihen und drei Säulenreihen stehen über einander, unzählige Treppen und Gänge setzen diese Galerieen mit einander in Verbindung. Unten ist das größte Gedränge, in den oberen Galerieen, wo sich, so wie im Inneren des Hofes, ungeheure Waarenvorräthe befinden, der großartigste Handel. Auf diesem Hofe und in diesen Galerieen ist Jahr aus, Jahr ein die größte bleibende Messe. Es strömt hier vom schwarzen Meere her Alles zusammen, was die Levante bieten kann, von der Ostsee, was die Märkte und die Industrie Westeuropas liefern, und von Sibirien her, was Tatarei und China senden. Thee, Zucker, Weine, Südfrüchte, Eisen, Kupfer, Blei, Tücher und Seidenwaaren sieht man hier in großen Quantitäten aufgestapelt, denn Moskau ist der Mittelpunct des ganzen inneren Handels Rußlands [...]. Der Gostinnoi Dwor hat Magazine und Buden für die vornehmsten Kaufleute Moskaus, die alle hier nur ›gurtom‹ (en gros) handeln, und deren es über 900 giebt.«[99]

Über langbärtige Kaufleute und ihre besonderen Tricks bei Geschäftsabschlüssen berichtet Bodenstedt: »Hier herrscht während der Tagesstunden ein durch seinen Lärm ohrenbetäubendes und durch seine Buntheit augenverwirrendes Leben und Treiben. Durch die Straßen knarren unaufhörlich ganze Reihen kleiner Frachtwagen (große kennt man in Rußland nicht, wo die Pferde nie überbürdet werden, wie das bei uns so häufig geschieht), welche aus allen Theilen des Reiches kommen; [...] am Markt, wimmelt es von Kaufleuten und Händlern in fremdartigen Trachten, unter welchen natürlich der russische Kaftan und Schafpelz vorherrschen, aber doch auch die Nationalkostüme der Perser, Türken, Tataren, Armenier, Bucharen, Chinesen u. s. w. reichlich vertreten sind, während man Leute in europäischer Kleidung nur unter den vorüberwandelnden Neugierigen und Käufern findet [...]. Der echte, von der Kultur noch nicht beleckte Nationalrusse hingegen kennt kein größeres Vergnügen als sich möglichst lange bei seinen Einkäufen mit den Händlern herumzustreiten, die gewöhnlich so hohe Forderungen machen, daß für das allmähliche Herabdrücken des vorgeschlagenen Preises ein weiter Spielraum bleibt. Kommt dann nach langem Feilschen endlich ein Kauf zu Stande, wobei es sich um irgend ein Werthstück, z. B. einen Pelz, Teppich oder Koffer handelt, so schwört der Händler in allen Tonarten, daß er das Ding nur, um den neuen Kunden zum Freunde zu gewinnen, um die Hälfte des Werthes losgeschlagen habe; nun müsse aber die Freundschaft auch durch einen guten Trunk besiegelt werden. So gehen die Beiden in den nächsten ›Traktir‹ (Restaurant), während der Laden unter der Obhut eines immer vorhandenen, meist zur Familie gehörigen, jüngeren Gehilfen gelassen wird, der nöthigen Falls schnell einen Boten findet, um den Kaufmann zurückzurufen. Dieser sitzt inzwischen mit seinem Gaste im rauchigen Traktir bei Lachs und Kaviar und Wein oder Schnaps, und sie trinken, bis sie zärtlich werden, sich umarmen und küssen, wie es bei den echten Bartrussen, mögen sie reich oder arm sein, üblich ist, wenn der Wein ihre Zungen und Herzen gelöst hat.[100] Solche Scenen, die nur für die Fremden etwas Auffälliges haben, kann man täglich in allen öffentlichen Lokalen sehen, wo Bartrussen verkehren. In keinem andern Lande wird, auch ohne Liebe, so viel geküßt wie in Rußland. Kommt aus der Ferne ein Kunde zu seinen Geschäftsfreunden nach Moskau, so ist des Küssens kein Ende und die Geschäfte werden gleichsam nur nebenher behandelt, was nicht verhindert, daß einer den andern zu übervortheilen sucht; je schlauer er das anfängt, desto höher steigt er in der Achtung des andern. Denn das Leben würde jeden Reiz für den echten Russen verlieren, wenn alles regelrecht zuginge. Was sollte ihm seine Schlauheit nützen, wenn sie ihm nicht ein Sporn wäre, Vortheil daraus zu ziehen? In diesem Sinne sucht er in Handel und Wandel seines Gleichen, und wenn er dabei oft im Verkehr mit griechischen und jüdischen Händlern den kürzeren zieht, so geschieht das nur, weil diese vorsichtiger im Genuß geistiger Getränke sind.«[101]

Von den vielen Schenken und Gasthöfen des Viertels ist kaum etwas erhalten geblieben. Doch sie prägten das Stadtbild des Viertels und den Tagesablauf der Menschen und gaben einen Eindruck vom alten, dem westlichen Einfluß trotzenden Rußland. Wehmütig blickt der Moskauer Journalist Wladimir Giljarowski auf vorrevolutionäre Traditionen zurück: »Für viele Moskauer stand das Gasthaus an erster Stelle: es ersetzte die Börse für die Kaufleute, die bei einer Tasse Tee Abschlüsse über Tausende von Rubeln tätigten, den Mittagstisch für Alleinstehende, es spendete Stunden der Erholung in freundschaftlichem Gespräch, war der Ort für geschäftliche Zusammenkünfte und Stätte ausgelassener Fröhlichkeit für alle – von Millionär bis zum Barfüßler [...].

Das Gasthaus Lopaschows in der Warwarka war eines der ältesten [...]. Kahlköpfig, mit gestutztem Schnurrbart, die Wangen glattrasiert und immer in einem schwarzen Rock aus teurem Tuch, genoß Alexej Dmitrijewitsch Lopaschow bei seinen Gästen großes Ansehen und war zu allen gleichermaßen liebenswürdig. Im oberen Stockwerk des Gasthauses befand sich ein großes Zimmer, die ›russische Bauernstube‹, die mit bestickten Handtüchern und Holzschnitzereien geschmückt war. In der Mitte stand ein Tisch für zwölf Personen, auf dem ein gesticktes russisches Tischtuch und gestickte Handtücher anstelle von Servietten lagen. Der Tisch war mit altem Geschirr und Silber gedeckt: mit Tassen, Pokalen, Gläsern und Schnapsgläschen aus

Peters und noch früheren Zeiten. Die Speisekarte bestand ebenfalls aus Gerichten der vorpetrinischen Zeit.
Alle aus Sibirien gebürtigen Moskauer waren hier Stammgäste. Der Koch, der von Lopaschow eigens aus Sibirien geholt worden war, machte Pelmeni[102] mit geschabtem rohem Fisch und Schabelfleisch. Da kamen eines Tages – es war in den achtziger Jahren [d. 19. Jahrhunderts] – aus Sibirien die reichsten Goldgrubenbesitzer nach Moskau und aßen bei Lopaschow in der ›Bauernstube‹ auf sibirisch [...] für die zwölf Mittagsgäste hatte man zweitausendfünfhundert Stück Pelmeni zubereitet: Fleisch-, Fisch- und Früchtepelmeni in rosa Champagner. Und die Sibirier schlürften sie mit Holzlöffeln ...«[103]

Etwas zurückgesetzt von der Warwarka-Straße, unterhalb der Kirche der hl. Barbara, steht einer der ältesten profanen Bauten Moskaus. Ein wohlhabender russischer Kaufmann ließ am Anfang des 16. Jahrhunderts das wehrhaft und zugleich majestätisch-elegant wirkende schneeweiße Haus errichten. Nach alter Tradition ist das Dach mit Holzschindeln gedeckt, dabei wurde bevorzugt Espenholz verwendet. Im ersten Jahr sieht es noch holzfarben und hell aus. Mit der Zeit nimmt es eine silberähnliche Farbe an. Vor allem Reisende aus der Ferne ließen sich oft blenden und meinten, die Dächer der Häuser und Kirchen seien mit versilberten Schindeln gedeckt – und Rußland sei unermeßlich reich.
Das Innere entsprach ganz den Bedürfnissen des Auftraggebers. Ein prunkvoller, großzügig angelegter Empfangssaal diente repräsentativen Anlässen. Für private Zwecke standen zahlreiche kostbar ausgestattete kleinere Gemächer zur Verfügung. Unter den Wohnräumen gab es noch genug Platz für ein geräumiges Warenlager.
Das prächtige Haus befand sich nicht lange in Privatbe-

Erlesene Mode und Architektur: Einkaufspassage im GUM

sitz. Bereits Mitte des 16. Jahrhunderts wurde es auf Anordnung Iwans IV. englischen Kaufleuten überlassen. Der Zar unterstützte den Handel mit England und räumte den Engländern großzügige Privilegien ein. Sie erhielten das alleinige Recht für den Handel mit orientalischen Waren, in einigen Gebieten Salz- und Eisengewinnungsrechte. Für etwa hundert Jahre diente das elegante Haus den Engländern als Handelsniederlassung und wurde Englischer Hof genannt. Oft wird von diesem Gebäude als der ersten »Botschaft« Moskaus gesprochen, womöglich, weil es außer von Engländern auch von Vertretern anderer Nationen genutzt wurde. Der holsteinische Gesandte Adam Olearius berichtet 1633, daß selbst Besucher seines Ranges hier untergebracht waren: »Wir wurden in die Mittelstadt, Kitaigorod genannt, [...] geführt und nicht weit vom Schlosse in einem großen steinernen Haus [...] einquartiert. Denn im ordentlichen Gesandtenhause lag ein persianischer Gesandter, so kurz vor uns dahin gekommen.«[104]

Setzen wir unseren Rundgang durch die Warwarka fort, so wird gerade hier die Atmosphäre des alten Kitaj Gorod spürbar. Die rechte Straßenseite beherrschen bunte Kirchen mit unzähligen Kuppeln und zwei strahlendweiße Profanbauten aus dem 16. Jahrhundert. Die Verwendung weißer Farbe hatte in jener Zeit vor allem praktische Gründe. Darüber berichtete Mitte des 16. Jahrhunderts der deutsche Söldner Heinrich von Staden: Weißgetünchte Höfe, Domänen, Bojarenhäuser und geistlicher Grundbesitz waren von Steuern befreit.[105]

Neben dem Englischen Hof gilt der Alte Regentenhof als das bedeutendste Beispiel eines Privathauses des 16. Jahrhunderts. Das ebenfalls mit Holzschindeln gedeckte Gebäude war die städtische Residenz eines einflußreichen Bojarengeschlechts. Hier, unweit des Kremls, ließ sich der Hochadel Stadtresidenzen errichten. Die Nähe zum Herr-

schersitz war bewußt gewählt, denn die Bojaren waren verpflichtet, täglich am Hof zu erscheinen. Adam Olearius beobachtet: »Es werden itzo insgesamt dreißig Bojaren oder Reichsräte am Hofe gehalten, bisweilen ein paar mehr oder weniger. Die meisten der Reichsräte und Hofbedienten sind Knesen oder Fürsten und reiche Herren, welche zwar ihre eigenen herrlichen Ländereien und Leute haben, dieselbigen aber nicht in Person besitzen dürfen, sondern durch ihre Hofmeister, Amtleute und Vögte verwalten lassen müssen. Sie selbst müssen in Muskow wohnen, täglich zu Hofe kommen und, wenn keine sonderliche Verrichtung, gleichwohl vor Ihrer Majestät dem Zaren das Haupt beugen, damit sie nicht, wenn sie auf ihren Gütern bei ihren Untertanen wohnen, etwa eine Konspiration wider Ihre Majestät den Zaren vernehmen möchten.
Sie wohnen in herrlichen Häusern und Palatien, machen einen großen Staat, lassen sich auf den Straßen prächtig sehen [. . .].«[106]
Der Alte Regentenhof ist das einzige Bojarenhaus, das den baulichen Veränderungen im Kitaj Gorod trotzte. Es ist denkbar, daß die prominente gesellschaftliche Stellung der Besitzer der Grund dafür war. Das Stadtpalais gehörte der Familie Romanow. Hier, im Haus seines Großvaters, kam der erste Zar der Romanow-Dynastie, Michail Fjodorowitsch, zur Welt. Bis heute können die Wohngemächer besichtigt werden. Denn Mitte des 19. Jahrhunderts veranlaßte ein weiterer Sprößling dieser Familie, Zar Alexander II., die Restaurierung des Gebäudes und seine Umwandlung in ein Museum.
Möge man auch denken, in der Warwarka genug Kirchlein gesehen zu haben, lohnt sich dennoch ein kleiner Umweg zur Dreifaltigkeitskirche in Nikitniki. Zwischen funktionalen, viel zu hohen Verwaltungsgebäuden der nachrevolutionären Zeit kauert eine der schönsten Kirchen des Moskauer

Barockstils. In den dreißiger Jahren des 17. Jahrhunderts ließ sie der Kaufmann Nikitnikow aus Jaroslawl erbauen. In seiner Heimatstadt an der Wolga waren gerade üppige Fassadendekorationen mit bunten Kacheln modern. Für die Moskauer Kirche übernahm Nikitnikow einen dezenten Kachelfries als Abschluß des Daches im Übergangsbereich zu den Gebäudewänden. Fantasievoll ist die Formenvielfalt des übrigen Baudekors. Es erinnert an russische Baukunst des Mittelalters und an die Basiliuskathedrale: Kielbögen, Kokoschniki,[107] Girkas,[108] Halbsäulenfriese, Zwergsäulen, Zeltdächer und der rot-weiße Farbkontrast. Hinter den wie mit Zuckerguß überzogenen Wänden verbirgt sich eine komplizierte Raumkomposition von zwei Galerien, dem eigentlichen Kirchenraum mit Vor-, Gemeinde- und Altarraum, einem Refektorium und drei Kapellen. Dem Kanon entsprechend sind die Wände mit Fresken aus dem Leben Jesu ausgeschmückt. Ungewöhnlich dabei sind die Darstellungen einiger Personen in zeitgenössischer russischer Kleidung. Die Räume sind über einem hohen Sockelgeschoß gebaut worden, das dem Kaufmann als Warenlager diente. Das Einfügen von Lagerräumen in Kirchenbauten hat in der russischen Baugeschichte eine lange Tradition. Bereits vor dem 17. Jahrhundert, als es in den Städten nur wenige Steinbauten gab, wurden die Kaufmannskirchen meist auch für profane Zwecke genutzt. Hinter den brandsicheren Mauern waren die kostbaren Handelsgüter gut vor Feuer geschützt. Möglich, daß auch die Diebe eher Skrupel hatten, in die Gott geweihten Bauwerke einzubrechen.

Ein weiteres Gebäude aus dem 17. Jahrhundert steht gegenüber der Dreifaltigkeitskirche (Ipat'ewski Pereulok Nr. 12). Wie schon in der Warwarka finden wir auch hier ein Anwesen vor, das ehedem einem Kaufmann gehörte. Die weißgetünchte Fassade ist schlicht, nur die wenigen Fenster sind mit Steinumrahmungen geschmückt. Seit 1675 arbeitete hier einer der berühmtesten Ikonen- und Freskenmaler Rußlands, Simon Uschakow. Er stand im Dienst des Zarenhofes und schuf unter anderem Teile der Wandmalerei in der Mariä-Verkündigungs-Kathedrale des Kremls. Auch an der Ausmalung des Terempalastes war Uschakow beteiligt.

Große Teile Kitaj Gorods wurden in der kommunistischen Zeit mit nicht gerade schmuckvollen Verwaltungsgebäuden zugebaut. Manches jedoch erinnert immer noch an den wirtschaftlichen Aufschwung, als in den letzten Dekaden vor der Oktoberrevolution majestätische Bank- und Bürohäuser im neorussischen und neoklassizistischen Stil in die Höhe schossen. Vom Alten Platz kommend, fällt auf der rechten Seite der Il'inka-Straße ein graues Eckgebäude mit Türmchen und Uhr auf. 1911 entstand dieses im schlichten Jugendstil gehaltene Bürohaus für die Nördliche Versicherungsgesellschaft. In den dreißiger Jahren wurde es erweitert und beherbergt heute Diensträume des Verfassungsgerichtes der Russischen Föderation. In der Ferne leuchtet bereits die rote Backsteinmauer des Kremls, und nach etwa 200 Metern erreicht man den Börsenplatz (Birschewaja Ploschtschad'). Hier sind noch mehr imposante Bauten versammelt. Links säumt den Platz die aprikofarbene Fassade der ehemaligen Börse (Il'inka Nr. 6) – heute befindet sich hier die Handelskammer der Russischen Föderation. Als Egon Erwin Kisch 1925 Moskau besuchte, fand er das Gebäude noch in seiner ursprünglichen Funktion: »Die Bolschewiki haben die Börse nicht demoliert, der ionische Tempel in der Iljinka da wie einst, in den Räumen wird gerechnet und geschrieben, und teppichbelegt und unverändert elegant ist der Sitzungssaal des Börsenrates, in dem der gemalte Marx dem gemalten Lenin die gegnerischen Positionen zeigt ... [...]

Zur Börsenzeit, von zwölf bis zwei, herrscht auf der Zentralwarenbörse des warenreichsten Landes eine unglaubliche Ruhe, ja Langweile. Durch den Riesensaal, der einst Schauplatz fürchterlicher Entscheidungsschlachten war, gehen Männer gemächlichen Schrittes – so geringfügig sind die Geschäfte, daß sie die Aktentasche in der Hand halten können, ohne dadurch in der Gestikulation gestört zu werden. Links unten, beim Büfett sitzt ein Hüne mit bäurischer Pelzmütze, tunkt sein Brötchen liebevoll in den Tee, während er einem jungen Sensal Aufträge diktiert.«[109]

Nur noch wenige Schritte verbleiben bis zur Nikol'skaja-Straße. Der kürzeste Weg dorthin führt durch die Christi-Erscheinungs-Gasse (Bogojawlenski Pereulok), die nach dem gleichnamigen Kloster (Nr. 2/6) benannt wurde. Dieses Kloster schützte seit dem Ende des 13. Jahrhunderts die Ostseite des Kremls, als Kitaj Gorod noch nicht von einer wehrhaften Steinmauer umgeben war. Die ursprüngliche Anlage hat sich nicht erhalten. Zu sehen ist lediglich der Neubau der Klosterkirche aus dem Ende des 17. Jahrhunderts. Am anderen Ende der Gasse fällt ein türkisblaues Gebäude mit üppiger weißer Verzierung aus dem Anfang des 19. Jahrhunderts auf: der Kaiserliche Druckereihof (Nikol'skaja-Straße 15). An dieser Stelle ließ Iwan IV. die erste Druckerei Rußlands errichten. Das Nachwort des ersten dort gedruckten Buches, der Apostelgeschichte, berichtet uns folgendes: »Mit Hilfe Gottvaters, des Sohnes und des Heiligen Geistes, mit Erlaubnis des rechtgläubigen Zaren und Großfürsten, Selbstherrschers aller Reußen, Ivan Vasil'evič, und dem Segen des hochwürdigen Metropoliten von ganz Rußland, Makarius, sind zahlreiche heilige Kirchen errichtet worden in der Residenzstadt Moskau [...]. Und der rechtgläubige Zar stattete alle diese heiligen Tempel Gottes mit verehrungswürdigen Heiligenbildern und heiligen Büchern aus, mit heiligen Gefäßen und Ornamenten und allen übrigen kirchlichen Gerätschaften, gemäß der Tradition und den Regeln der heiligen Apostel und gottseligen Väter, gemäß den Bestimmungen der frommen griechischen Kaiser.

Also ließ der rechtgläubige Zar und Großfürst Ivan Vasil'evič heilige Bücher aufkaufen und in den heiligen Kirchen Psalter, Evangelien und Apostelbriefe und andere heilige Bücher niederlegen. In diesen Büchern aber fanden sich viele Fehler und Entstellungen von der Hand der Schreiber [...]. Als dem Zaren das zu Ohren kam, faßte er den Gedanken, ob man gedruckte Bücher herstellen könne, wie es auch in Griechenland, in Venedig, in Italien und bei den übrigen Völkern geschehe, damit die heiligen Bücher richtig ausgelegt werden könnten. Und er teilte diesen Gedanken dem hochwürdigen Metropoliten von ganz Rußland, Makarius, mit. Dieser aber war hocherfreut, als er das hörte, gab seinen Segen dazu und sagte dem Zaren, er nehme diese Worte des Zaren als eine Eingebung Gottes dankbar an.

Darauf begann man auf Befehl des rechtgläubigen Zaren und Großfürsten aller Reußen, Ivan Vasil'evič, und mit dem Segen des hochwürdigsten Metropoliten Makarius im dreißigsten Jahre der Regierung des Zaren, im Jahre 1563, Meister der Buchdruckkunst zu suchen und anzuwerben. Der rechtgläubige Zar jedoch ließ aus Mitteln seiner Staatskasse ein Haus für die Druckerei errichten. Aus seinem Zarenschatz spendete er reichlich dem Diakon der Sankt-Nikolaus-Kirche, Ivan Fedorov, und dem Petr Timofeev für die Errichtung der Druckerei und die Vollendung des Werkes. Als erstes begann man die Apostelgeschichte und die Briefe des Apostels Paulus zu drucken, und zwar am 19. April des Jahres 1563.«[110]

Direkt neben dem Druckereihof befand sich eines der traditionsreichsten Restaurants (Nikol'skaja-Straße 17). Im Slawjanskij Bazar speisten berühmte Theaterleute, Maler und Literaten. Hier besprachen sich im Sommer 1898 die Schauspieler Konstantin Stanislawskij und Wladimir Nemirowitsch-Dantschenko und gründeten noch im selben Jahr das Moskauer Künstlertheater. Das illustre Publikum im Restaurant und die köstlichen Speisen zogen auch Ausländer an. Carl Graf Moy berichtet: »Die Mahlzeiten nahm ich meist mit meinem Freunde Montgelas ein, der schon in Petersburg sich der Gesandtschaft angeschlossen hatte, und zwar speisten wir häufig zu Hause [...] oft auch in den berühmten Moskauer Restaurants wie Slaviansky Bazar und Eremitage, wo man die schönsten Sterletts, die feinsten Spanferkel bekam und das berühmte Moskauer Kalbfleisch, das angeblich deshalb so zart und weiß war, weil man dem Kalb seit seiner Geburt nie erlaubt hatte, einen Schritt zu machen oder sich auch nur auf seine Beine zu stellen. In allen Restaurants waren die Kellner Tataren mit ihrem charakteristischen asiatischen Typus, weil sie angeblich als Mohammedaner keinen Alkohol anrührten.«[111] Heute ist das gesamte Gebäude leider in einem sehr schlechten Zustand. Das Innere wird von verschiedenen Firmen und Organisationen genutzt. Ein Blick in die Eingangshalle lohnt, direkt hinter dem Haupteingang erinnert noch üppige Wanddekoration an die einstige Pracht des Restaurants.

Folgen wir weiter dem Straßenverlauf nach Nordosten, so erreichen wir den Lubjankaplatz. Das etwas erhöhte Kreisrund inmitten des Platzes ist heutzutage meist begrünt. Bis 1991 stand hier das Denkmal für Felix Dserschinski. Als enger Mitarbeiter Lenins gründete er die Tscheka – die erste Geheimpolizei des jungen Sowjetstaates. Jewgeni Jewtuschenko schildert, wie das Denkmal zu Fall gebracht wurde: »Auf den Schultern des mit Verwünschungen und Flüchen

Auf der Spur eines Futuristen: Majakowskij-Museum

beschmierten Dserschinski-Denkmals saß ein angetrunkener Bursche in einer Jeansjacke und legte nicht ohne Wollust eine aus einem Drahtseil gebundene Schlinge um den grün gewordenen Bronzehals des romantisch verklärten Inquisitors.

Gleich würde man ihn umstürzen. Die Kräne standen bereit.

Der einst junge polnische Revolutionär hatte, von der Ochranka [geheime Staatspolizei im zaristischen Rußland] hinter Gitter gebracht, in seinem Gefängnis-Tagebuch geschworen, alles zu tun, damit es auf der Welt keine Gefängnisse mehr gäbe.

Er hatte es ehrlich gemeint, jedoch vorschnell niedergeschrieben.

Eben dieser Mann, den man auch den ›Eisernen Felix‹ nannte, wurde zum Begründer der in der gesamten Menschheitsgeschichte mächtigsten Polizei-, Spionage- und Gefängnisorganisation, die einige Male Bezeichnung und Füh-

rung gewechselt hatte: Tscheka, GPU, NKWD, MGB und schließlich KGB.
Wäre er nach einer flammenden Revolutionsrede nicht plötzlich an einem Herzanfall gestorben, hätte man ihn schließlich in den Kellern der Ljubjanka[112] zu Tode gefoltert – wie so viele Tschekisten, die zuvor so viele Menschen in denselben Kellern gefoltert hatten.
Ihn hatte vorläufig nur die Tatsache gerettet, daß er Denkmal geworden war.
Doch jetzt war es gefährlich geworden, ein Denkmal zu sein.«[113] Das gestürzte Denkmal fand einen neuen Standort im Skulpturenpark bei der Neuen Tretjakow-Galerie, in der Nähe des Gorkij-Parkes.

Wer an Lubjanka denkt, dem kommt die Stalinsche Terrorzeit der dreißiger Jahre in den Sinn. Ein Sinnbild dieser Schreckenszeit ist das als KGB bekannte Gebäude. Jewtuschenko nennt es das »graue Ungetüm an der Ljubljanka« und beschreibt, was dort auch nach Stalins Tod gang und gäbe war: »Man spielte hier mit der Angst, die das Wort ›Ljubjanka‹ hervorrief. Schließlich waren seit dem Todestag Stalins erst drei Jahre vergangen, und das Wort ›Ljubjanka‹ war nach wie vor ein Synonym für Folter, Erschießungen, Verschwinden auf Nimmerwiedersehen. Wer in die Ljubjanka vorgeladen wurde, der erwartete nichts Gutes. Und dann plötzlich – diese fürsorgliche Gemütlichkeit. Es schien, als seien das alles hier überhaupt keine Henker, sondern deine Gönner und Anhänger. Ich bin überzeugt, daß viele derjenigen, die in die Ljubjanka vorgeladen wurden, zuerst durch die tierische Angst wie verdattert dastanden und sich dann aufgrund dieser unerwarteten Freundlichkeit kaufen ließen. [...]
›Zur Zeit gibt bei uns in der Ljubjanka, wie auch im ganzen Land, große Veränderungen‹, sagte er [ein Untersuchungs-

beamter der Lubjanka] bedächtig, ohne daß die Intensität seines Blickes dabei geringer wurde. ›Es sind neue Leute am Ruder. Wir helfen der Partei dabei, die letzten Reste des Personenkultes zu bekämpfen, wir rehabilitieren die zu Unrecht Verurteilten. Das müßte Ihnen meiner Ansicht nach doch auch am Herzen liegen, oder? [...] Wir brauchen keine Denunzianten. Wir selbst verachten sie. Wir wollen keine Denunziationen, sondern, um mit den Worten Puschkins zu sprechen, ‚des Verstandes kühle Sicht und des Herzens traurige Notiz'. Wir brauchen frische, mutige, ehrliche Leute, die ihre traurigen Notizen darüber, was das Volk denkt, mit uns teilen und dadurch diesem Volk helfen wollen. Kann man daran etwa etwas Schädliches finden? Was meinen Sie?‹
›Ich meine nicht ...‹, pflichtete ich hastig, wenn auch ein wenig unbeholfen bei und dachte an den Rat meines alten Freundes, jederzeit zu nicken wie ein chinesischer Götze.
›Was genau meinen Sie nicht?‹ fragte der Herr dieses Büros angesichts meiner Plumpheit ein wenig vorsichtig, und ich spürte, wie seine bläulich-stählernen Bohrer mir knirschend die Rippen zermalmten und sich bereits in meine Gedärme schraubten.
›Na, daß, daß es ... schädlich‹, murmelte ich undeutlich. Und plötzlich fing in meiner Angst, die klebrig war wie ein Sumpfloch, der Schauspieler in mir gleich einem kräftigen, aus frischem Wasser in grünes Brackwasser geratenen Fisch zu tanzen an [...].«[114]
In unmittelbarer Nähe der berüchtigten Staatssicherheitszentrale wird in einer kleinen Grünanlage der Straflageropfer gedacht. 1990 entstand dieses schlichte Mahnmal – ein aufgerichteter Steinbrocken aus dem Solowki-Lager auf grob behauenen Granitsockel. Das GULAG-Museum, das den Opfern und der Geschichte der Straflager gewidmet ist, befindet sich in der nahe gelegenen Petrowka-Straße 16.

Vom Lubjankaplatz aus bietet sich jetzt ein kleiner Abstecher in das nahe gelegene Majakowskij-Museum an, in dem das Leben und Werk des Revolutionsdichters anhand von Briefen, Texten und Fotos dokumentiert wird. 1919 zog Wladimir Majakowskij ins Haus des Lubjanski Projezd 3/6, elf Jahre später nahm er sich hier das Leben. Folgendes Abschiedsgedicht schrieb er zwei Tage vor seinem Selbstmord:

Ich sterbe. An alle.
Ich sterbe, macht niemanden dafür verantwortlich,
und bitte kein Gerede.
Der Verstorbene haßte das ... Wie man so sagt: der
Fall ist jetzt Erledigt,
das Boot der Liebe
ist am Sein zerschellt.
Ich bin mit dem Leben quitt,
es ist nicht nötig,
daß man sich Not
und Qual
entgegenhält.
Den Hinterbliebenen Glück.
12. 4. 30 Wladimir Majakowskij[115]

Die näheren Unstände seines Selbstmordes sind ungeklärt, doch Gerüchte halten sich hartnäckig, der Geheimdienst wäre dabei nicht unschuldig gewesen. Für Wolfgang Koeppen war der Futurist Majakowskij »ein Sturmvogel der Revolution, ein Dichter, ein hymnischer Lyriker, ein Pamphletist, ein Propagandist der Bühne [...] alles in allem war er ein Genie«.[116]

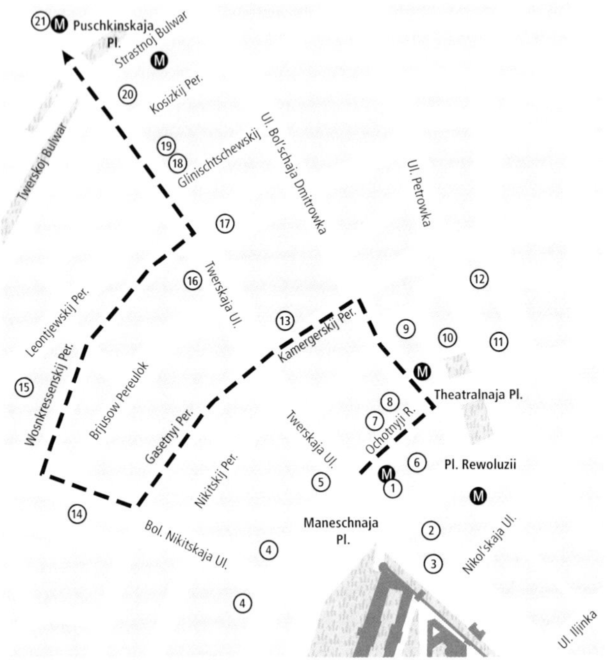

1 Metrostation Ochotnyj Rjad – 2 Auferstehungstor und Kapelle der Iberischen Gottesmutter – 3 Historisches Museum – 4 Moskauer Universität (altes und neues Gebäude) – 5 Hotel National – 6 Hotel Moskwa – 7 Duma – 8 Palais der Dolgorukijs (Adelsversammlung) – 9 Kindertheater – 10 Bol'schoj Teatr (Großes Theater) – 11 Malyj Teatr (Kleines Theater) – 12 ZUM (Mjur & Merilis) – 13 MChAT (Moskauer Künstlertheater) – 14 Konservatorium – 15 Stanislawskij-Museum – 16 Rathaus (Sitz des Generalgouverneurs) – 17 Denkmal für Jurij Dolgorukij – 18 Bäckerei Filippow – 19 Hotel Lux/Zentralnaja – 20 Palais der Kosizkijs bzw. Salon Sinaida Wolkonskajas/Delikatessen Jelissejew – 21 Metrostation Puschkinskaja

IV. Rund um die Hauptstraße Twerskaja

»Die Kontraste
türmen sich übereinander«[117]

3. Spaziergang:
Metrostation Ochotnyj Rjad → zwischen Manege- und Theaterplatz → Fußgängerzone am Moskauer Künstlertheater → unterwegs mit Doktor Schiwago → Konservatorium → Stalins Generalbebauungsplan in der Twerskaja → Hotel Lux → Delikatessen Jelissejew → *Metrostation Puschkinskaja*

Die bunte Vielfalt der Architekturstile Moskaus ist am Manegeplatz besonders gut sichtbar. Hinter uns die altrussische Baukunst und seine Neuentdeckung Ende des 19. Jahrhunderts: der Kreml, das Auferstehungstor und das Historische Museum. Links Klassizismus und Empire: das Gebäude der Universität, die Manege und der Alexandergarten. Vor uns der Jugendstil: das Hotel National. Weiter rechts stalinistische Architektur: die Bebauung der Twerskaja, das Gebäude der Duma[118] und das Hotel Moskwa. Für Egon Erwin Kisch geradezu eine »Orgie der Kontraste«.[119]

Auch schon vor der Revolution war diese Stelle voller Gegensätze. Unfaßbar, daß zwischen dem ehrwürdigen Kreml und dem Theaterplatz unangenehme Gerüche und Geräusche die besondere Atmosphäre dieser Gegend beeinträchtigten. Bevor das Hotel Moskwa gebaut wurde, standen dort dicht an dicht Markthallen. Bis heute erinnert der Name des kurzen Straßenzuges zwischen der Twerskaja und dem Theaterplatz an die Reihen von Verkaufsständen, in denen zuerst ausschließlich Wild angeboten wurde: Ochotnyj Rjad (Ochotnik = Jäger). Mit der Zeit durfte hier auch Geflügel, Fisch und Fleisch verkauft werden, und der Name

Geflügelmarkt setzte sich durch. Lew Tolstojs Romanfiguren fanden nichts Ungewöhnliches daran: »Der folgende Tag war ein Sonntag. Stepan Arkadjitsch fuhr zu einer Ballettprobe ins Bolschoj-Theater [...]. Vom Theater fuhr Stepan Arkadjitsch zur Markthalle, suchte dort persönlich den Fisch und den Spargel für das Diner aus [...]. Das Programm des heutigen Diners gefiel ihm sehr: Es sollte Barsche geben, die er lebend gekauft hatte, Spargel und als pièce de résistance ein wundervolles, aber ganz einfaches Roastbeef und dazu die entsprechenden Weine.«[120]

Der Moskauer Journalist Wladimir Giljarowski nannte diesen Ort »Moskaus Bauch«. Er hinterließ darüber eine interessante Beschreibung: »Ein mit Gefrierfleisch beladener Wagenzug kroch den Berg hinunter. Aus einem anderen Fuhrwerk erscholl Quieken: wie Holzscheite gestapelt, lagen darin zusammengebundene Ferkel, eins über dem anderen. Sie wurden auf den Geflügelmarkt zum Schlachten gebracht. Kälber, Ferkel und Federvieh schlachtete man in den Häusern der Schlachthöfe auf dem Geflügelmarkt, das Blut rann auf den Platz.

Alle Läden am Geflügelmarkt waren Fleisch- und Fischläden, unter denen sich Gemüsekeller befanden. Die Hintertüren der Läden führten auf einen riesigen Hof, den Münzhof, wie er von alters her hieß. Auch hier gab es einstöckige Fleisch-, Eier- und Fischgeschäfte, in denen man lebenden Fisch verkaufte [...].

Vor den Läden standen den breiten Bürgersteig entlang transportable Verkaufszelte auf dem Platz, hier drängten sich Händler mit Körben und Säcken, die mit allen möglichen Waren gefüllt waren. Jäger gingen, mit Enten, Birkhühnern und Hasen beladen, umher. Aus den Körben der Marktweiber guckten die Köpfe von Hühnern und Küken, in den Säcken quiekten Ferkel, die die Verkäufer, um sie dem Käufer zu zeigen, an den zusammengebundenen

Symbolträchtiger Kulturtempel: Bol'schoj Theatr (Großes Theater)

Hinterbeinen nahmen und über den Kopf hoben. Auf dem Fahrdamm liefen Pasteten- und Plinsenbäcker geschäftig vor den Zelten hin und her, und Händler boten ihre in Leinöl gerösteten Buchweizenfladen an. Die Sbitenverkäufer schenkten, für eine Kopeke das Glas, heißen Sbiten aus – ein damals beliebtes Honiggetränk, das die Kutscher und die Angestellten, die in den Läden vor Kälte erstarrt waren, durchwarmte. Im Sommer wurden die Sbitenverkäufer von den Kwaßhändlern abgelöst; das beliebteste Kwaßgetränk war der aus geschmorten Birnen zubereitete Birnenkwaß. Ganze Pyramiden solcher Birnen lagen in den Zelten zum Verkauf bereit, während man den Kwaß mit Krügen aus dem Eimer schöpfte [...].

Vor großen Feiertagen ging es auf dem Geflügelmarkt besonders lebhaft zu. Aufgedonnerte Kaufmannsfrauen fuhren mit herrlichen Trabern an den Läden vor, hinter ihnen trugen Angestellte Körbe und Säcke mit Ware aus den Läden und warfen sie in den Schlitten. Und so kam es vor, daß aus einem Bastsack neben dem Zobelpelz einer Millionärin ein Schinken herausguckte und quer über der Schlittendecke aus Bärenfell ein pudschwerer gefrorener Stör in seiner ganzen Schönheit lag.«[121]

Trotz der Marktstände war dieses Viertel kein unansehnliches. Nobel ging es am Theaterplatz nicht erst seit der Eröffnung des Jugendstilhotels Metropol im Jahr 1901 zu. Auch die Betreiber des exquisiten Kaufhauses Mjur & Merilis, heute ZUM genannt, erkannten die Vorzüge der Lage – damals noch mit einem phantastischen Blick auf die Kremltürme. Zur Kundschaft gehörten wohlhabende und berühmte Persönlichkeiten. Über Anton Tschechow ist bekannt, daß er hier seine Hüte und auch sein Schreibpapier zu kaufen pflegte. In aller Munde war das Warenhaus auch, weil es überhaupt das erste seiner Art in Rußland gewesen ist.

Der Name des Theaterplatzes verrät, daß sich hier ein Zentrum der Moskauer Bühnenwelt herausbildete. Die nördliche und nordöstliche Seite bilden zwei Theaterhäuser. Beide Gründungen gehen auf private Initiativen zurück. Das Bol'schoj Teatr (Große Theater) wurde 1776 ins Leben gerufen und nutzte verschiedene Häuser, bis schließlich ein adäquater Bauplatz gefunden und das Gebäude 1780 an seiner heutigen Stelle errichtet wurde. Es entstand am Ende der Petrowka-Straße, an einem Platz, der Ende des 18. Jahrhunderts noch Peterplatz hieß. Nach einem Brand im Jahr 1805 zeigten die Betreiber kein Interesse am Wiederaufbau, und der Kaiser übernahm das Patronat. Da vorerst kein eigenes Haus zur Verfügung stand, fanden die Aufführungen in verschiedenen Sälen statt. Dann verzögerte der Krieg gegen Napoleon den Wiederaufbau. Erst 1824 konnten die Opern- und Ballettstücke im neuen Haus aufgeführt werden, und der Platz erhielt seinen heutigen Namen. Illustre Künstler aus dem In- und Ausland traten hier auf, doch nicht alle waren mit ihrer Gage zufrieden. Richard Wagner klagte im Frühjahr 1863: »Hier hatte ich [...] drei Konzerte im großen Theater zu geben. [...] Trotzdem das große Theater stets, und zwar von einer so prachtvoll sich ausnehmenden Versammlung, wie sie mir nicht wieder vorgekommen ist, angefüllt war, brachte ich es, in Folge der Berechnungen der kaiserlichen Intendanz, nicht über die mir garantierte Summe [...].«[122] Wagners Auftritt führte zu großem Aufsehen im Moskauer Musikleben. Er war der erste, der sich beim Dirigieren dem Orchester statt dem Publikum zuwandte.

Seit der Revolution scheint im Bol'schoj die Zeit stehengeblieben zu sein. Das traditionsreiche Haus widersetzt sich bis heute dem Einfluß moderner Choreographen und Bühnenbildner. Als Hermann Kasack 1959 eine Aufführung besuchte, war er voll des Lobes: »Hinreißend im Rhythmus der Tanzgruppen [...], im Farbenspiel der Kostüme. Wirksame Choreographie mit ständig wechselnden Effekten. In den Sprüngen und Pirouetten das vollendete Ballett klassischen Stils. Das ist altes Rußland, altes Europa. Das Bolschoi-Theater selbst ist im Stil der großen Oper vor rund hundert Jahren erbaut, mit sechs sanft geschwungenen Rängen, goldverkleideten Brüstungen und Logen, rotbespannten Sesseln.«[123]

Das rechts daneben liegende Schauspielhaus blickt auf eine ähnliche Entstehungsgeschichte zurück wie das Bol'schoj. Gegründet 1818, von dem wohlhabenden Händler Wargin, fiel das Haus 1824 der Krone zu. Nach einem größeren Brand wurde das Gebäude 1841 gründlich um- und ausgebaut. Seitdem wird das Malyj Teatr (Kleine Theater) als Sprechbühne genutzt. Hier sind die Werke Alexander Ostrowskijs berühmt geworden. Siebenundvierzig seiner Dramen und Komödien kamen hier zur Aufführung. Da sie vielfach sozialkritisch ausfielen, bekam das Schauspielhaus nach der

Revolution den Namen des Dramatikers, und seit 1929 steht sein Denkmal vor dem Eingang.
Auch die nordwestliche Seite des Platzes säumt ein Theatergebäude. Als der Platz nach dem Krieg gegen Napoleon neu gestaltet wurde, entstand hier ein weiteres Privattheater. Man nannte es schlicht Neues Theater. Da hier seit 1936 Aufführungen für Kinder inszeniert werden, trägt es den Namen Kindertheater. Bernhard Reich würdigte bei seinem Moskauer Aufenthalt diese Institution: »Im Zentrum der Stadt hatte sich das ›Kindertheater‹ etabliert. Nirgends sonst wurde das Recht der Kinder auf ästhetische Erziehung anerkannt; alle anderen Länder speisten die kleinen Zuschauer als nicht eben sehr zahlungsfähige lieblos ab, in sporadischen Kindervorstellungen an Vormittagen gab es zu ermäßigten Preisen mäßige Aufführungen. Hier in Moskau war es von Rechts wegen der Brauch, Gäste aus dem Ausland ins Kindertheater zu führen, und das war gewiß mehr als eine Sehenswürdigkeit, das war ein gewichtiges Argument für die neue Sicht des neuen Staates.«[124]
In Moskau hatte die Kulturlandschaft viel bessere Bedingungen als in Petersburg. Zwänge des Hofes und der Zensurbehörde waren weit, aufblühende Industrie und florierender Handel bildeten die finanzielle Grundlage. Alexander Puschkin äußerte sich dazu euphorisch: »Liebe zur Kunst und Begabung sind ohne Zweifel auf Seiten Moskaus.«[125] Unzählige Künstlerzirkel und die vielbesuchten Theaterhäuser gaben Puschkin recht. Selbst der Generalgouverneur Moskaus pflegte zuweilen ein Theaterliebhaber zu sein, wie Wladimir Giljarowski zu berichten weiß: »Der Zirkel umging geschickt das Gesetz, das Theateraufführungen während der Großen Fasten, am Vorabend von Feiertagen und an Sonnabenden verbot. Er veranstaltete mit Erlaubnis des Generalgouverneurs, des Fürsten Dolgorukow,

der Moskau als sein ›Teilfürstentum‹ betrachtete und sich Petersburg nicht unterordnete, auch zur Fastenzeit und sonnabends Aufführungen, jedoch mit der Einschränkung, daß auf den Anschlagzetteln ›Szenen aus der Tragödie *Mecbeth*‹, ›Szenen aus der Komödie *Der Revisor*‹ oder ›Szenen aus der Operette *Die schöne Helena*‹ stand, obwohl die Werke vollständig aufgeführt wurden.«
Die Moskauer waren begeisterte Theatergänger. Jedes Haus, so Giljarowski, hatte sein festes Publikum: »In Moskau besaß nämlich jedes Theater außer dem Gelegenheitspublikum sein eigenes Stammpublikum, das die Plätze bei jeder neuen Inszenierung füllte. In dem einen Theater war das Stammpublikum streng und anspruchsvoll, in dem anderen gutmütig und überschäumend lustig – häufig im unpassenden Moment –, im dritten aufgeblasen und nörglerisch. Das Publikum des Kleinen Theaters galt bei den Schauspielern als das strengste. Hierher kamen – vor allem zu den Premieren – die Bewohner der sogenannten Adelsstadtteile der Hauptstadt, die prüde Aristokratie aus der Powarskaja, der Pretschistenka und vom Arbat. Das waren Menschen, die viel in Rußland und im Ausland gesehen hatten, anspruchsvolle Verehrer der ›reinen‹ Kunst, die den Theaterkartenhändlern viel Geld für die Karten zahlten oder auf Grund ihrer Verbindungen an der Theaterkasse Karten bekamen, was für gewöhnliche Sterbliche ein Ding der Unmöglichkeit war [...].
Auch die vornehme Moskauer Kaufmannschaft gehörte zum Premierenpublikum. Sie führte den Adelssöhnen ihre wohlgenährten Töchter vor. Dieses Publikum war den Schauspielern ebenfalls unsympathisch: Es war schweigsam, weil es fürchtete, an einer unpassenden Stelle zu applaudieren.
Das Publikum des Bol'schoi-Theaters war wiederum anders: Bei den Premieren füllte sich das Parkett mit Anbe-

tern der Vergangenheit, die der alten Oper nachtrauerten und über den Niedergang der Kultur in der Gegenwart klagten – sie waren unzufrieden und nörgelten. Dafür waren die Ränge des Theaters zur Hälfte von wahren Enthusiasten besetzt: von armen Leuten, verkannten Talenten, Studenten, Schülern und Schülerinnen verschiedener Vokalmusik- und Schauspielschulen, die in entlegenen Gassen eröffnet worden waren. Diese verkannten Talente, die vom Ruhm einer Patti träumten, gingen leidenschaftlich mit: Sie applaudierten, schrieen und zischten als erste.«[126]

Wenige Schritte vom Theaterplatz entfernt, an der Ecke Ochotnyj Rjad und Bol'schaja Dmitrowka Uliza (Große Dmitrij-Straße) finden wir erneut ein Panoptikum der Stile. Im 18. Jahrhundert entstand hier das großzügige, repräsentative Stadtpalais. Die Bol'schaja Dmitrowka war damals eine gute Adresse. Einige Zeit nannten die Moskauer sie Adelsstraße. Es erstaunt deshalb nicht, daß auch die alte, traditionsreiche Adelsfamilie der Dolgorukijs hier ein Anwesen errichten ließ. Die schmale Südfassade des grünen Palais zum Ochotnyj Rjad hin dominieren auf der Höhe des ersten und zweiten Stockwerks vier weiße korinthische Säulen. Von dieser Seite aus kann man die riesige Ausdehnung des Bauwerks nicht erkennen, weshalb wir gleich rechts in die Bol'schaja Dmitrowka einbiegen werden. Doch zuerst lassen wir uns an dieser Stelle Zeit, einen Meilenstein der sowjetischen Architektur näher zu betrachten. Das heutige Gebäude der Duma setzte Akzente und prägte spätere Entwürfe für monumentale Verwaltungsbauten. Gleich nach der Fertigstellung 1935 galt der damalige Sitz des Arbeits- und Verteidigungsrats als Musterbauwerk der sozialistischen Klassik. Der Architekt Arkadij Langmann entwarf es 1933, kurz nachdem er während seiner USA-Reise Bürohäuser im »amerikanischen Geiste« kennenge-

lernt hatte. Als Klaus Mann 1934 Moskau besuchte, sah er die Bauarbeiten: »Man schließt Wetten ab, welches Gebäude zuerst fertig sein wird; das Touristenhotel [Moskwa] oder ein andrer Riesenkasten [Duma], der gegenüber in Bau steht. [...] Der Aufbau des sozialistischen Staates ist hier wirklich die große, allgemeine Angelegenheit, welche die Herzen ergreift, die Gemüter bewegt und die Köpfe beschäftigt. [...] Die Arbeit wird hier mit einem sportlichen Enthusiasmus betrieben [...].«[127]
Wir biegen rechts in die Bol'schaja Dmitrowka ein, und erst hier eröffnet sich uns der Blick auf die Hauptfront des Palais der Dolgorukijs. Während des Umbaus zur Adelsversammlung entstand in den Jahren 1784 bis 1787 der imposante, sechssäulige Portikus. Dahinter verbirgt sich anstelle des früheren Innenhofes ein eleganter, geräumiger Ballsaal. In der Wintersaison fanden hier glanzvolle Bälle statt, bei denen auch Alexander Puschkin oft zu Gast war: »An allen Ecken der alten Hauptstadt erklang Musik, und überall war es voll. Im Saal der Adelsversammlung kamen zweimal in der Woche fast fünftausend Menschen zusammen. Hier lernten sich die jungen Leute kennen. Heiraten bahnten sich an. Moskau war berühmt für seine Bräute wie Wjasma für seine Pfeffernüsse.«[128] In *Evgeni Onegin* nennt Puschkin Moskau einen Brautmarkt. Lew Tolstoj erwähnte ebenfalls die berühmten Ballabende im Haus der Adelsversammlung, die der Tanzmeister Jogel dort zuweilen veranstaltete: »Die Bälle bei Herrn Jogel waren die amüsantesten in ganz Moskau. Das sagten die Mütter, wenn sie ihre Backfische beobachteten, die ihre soeben eingelernten Pas gewissenhaft ausführten; das sagten auch die Backfische selbst sowie die halbwüchsigen Jünglinge, die bis zum Umfallen tanzten; das sagten die erwachsenen jungen Mädchen und jungen Herren, die zu diesen Bällen mit herablassender Mine kamen und sich auf ihnen könig-

lich amüsierten. In diesem Jahr waren auf diesen Bällen zwei Ehen zustande gekommen. Die beiden hübschen Prinzessinnen Gortschakow hatten Bewerber gefunden und sich verheiratet, und das hatte den Ruhm dieser Bälle erhöht. Eine besondere Eigentümlichkeit dieser Bälle bestand darin, daß kein Hausherr und keine Hausfrau dabei zugegen war; dafür war der gutmütige Herr Jogel da, der wie eine Feder herumflog und überall nach den Regeln der Kunst seine Kratzfüße machte; von seinen Gästen ließ er sich diese Bälle wie eine Tanzstunde honorieren. Eine weitere Eigentümlichkeit war, daß zu diesen Bällen nur solche Gäste kamen, die tanzen und sich amüsieren wollten, wie das der Wunsch dreizehn- und vierzehnjähriger Mädchen ist, die zum erstenmal lange Kleider tragen. Alle Tänzerinnen, mit seltenen Ausnahmen, waren oder schienen hübsch: so begeistert lächelten sie, und so strahlend leuchteten ihre Augen.«[129]

In der Sowjetzeit erhielt der Gewerkschaftsbund das noble Adelspalais. Als Lenin 1924 starb, wurde sein Leichnam im Säulensaal des Palais für die trauernde Bevölkerung aufgebahrt. Ein weiteres Mal machte das Gebäude 1953 Geschichte: »Stalin war tot! Die einen ergriff ein Gefühl tiefen Schmerzes – es gab Schulen, in denen die Lehrer ihre Schüler knien ließen, während sie ihnen – selbst kniend und Tränen vergießend – die Regierungserklärung vom Tode des Führers verlasen. Auf den Trauerkundgebungen in den Behörden und Fabriken gerieten viele in einen hysterischen Zustand, man hörte irre Aufschreie, Weinkrämpfe von Frauen, einige fielen in Ohnmacht. Der große Gott war tot, der Götze des zwanzigsten Jahrhunderts, und die Frauen schluchzten …

Die anderen ergriff ein Gefühl höchsten Glücks. […]

Millionen wollten den Verstorbenen sehen. Am Tage der Beisetzung strömte nicht nur die Bevölkerung ganz Moskaus, sondern auch die aus den Nachbargebieten und Rajons zum Haus des Gewerkschaftsbundes. Die Schlange der Lastwagen in den Randgebieten war viele Kilometer lang. Die Verkehrsstauung erreichte Serpuchow, dann erstarrte die Landstraße zwischen Serpuchow und Tula. Millionen gingen zu Fuß zum Zentrum der Hauptstadt. Ströme von Menschen stießen, gleich schwarzen, im Eisgang knirschenden Flüssen, zusammen, stauten sich an Stein, zermalmten Autos und rissen gußeiserne Tore nieder. An diesem Tag starben Tausende.«[130]

An der langen Fassade der Adelsversammlung vorbei gehen wir die Bol'schaja Dmitrowka weiter und biegen in die zweite Gasse links ein. Inmitten des Großstadtlärms entstand im Kamergerskij Pereulok (Kammerherrgasse) eine gemütliche Fußgängerzone mit stilvollen Cafés und Restaurants. Rechter Hand, am Ende der Gasse, unterstreicht das elegante Jugendstilgebäude des Moskauer Künstlertheaters (MChAT) die gediegene Atmosphäre. Die Fassade hat der Architekt Schechtel mit nur wenigen, zurückhaltenden Gestaltungselementen dezent verziert. Einzelne Details wie Messingtürgriffe und Fassadenlaternen setzen Akzente. Das Hochrelief über dem Haupteingang ist dagegen auffällig und voller Bewegung. Über einer Woge erkennt man weitausgebreitete Flügel einer Möwe. Eine stilisierte Möwe schmückt auch den Bühnenvorhang des Theaters, die Programmplakate, Eintrittskarten und Programmhefte. Sie wurde zum Symbol des Theaters, nachdem Anton Tschechows gleichnamiges Bühnenstück im MChAT zum Erfolg geworden war. Wie erfolgreich und bekannt Tschechow[131] war, gibt die folgende Anekdote Giljarowskis wieder: »Ich erinnere mich an einen kuriosen Vorfall [...]. Ich kam einmal gegen Abend zu den Tschechows und sah, wie Anton in seinem Arbeitszimmer von einer Ecke in die andere lief. Sein Gesicht war blaß und abgemagert.

›Was hast du denn?‹
›Der Bauch tut mir weh. Ich hab schon einen Schal darumgebunden, aber es hilft nichts, man muß eine Radikalkur machen.‹ Und er rief einen Lehrling, der bei ihm arbeitete: ›Babakin, geh in die Apotheke und hol ein bißchen Rizinusöl in Kapseln.‹
Die Apotheke war gleich nebenan, und der Junge war sofort wieder zurück. Tschechow machte die Schachtel auf, brach in schallendes Gelächter aus und zeigte mir zwei riesige Kapseln.
›Was haben die sich eigentlich gedacht? Wofür halten sie mich denn?‹ Er nahm eine Feder und schrieb mit großen Buchstaben auf die Schachtel: ›Ich bin kein Pferd.‹
Babakin lief noch einmal in die Apotheke, und diesmal brachte er in einem Schächtelchen sechs kleine Kapseln. In der Apotheke hatte man bekommen, was man wollte: ein Autogramm von Tschechow.«[132]
Für Ossip Mandelstam war das Künstlertheater »ein Kind der russischen Intelligenzia, Fleisch von ihrem Fleische, Blut von ihrem Blute.
Ein Theater der russischen Intelligenzia – das ist doch ein innerer Widerspruch! Ein solches Theater kann es gar nicht geben! Und doch hat es existiert. Mehr noch: es existiert. Seit meiner Kindheit ist mir die Andachtsatmosphäre im Gedächtnis geblieben, die dieses Theater umgab.
Ins ›Künstlertheater‹ zu gehen, bedeutete für den Intellektuellen fast dasselbe wie – das Abendmahl empfangen, zur Kirche gehen.«[133] Anfang des 20. Jahrhunderts, als Stanislawskij im MChAT das Sagen hatte, war Moskau »die erste Theaterstadt der Welt«, so Wolfgang Koeppen.[134]
Vom Künstlertheater begleiten wir – die Twerskaja überquerend – Doktor Schiwago zur Bol'schaja Nikitskaja, in der sich das Konservatorium befindet. Schiwago bezog 1922 »ein Zimmer in der Gasse, die damals noch den Na-

men Kamergerski trug, gleich neben dem Künstlertheater. [...] Das Zimmer lag nach Süden. Seine zwei Fenster blickten auf die Dächer gegenüber dem Theater, hinter denen hoch über dem Ochotny Rjad die Sommersonne stand, die die Gasse im Schatten ließ. [...]
Eines Morgens Ende August stieg Doktor Shiwago bei der Haltestelle an der Ecke Gasetny-Gasse in die Straßenbahn, die von der Universität die Bolschaja Nikitskaja hinauf zur Kudrinskaja fuhr. [...]
Aber er hatte kein Glück. Der Wagen, den er bestiegen hatte, war schadhaft und von Pech verfolgt. Mal war ein Bauernfuhrwerk mit den Rädern in den Schienen steckengeblieben und versperrte ihm den Fahrweg. Mal war unter dem Wagen oder auf dem Dach eine Isolation kaputt, so daß es einen Kurzschluß gab und etwas knatternd durchbrannte. [...] Der Morgen war heiß und die Straßenbahn überfüllt, und es war eng und stickig. Über der Menge der durch die Straße laufenden Fahrgäste kroch vom Nikitskije-Tor her eine schwarzlila Wolke und stieg immer höher zum Himmel hinauf. Ein Gewitter rückte heran.
Shiwago saß links auf einem Einzelsitz und wurde gegen das Fenster gedrängt. Den linken Bürgersteig der Bolschaja Nikitskaja mit dem Konservatorium hatte er ständig im Blick. Mit der verminderten Aufmerksamkeit eines Menschen, der an etwas ganz anderes denkt, beäugte er die Menschen dort, und keiner entging seinem Blick. [...] Er dachte an mehrere sich nebeneinander entwickelnde Existenzen, die sich mit verschiedenen Geschwindigkeit nebeneinanderher bewegten, und daran, wie ein Schicksal das andere überholte und wer wen überlebte. Etwas wie ein Relativitätsprinzip im menschlichen Leben zeigte sich ihm, doch da geriet er endgültig durcheinander und gab seine Betrachtungen auf.
Ein Blitz zuckte, gefolgt von einem Donnerschlag. [...]«[135]

Als Schiwago das elegante Konservatorium sah, stand davor noch nicht das Tschaikowsky-Denkmal. Erst seit 1954 erinnert das Werk der Bildhauerin Muchina an den ersten russischen international anerkannten Komponisten, der hier in der Bol'schaja Nikitskaja arbeitete und wohnte. 1866 kam Tschaikowsky nach Moskau. Er hatte Glück, Nikolai Rubinstein eröffnete gerade das Moskauer Konservatorium und suchte Lehrkräfte. Tschaikowsky ließ sich als Theorielehrer engagieren und bezog im selben Gebäude ein Zimmerchen. Später wohnte er einige Häuser weiter unter der Nummer 35, wo er 1874 das Erste Klavierkonzert schrieb. Ursprünglich komponierte er das Stück für Nikolai Rubinstein. Doch dieser legte Tschaikowsky nahe, das Werk neu zu schreiben oder es zumindest grundlegend umzuarbeiten. Zum Glück ließ sich Tschaikowsky nicht beirren. Er widmete es, ohne die kleinste Veränderung, dem berühmten Pianisten und Dirigenten Hans von Bülow, der das Stück zu einem großen Erfolg machte.
Den wegen seiner hervorragenden Akustik geschätzten großen Konzertsaal des Konservatoriums konnten weder Nikolai Rubinstein noch Pjotr Tschaikowsky nutzen, da er erst 1901 fertiggestellt wurde. Mit dem Umbau des im 18. Jahrhundert errichteten Palais wurde zwar 1894 begonnen, aber die Räume der Gräfin Daschkowa – einer Vertrauten Katharinas II. und zeitweiligen Präsidentin der Akademie der Wissenschaften in Sankt Petersburg – mußten grundlegend verändert werden. In den beiden neu entstandenen Konzertsälen wurde eine alte Technik angewandt, die früher beim Bau der Kirchenräume üblich war. In die Wände setzte man der Akustik wegen Resonanzkörper aus Ton ein.
Schräg gegenüber dem Konservatorium leuchtet die farbenfrohe Auferstehungskirche aus der Mitte des 17. Jahrhunderts. Hier biegen wir in die Woskressenskij Pereulok

ein, um wieder zurück zur Twerskaja zu gelangen. Wer jedoch Näheres über den Schauspieler und Mitbegründer des Künstlertheaters (MchAT), Konstantin Stanislawskij, erfahren möchte, kann einen kleinen Umweg in den Leont'ewskij Pereulok Nr. 6 unternehmen, wo in seiner Wohnung ein Museum eingerichtet wurde.

Die Twerskaja erreichen wir auf der Höhe des heutigen Rathauses (Nr. 13). Das kräftige Rot der Wände bildet einen effektvollen Hintergrund für den hellen Doppelportikus. Das ehemalige Stadtpalais aus dem Ende des 18. Jahrhunderts ist eines der wenigen historischen Bauwerke dieser Straße, die dem ehrgeizigen Generalbebauungsplan Stalins trotzten. Lion Feuchtwanger gehörte 1937 zu den begeisterten Befürwortern des Umgestaltungsplans: »Ja, das Mathematische, Vernünftige, das dem ganzen Leben der Sowjet-Union den Stempel aufdrückt, zeigt sich besonders augenfällig in dem großartigen Plan der Rekonstruktion Moskaus. [...] Man weiß, daß die Stadt seit Beginn der Revolution im Umbau begriffen ist; überall und ständig wird gegraben, geschürft, gehämmert, gebaut, Straßen verschwinden und entstehen; was heute groß schien, scheint morgen klein, weil plötzlich ein Turmbau es überschattet, und alles ist Fluß und Wechsel. Erst im Juli 1935 hat der Rat der Volkskommissare beschlossen, Gesetz in diesen Wechsel zu bringen, das heißt, auch das äußere Stadtbild Moskaus so planmäßig zu gestalten wie die gesamte Struktur der Union, und das binnen zehn Jahren. [...] Noch niemals ist eine Millionenstadt so von Grund auf nach Gesetzen der Zweckmäßigkeit und der Schönheit erbaut worden wie dieses neue Moskau. Es heißen aber die Väter dieses Projekts N. S. Chruschtschew, L. M. Kaganowitsch und Josef Wissarionowitsch Stalin.«[136]

Die Hauptstraße Moskaus sollte nach wie vor die Paradezufahrt zum Kreml bleiben. Doch mit der durchschnittlichen Breite von 17 Metern wirkte sie schon mit der vorrevolutionären Bebauung zu schmal. Also trug man bis auf wenige Ausnahmen die alte Bausubstanz ab. Wertvolle Gebäude, wie das heutige Rathaus, setzten Fachleute um etliche Meter zurück und schufen so eine Straßenbreite von 50, stellenweise 60 Metern.

Das rote Stadtpalais wurde als bedeutendes Beispiel der klassizistischen Architektur weitgehend erhalten. 1782 als Sitz des Generalgouverneurs von Kasakow gebaut, erhielt es 1945 zwei neue Geschosse und die Aufstockung des Portikus. Man kann sich gut vorstellen, daß in diesem majestätischen Palais eine mächtige Amtsperson residierte. Zudem war es auch ein Mittelpunkt des gesellschaftlichen Lebens: »In diesem Haus fanden feierliche Empfänge und glänzende Bälle statt, besonders in den achtziger Jahren unter dem Fürsten W. A. Dolgorukow, der die Hauptstadt in patriarchalischer Ordnung regierte. An seinen Bällen nahm ganz Moskau teil, und in den prunkvollen Sälen konnte man neben brillantenbesäten aristokratischen Damen und funkelnden Uniformen die Stiefel von Millionären aus Samoskworetschje sehen, den Mantel des Stadtverordneten David Shadajew und den langschößigen Gehrock des Wucherers Kaschin ... Wucherer, ja sogar Aufkäufer von Diebesgut und Inhaber von Verbrecherspelunken besuchten diese Bälle. Sie steckten in Uniformen von Wohltätigkeitsvereinen, in die jeder eintreten konnte, der Geld spendete. Viele von ihnen erhielten sogar Ränge und Orden; mit ihnen deckten sie ihre verbrecherischen Manipulationen und konnten von der Polizei nicht belangt werden.«[137]

Die Nähe des Generalgouverneurssitzes zu der berühmten Bäckerei Filippow (ein Eckgebäude auf der gegenüberliegenden Seite der Ecke Twerskaja 10/Glinischtschewskij Pereulok) war ein eher zufälliger Vorzug der Residenz. Nur

wenige Meter trennten den Generalgouverneur von den allseits begehrten Backwaren, die sogar dem Kaiser nach St. Petersburg geliefert wurden: »Tagtäglich wurden Filippows Schwarzbrot, seine Kalatschen und Wecken an den Zarenhof nach Petersburg geschickt. Zwar versuchte man, am Ort zu backen, doch es gelang nicht, und der alte Filippow bewies, daß in Petersburg die Kalatschen und Wecken auch gar nicht geraten könnten.
›Warum denn?‹
›Ganz einfach! Das Newawasser taugt nichts!‹
Im Winter fuhren – Eisenbahnen gab es damals noch nicht – ganze Wagenzüge mit seinen auf Stroh gebackenen Zwiebäcken, Kalatschen und Wecken sogar bis nach Sibirien. Man hatte eine besondere Methode gefunden, sie gefrieren zu lassen, sowie sie heiß aus dem Ofen kamen, transportierte sie an die tausend Werst und taute sie – ebenfalls nach einer besonderen Methode: in feuchten Tüchern – erst unmittelbar vor dem Essen auf. So kamen die duftenden, heißen Kalatschen irgendwo in Barnaul oder Irkutsk immer ganz frisch auf den Tisch.«[138]
Anna Karenina, ganz von Liebeskummer und Eifersucht getrieben, erinnert sich trotz der qualvollen Gedanken an die irdischen Köstlichkeiten: »Fillipow, Feinbäckerei. Es heißt, daß Fillipow Teig nach Petersburg schickt. Das Moskauer Wasser ist so gut. Ja, die Wasserleitung von Mytischtschi. Daher auch die guten Waffeln.«[139]
Filippow ließ in der zweiten Hälfte des 19. Jahrhunderts zwei klassizistische Wohnhäuser nach seinen Bedürfnissen umbauen. Hinter einer eklektischen Fassade, mit vor allem barock anmutenden Verzierungen, entstand ein funktionales Geschäftshaus. Den restlichen Teil des Gebäudes veränderte man in der ersten Dekade des 20. Jahrhunderts. Es entstand ein Hotel – das berühmte Lux, in dem führende Köpfe der Komintern untergebracht wurden: »Zwei

Jugendstil in der Twerskaja: Delikatessen Jelissejew

schwere, graue Säulen stehen vor dem überdachten Eingangsportal, zu dem drei flache Stufen führen. An der Ecke befindet sich noch immer das Restaurant, und im Gebäude, gleich neben dem Eingang, zieht noch immer der große Bäckerladen, bis spät abends geöffnet, die Brotkäufer an.
Dem Haus wurde dreimal ein anderer Name gegeben: Jetzt trägt es den ganz banalen dritten Namen ›Hotel Zentral‹ [...].
Im November 1917, als Moskau die ›zehn Tage, die die Welt erschütterten‹, erlebte, gab es hier zwischen verschanzten Gegnern und bewaffneten Anhängern der Revolution die ersten großen Schießereien. Die Nachricht: ›Bei Filipowski wird geschossen‹ verbreitete sich wie ein Lauffeuer durch die Stadt und blieb so unauslöschlich im Gedächtnis der Moskauer haften, daß ein damals vierjähriges Mädchen noch heute erklärt: ›Dort fing die Revolution an!‹ Was die ›Aurora‹ für Petersburg, das war ›Filipowski, für Moskau!‹ [...] In Biographien und Memoirenwerken, in fast jedem historischen Rückblick auf die denkwürdigen Jahre [...] wird es zumindest am Rande erwähnt. Beherbergte es doch innerhalb eines Zeitraumes, der im wesentlichen mit der Geschichte der III., der Kommunistischen Internationale zusammenfällt, eine in die Tausende gehende Anzahl von Menschen, die sich auf Gedeih und Verderb dem revolutionären Klassenkampf verschrieben hatten, darunter viele namhafte Männer und Frauen, die den Gang der Geschichte beeinflußt, die Welt verändert, das Antlitz unserer Epoche entscheidend mitgeprägt haben. [...]
Im Lux wurden ausländische Delegierte zu fünf von insgesamt sieben Weltkongressen der Kommunistischen Internationale einquartiert. [...]
Unter dem Dach des Lux wurde in Dutzenden von Sprachen gesprochen, politisiert, konspiriert, diskutiert – und bisweilen in halber Agonie geschwiegen.

Hier gab es fröhliche und schauerliche Nächte.
Hier gab es Tränen, Träume und Tragödien.
Kein menschliches Schicksal ist denkbar, das nicht im Lux zu finden wäre.
Keine menschliche Behausung ist denkbar, die dem Lux vergleichbar wäre.«[140]

Das vorrevolutionäre Flair der Twerskaja findet man auch kurz vor dem Boulevardring. Hier entstanden während der Regierungszeit Katharinas II. zwei wundervolle Paläste. Auf der linken Straßenseite ließ sich der Würdenträger Posorowskij ein Stadtpalais errichten. Davon ist heute leider nichts mehr zu sehen. Auf der gegenüberliegenden Seite der Twerskaja entstand für die Gattin des Staatssekretärs Kosizkij ein prächtiges Anwesen. Berühmt wurde hier der Salon Sinaida Wolkonskajas, einer Enkelin der Kosizkijs. Bei der kunstbegeisterten Fürstin versammelten sich in den zwanziger Jahren des 19. Jahrhunderts Berühmtheiten der Literaturszene. Auch Alexander Puschkin war oft zu Gast und widmete der Gastgeberin folgendes Gedicht:

In Moskaus Mittelpunkt der Feste,
beim Spiel in Räumen, menschenvoll,
beim Ballgeflüster froher Gäste
liebst du den Zauber des Apoll.
Der Musen Zarin, unerreicht
trägst du in deiner Hand so leicht
das Zepter der Begeisterung.
Und über deinem Haupte flammt
der Genius, der von Göttern stammt,
zweimal gekrönt und ewig jung.
Verleugne ihn, den Sänger nicht,
dem deine Nähe eine Gnade.
Hat seine Gabe kein Gewicht,

dein Lächeln lohnt. Auch der Nomade
hört der Zigeunerin Gedicht.[141]

Kurze Zeit später erlebte Puschkin in diesem Palais den rührenden Abschied der Fürstin von Marija Wolkonskaja. Die angeheiratete Nichte verbrachte dort die letzten vierundzwanzig Stunden, bevor sie sich auf eine 7000-Kilometer-Fahrt nach Osten aufmachte, um ihrem verbannten Gatten zu folgen. Sergej Wolkonskij gehörte zum Kreis von einhundertsechzehn Verurteilten, die ohne Rücksicht auf Abstammung und Titel zur Zwangsarbeit in sibirischen Bergwerken verdammt wurden. Dies war die Strafe für ihr Aufbegehren gegen Nikolaus I. Die Aufständischen verweigerten dem angehenden Zaren im Dezember 1825 den Treueeid, forderten die Abschaffung des Absolutismus und der Leibeigenschaft. Es wundert nicht, daß Nikolaus I. jegliche Erinnerung an die Dekabristen[142] auslöschen wollte. Sein Leben lang war auch nur die Nennung dieses Begriffs ein Grund zur Verbannung. Doch die Dekabristen gerieten nicht in Vergessenheit. Weitere Ehefrauen folgten den Verbannten nach Sibirien, hielten Verbindung zu den in Moskau und St. Petersburg zurückgebliebenen Angehörigen – und hielten damit auch die Erinnerung an ihre Ehemänner lebendig.
Nikolai Nekrasow verewigte Marijas Gedanken über den legendären Abschiedsabend im Palais der Kunstmäzenin Sinaida Wolkonskaja:

Die italienischen Sänger, die grad
in Moskau gastierten, erschienen,
und Generäle, manch Kriegskamerad
des Vaters war unter ihnen.
Da waren die Freunde, welche gleich mir
betrauerten einen Verwandten

und Abschied genommen hatten hier
in Moskau von ihren Verbannten.
Doch was mir noch mehr – ich vergesse es nie –
dies Abschiedsfest verschönte:
Odojewski, Wjasemski kamen sowie
Wenewitinow, der schon erwähnte.
Und Puschkin war da! ...[143]

Sinaida Wolkonskaja verließ Rußland 1829. Die letzten Jahre ihres Lebens verbrachte sie in Italien. Dort führte sie den Salon »Nördliche Corinna«, in dem sich die beste Gesellschaft Roms traf. Ihr prächtiges Palais in der Twerskaja verfiel allmählich, bis es von der zweiten Hälfte des 19. Jahrhunderts an verschiedenen Kaufleuten gehörte. In den neunziger Jahren erwarb es ein Petersburger Millionär. Jelissejew besaß bereits in der Hauptstraße der nördlichen Metropole ein Delikatessengeschäft. In Moskau sollte ein zweites entstehen. Für sein Vorhaben mußte das klassizistische Palais umgebaut werden. Der Zeitgenosse Giljarowski schildert die publikumswirksame Eröffnung: »An dem Tage, als das Gerüst fiel, wurde mit einem feierlichen Tedeum das ›Kolonialwarenhaus Jelissejews und Weinkeller mit russischen und ausländischen Spezialitäten‹ eingeweiht.
Seit dem frühen Morgen überfluteten Volksmassen die Straße und ergötzten sich an der eleganten Fassade ›neuen Stils‹ mit dem Ziergiebel, auf dem anstelle des fürstlichen Wappens Motive aus der Mythologie, irgendwelche antiken weißen Gestalten schimmerten. Auf dem Bürgersteig drängten sich Menschen, die durch die Spiegelglasfenster begierig auf die kunstvoll aufgebauten Waren starrten, die man in Moskau bis dahin nicht kannte: Bergeweise türmten sich hier überseeische Früchte; wie ein Haufen Kanonenkugeln ragte eine Pyramide Kokosnüsse empor, jede

von der Größe eines Kinderkopfes; Bananen hingen in riesigen, pudschweren Bündeln; perlmuttfarben schimmerten die bunten Bewohner des Meeresgrundes, die Bewohner unbekannter Ozeantiefen, und über alldem strahlten elektrische Sterne auf ganze Batterien von Weinflaschen herab, sie leuchteten und verschwammen in den tiefen Spiegeln, die sich in schwindelnder Höhe verloren. [...]
Punkt zwölf Uhr, zur festgesetzten Stunde, öffneten sich die Ladentüren, und am Eingang erschien ein riesengroßer Portier. Die Gäste mit blitzenden Orden und leuchtenden Bändern fuhren vor: hohe Militärs, Zivilgeneräle in weißen Hosen und Dreispitz mit Federbüschen und die Geistlichkeit in kostbarem lila Ornat. Alle kamen von einem offiziellen Gottesdienst in der Uspenski-Kathedrale hierher [...].
Das Innere des Geschäfts, das in zweifarbiges Licht getaucht war, wirkte märchenhaft-phantastisch. Jelissejew hatte das Erdgeschoß mit dem ersten Stock verschmolzen, wobei er den Saal und die Gastzimmer des ehemaligen Salons der Wolkonskaja zerstört und die historische Treppe aus weißem Marmor abgerissen hatte, um für seine Weine Platz zu bekommen. Das Gold und die Stuckverzierungen an den Wänden und der Decke nahmen sich seltsam aus. Im Hintergrund des Saales war eine dunkle Nische oben in die Wand eingelassen, die an eine Geheimloge erinnerte. Daneben hing eine seltene englische Uhr, deren riesiges vergoldetes Pendel unbeweglich zu sein schien; die Uhr tickte leise.«[144]
Bis heute kann man sich an der üppigen Jugendstileinrichtung des Delikatessenladens erfreuen. Alles überstand den Umgestaltungsdrang der Kommunisten und sogar den Bürgerkrieg.

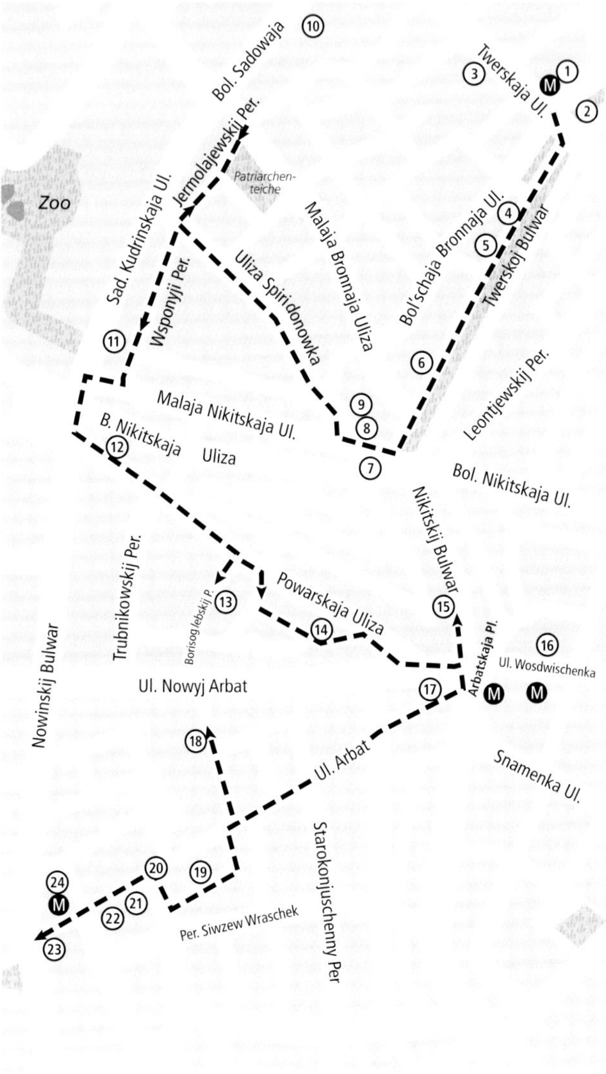
Bol. Sadowaja
Twerskaja Ul.
Jermolajewskij Per.
Patriarchen-
teiche
Zoo
Sad. Kudrinskaja Ul.
Malaja Bronnaja Uliza
Bol'schaja Bronnaja Ul.
Twerskoj Bulwar
Uliza Spiridonowka
Wsponyji Per.
Malaja Nikitskaja Ul.
B. Nikitskaja Uliza
Leontjewskij Per.
Bol. Nikitskaja Ul.
Nikitskij Bulwar
Trubnikowskij Per.
Powarskaja Uliza
Borisoglebskij P.
Arbatskaja Pl.
Ul. Wosdwischenka
Nowinskij Bulwar
Ul. Nowyj Arbat
Ul. Arbat
Snamenka Ul.
Starokonjuschenny Per
Per. Siwzew Wraschek

V. Vom Boulevardring zum Arbat

»Gassen voller ehemaliger Adelspaläste, Boulevards, auf denen die Zukunft fiebert«[145]

4. Spaziergang:
Metrostation Puschkinskaja → Puschkinplatz → Englischer Klub → Twerskoj-Boulevard → Villa Rjabuschinskij → auf der Spur Tolstojs, Tschechows und Bulgakows → bei Zwetajewa und Lermontow → bei Gogol → Arbat → *Metrostation Smolenskaja*

Der Boulevardring umfaßt hufeisenförmig den Kreml und Kitaj Gorod in einer Entfernung von 500, an manchen Stellen auch 1000 Metern. Sein Verlauf ist identisch mit dem eines alten Erdwalls, der wahrscheinlich bereits im 14. Jahrhundert errichtet wurde. In jener Zeit mußte sich Moskau vor einem Feind schützen, der aus dem Norden drohte – dem mächtigen, militärisch überlegenen Fürstentum Twer. Ende des 16. Jahrhunderts wurde die Anlage weiter ausgebaut. Es entstand eine wehrhafte, neun Kilometer-lange Backsteinmauer. Da die Mauer weiß angestrichen war, nannte man den neu entstandenen Stadtbereich Wei-

1 Metrostation Puschkinskaja – 2 Puschkinplatz mit dem Denkmal für Alexander Puschkin – 3 Stadtpalais des Grafen Rasumowski (Englischer Klub) – 4 Geburtshaus von Alexander Herzen – 5 Theater – 6 Jermolowa-Museum – 7 Große Auferstehungskirche – 8 Gorkij-Museum (Villa Rjabuschinskij) – 9 Alexej-Tolstoj-Museum – 10 Bulgakow-Museum – 11 Tchechow-Museum – 12 Haus des Schriftstellerverbandes (Haus der Rostows in *Krieg und Frieden*) – 13 Zwetajewa-Museum – 14 Lermontow-Museum – 15 Gogol-Museum – 16 Haus Arsenij Morosows – 17 Restaurant Praga – 18 Skrjabin-Museum – 19 Melnikows Villa – 20 Denkmal für Bulat Okudshawa – 21 Puschkin-Wohnhaus/Museum – 22 Belyj-Museum – 23 Gebäude des Außenministeriums (Stalinistisches Hochhaus) – 24 Metrostation Smolenskaja

ße Stadt. Als im 17. Jahrhundert die Stadtmauer ihre Verteidigungsfunktion verlor, verfiel sie allmählich. Was an Backsteinen weiterverwendet werden konnte, wurde beim Bau von Palästen und Häusern eingesetzt. Die letzten Überreste der Mauerruine wollte Katharina II. beseitigen lassen. 1775 erließ sie das Gouvernementsstatut. Darin wurden die Lokalverwaltungen neu geregelt, das Reich in vierzig Gouvernements eingeteilt und für die Hauptstädte der Gouvernements Generalbebauungspläne ausgearbeitet. Auch Moskau traf der Umgestaltungseifer der Kaiserin. Imposante öffentliche Bauten wie das Haus des Gouverneurs und das Große Opern- und Balletthaus bereicherten nun das Stadtbild. Die inzwischen unansehnlichen Reste der Weißen Mauer wurden abgetragen. An ihrer Stelle sollten großzügige Boulevards entstehen. Doch erst nach dem Brand des Jahres 1812 führte die Stadtverwaltung den Plan aus, und bis heute erfreuen sich die Moskauer der eleganten Boulevards: Sie flanieren und genießen auf den zahlreichen Bänken einen Plausch oder eine Schachpartie.
Ein Denkmal für Alexander Puschkin ziert den kleinen Platz am Schnittpunkt des Boulevardringes mit der Twerskaja. Puschkin wurde in Moskau geboren, verbrachte hier seine Kindheit und kam später immer wieder zu Besuch. So auch Ende des Jahres 1828, als er einen der berühmten Bälle des Tanzmeisters Jogel besuchte. Hier begegnete der Junggeselle seiner zukünftigen Frau. Natalja Gontscharowa war »eine der ersten Schönheiten Moskaus«,[146] erst sechzehn Jahre alt und entstammte einer adligen, aber verarmten Familie. Die Brautwerbung zog sich sehr lange hin. Puschkin, auch immer in Geldnot, war nicht gerade ein Wunschkandidat. Auch die Choleraepidemie, wegen der ganz Moskau unter Quarantäne stand, behinderte die Angelegenheit. Dann schließlich, im April 1830, bekam Puschkin das Einverständnis der Brauteltern. Für das langersehnte Ereignis

mietete Puschkin im Januar des folgenden Jahres in der Arbatstraße eine Wohnung. Doch die Hochzeit wurde immer wieder verschoben. Die Gontscharows konnten weder für eine Mitgift das nötige Geld aufbringen, noch war die Finanzierung der Hochzeit gesichert. Daraufhin verpfändete Puschkin sein Erbe. Für die zweihundert Leibeigenen des väterlichen Gutes Boldino[147] bekam er 38 000 Rubel geliehen. Allein 11 000 Rubel verschlangen die Mitgift und die Ausrichtung der Hochzeit. Schließlich, noch rechtzeitig vor der großen Fastenzeit, war der Tag der Hochzeit festgelegt. Am 18. Februar 1831 fand die Trauung in der Großen Auferstehungskirche am Nikitskitor statt – nur wenige Schritte vom Elternhaus der Braut entfernt.[148] Augenzeugen berichteten über zwei Zwischenfälle während der Trauungszeremonie, die sofort als unheilverkündend interpretiert wurden. Zuerst fiel das Evangeliar, das auf einem Pult vor dem Brautpaar aufgestellt war, zu Boden. Danach, als Natalja und Alexander Puschkin Kerzen in ihren Händen hielten, erlosch plötzlich die des Bräutigams.[149] Das junge Paar hielt es nicht lange in Moskau aus. Puschkin äußerte sich in einem Brief an Freunde, daß ihm seine Schwiegermutter das Leben zur Hölle mache: »Ich war gezwungen, Moskau zu verlassen, um Unannehmlichkeiten aus dem Weg zu gehen, die mir am Ende möglicherweise nicht nur meine innere Ruhe geraubt, sondern mich auch meiner Frau entfremdet hätten. Man [die Schwiegermutter] zog über mich her und beschrieb mich meiner Gattin als einen anstößigen Menschen, einen habgierigen, verachtenswerten Wucherer [...]. Ich zeigte große Geduld und Nachgiebigkeit, aber offensichtlich war das eine wie das andere umsonst.«[150]
Zwar verbrachte Puschkin die letzten Jahre seines Lebens in Petersburg; ihn verband mit der nördlichen Metropole auch mehr als mit Moskau. Doch es war undenkbar, ihm dort neben respekteinflößenden Zaren und Feldherren ein

Denkmal zu errichten. Die Obrigkeit hätte es nicht gestattet.[151] Und so gab es seit den sechziger Jahren des 19. Jahrhunderts die Idee, in Moskau ein Monument aufzustellen. Das Projekt zog sich zwanzig Jahre hin, bis es schließlich über Spenden finanziert werden konnte. 1880 wurde dann das Kunstwerk des Bildhauers Alexander Opuschkin endlich enthüllt. Zahlreiche Feierlichkeiten waren mit diesem Festakt verbunden, und Puschkin wurde von den größten Schriftstellern jener Zeit geehrt. Fjodor Dostojewski bekannte auf der Sitzung der *Moskauer Gesellschaft der Freunde der russischen Literatur*: »Puschkin ist, wie Gogol gesagt hat, eine außergewöhnliche und vielleicht einmalige Manifestation des russischen Geistes. Und eine verheißungsvolle, setze ich von mir aus hinzu. Ja, in seinem Erscheinen liegt für uns alle, für uns Russen, etwas unzweifelhaft Prophetisches. Puschkin trat zu einem Zeitpunkt auf den Plan, da wir gerade erst anfingen, zu einem richtigen Selbstverständnis zu kommen, und da dieses Selbstverständnis – ein ganzes Jahrhundert nach der Petrinischen Reform – in unserer Gesellschaft kaum erst im Aufkeimen begriffen war; und sein Erscheinen trug sehr dazu bei, unseren dunklen Pfad durch ein neues wegweisendes Licht zu erhellen. In ebendiesem Sinne ist Puschkin Verheißung und Hinweis. [...]
Mit Sicherheit läßt sich sagen: Ohne Puschkin hätte es die nach ihm kommenden Begabungen nicht gegeben. Zumindest hätten sie sich trotz ihrer großen Gaben nicht mit jener Kraft und Klarheit manifestiert, mit der sie sich in der Folgezeit, bereits in unseren Tagen zu artikulieren vermochten. Doch es geht nicht allein um die Dichtkunst, nicht allein um das künstlerische Schaffen: Ohne Puschkin hätte sich vielleicht unser Glaube an unsere russische Eigenständigkeit, unser nun schon bewußtes Vertrauen auf unsere Volksnähe und danach auch der Glaube an eine

künftige selbständige Bestimmung in der europäischen Völkerfamilie nicht mit so unumstößlicher Kraft entwickelt [...].«[152]

Hier nun, vom Puschkin-Denkmal aus, empfiehlt sich ein kleiner Umweg. Keine 300 Meter weiter nördlich, etwas von der Häuserflucht zurückgesetzt, leuchtet auf der linken Seite im kräftigen Ziegelrot das Gebäude des legendären Englischen Klubs – »Tempel des Müßiggangs« wird er in *Anna Karenina* genannt.[153] Es war der älteste und nobelste Klub Moskaus. Seit 1831 verkehrten in den prunkvollen Räumen des ehemaligen Stadtpalais des Grafen Rasumowski ausschließlich Würdenträger und berühmte Persönlichkeiten. Der Generalgouverneur war Ehrenvorsitzender und der Oberpolizeimeister ein ständiges Mitglied. Möglich, daß Glücksspiele deshalb nur hier erlaubt waren. Literaten wie Puschkin, Rajewski, Gribojedow und Tolstoj waren häufige Besucher. Den elitären Ort beschrieb Lew Tolstoj ausführlich in seinen Werken. In *Anna Karenina*, *Krieg und Frieden* und im Romanfragment *Die Dekabristen* können wir uns in die exquisiten Räume voller Zigarrenqualm und Stimmengewirr begeben: Es »herrschte in allen Räumen des Englischen Klubs ein lautes Stimmengetöse, und wie wenn Bienen im Frühling schwärmten, wanderten die Mitglieder und Gäste des Klubs hin und her, saßen, standen, traten zusammen und gingen wieder auseinander, die meisten in Uniform oder im Frack, einzelne auch noch im langschößigen Rock und mit gepudertem Kopf. Gepuderte Livreediener in Schuhen und Strümpfen standen an jeder Tür und achteten mit gespannter Aufmerksamkeit auf jede Bewegung der Gäste und Klubmitglieder, um ihre Dienste anzubieten. Die Mehrzahl der Anwesenden waren ältere, angesehene Herren, mit breiten, selbstzufriedenen Gesichtern, dicken Fingern, sicheren Bewegungen und festen Stimmen. Diejenigen Gäste und Mitglieder, welche zu dieser

Gattung gehörten, saßen auf ihren bekannten, gewohnten Plätzen und vereinigten sich zu den bekannten, gewohnten Gruppen.«[154]

»Er durchschritt die Säle mit den Tischen, an denen alte Herren Whist spielten, ging in ›infernalische‹ Zimmer [...], blieb vor einem der Billards stehen, das ein ehrwürdiger alter Herr mit trippelnden Schritten umkreiste, sich an der Kante festhaltend und nur mit Mühe und Not seine Kugel treffend, warf einen Blick in das Lesezimmer, wo irgendein General mit würdevoller Miene und einer großen Brille auf der Nase seine Zeitung las, die er weit von sich weg hielt, und ein junger Mann alle Zeitschriften der Reihe nach durchblätterte, wobei er sich die größte Mühe gab, keinen Lärm zu machen. Dann setzte er sich endlich im Billardzimmer auf das Sofa zu den Lottospielern, die gleich ihm zur jeunesse dorée gehörten. Es war ein Dienstag, und viele der ständigen Besucher des Klubs waren erschienen. [...] Er nahm am Spiel nicht teil, sondern hatte sich nur als Zuschauer neben den Fürsten D., seinen Duzfreund, gesetzt, hatte auch das Glas Champagner, das man ihm anbot, nicht zurückgewiesen. Er hatte es sich hier nach dem Mittagessen so bequem gemacht, hinten sogar die Hosenschnalle ganz heimlich gelöst, daß es aussah, als könnte er sein Leben lang so dasitzen, seine Zigarre rauchen, Champagner schlürfen und sich an dem Zusammensein mit Fürsten, Grafen und Ministersöhnen freuen [...].«[155]

Zurück am Boulevard, lädt die schattige Allee zum Verweilen ein. Wie vor zweihundert Jahren kommt man heute immer noch hierhin, um zu sehen und gesehen zu werden. Ein eindrucksvolles Stimmungsbild aus dem Jahr 1811 zeichnet Konstantin Batjuschkow: »Gehen wir zum Twerskoj Boulevard hinaus, einem Teilstück der ehemaligen Mauer der Weißen Stadt [...] es [zieht] an strahlendsonnigen Apriltagen oder an stillen Maiabenden die Müßiggänger in hellen Scharen hierher. Der gute Ton, die Mode verlangen ihren Tribut: der Stutzer und die gefallsüchtigen Frauenzimmer, die alte Klatschbase und der feiste Pächter, sie alle eilen schon am frühen Morgen aus den entferntesten Winkeln der Stadt zum Twerskoj Boulevard. Was für seltsame Galabekleidung, was für Typen! ... Hier triffst Du den Gesellschaftslöwen aus der Provinz, der herkam, um sich die neuesten Moden abzugucken, hier lockt eine Schöne einen ganzen Kometenschweif von Anbetern hinter sich her, dort schwatzt eine alte Generalin mit ihrer Nachbarin, neben ihnen ein schwerfällig-nachdenklicher Pächter, er ist fest davon überzeugt, daß Gott die eine Hälfte der Menschheit dazu ausersehen hat, Wodka zu brennen, die andere dazu, ihn zu trinken. Gravitätisch schreitet er mit seiner schönen Frau am Arm und einem Zwerg dahin. Dort eilt in einer Pelerine, die dem verewigten Sokrates zur Ehre gereicht haben würde, ein Universitätsprofessor heimwärts oder seinem staubigen Katheder zu. Ein Witzbold singt Couplets und schreckt die Promenierenden mit seinem kläffenden Pudel, zwischendurch trägt er wie ein weltberühmter Dichter Epigramme vor und erwartet Lob oder eine Einladung zum Mittagessen. Täglich begebe ich mich zu dieser Promenade auf dem Twerskoj Boulevard, fast immer mit neuem Vergnügen ... Eine große Ansammlung bekannter und unbekannter Leute hat immer ihren besonderen Reiz für Faulpelze, für Müßiggänger und alle, die gerne physiognomische Studien treiben ... Dem füge ich hinzu: die einen kommen auf die Promenade, um sich von ihren Sorgen zu erholen, die anderen gehen einfach spazieren, atmen die frische Luft. Die Frauen kommen, um Komplimente einzuheimsen, die Männer, um sie zu bewundern. Und alle Gesichter wirken irgendwie gelassen.«[156]

Nach dem großen Brand 1812 entstand für alle Flanierfreunde am Kreml ein neuer, großzügiger Park – der Alexandergarten. Doch die adeligen Fräuleins, kecken Offiziere und alle Schaulustigen kamen nach wie vor gerne zum Twerskoj-Boulevard. In *Anna Karenina* hat Tolstoj diese Leidenschaft festgehalten: »Die drei jungen Damen [fuhren] mit Mademoiselle Linon zu bestimmten Stunden in der Kutsche zum Twerskoj Boulevard [...], alle in Atlaspelzen, Dolly in einem langen, Natalja in einem halblangen und Kitty in einem ganz kurzen, so daß man ihre wohlgeformten Beine in den straffsitzenden roten Stümpfen sah, [...] in Begleitung eines Dieners mit einer goldenen Kokarde am Hut [...].«[157]

Hier am Boulevard finden wir endlich das Moskau der russischen Hocharistokratie. Leider scheuen viele Besucher die Mühe, das weitläufige Viertel, das sich bis zum Gartenring ausdehnt, zu Fuß zu erkunden. Dabei spürt man gerade hier eine einzigartige Atmosphäre, wenn pittoreske Kirchlein aus einer Seitengasse hervorlugen und majestätische Anwesen des Adels uns in das 18. und 19. Jahrhundert zurückversetzen. Die meisten Paläste dieses Viertels haben eine lange Baugeschichte. Als während der Regierungszeit Katharinas II. in den siebziger Jahren des 18. Jahrhunderts die Überreste der ehemaligen Stadtmauer abgetragen wurden, konnte der Twerskoj-Boulevard angelegt werden, und die Aristokratie fand hier neue Grundstücke für großzügige Residenzen. Dabei schien der Umstand wenig Bedeutung zu haben, daß seit über einem halben Jahrhundert Sankt Petersburg die Hauptstadt des Reiches war. Dort hielt es vor allem diejenigen, die eine Karriere im Staatsdienst machen wollten, und jene, die aufgrund ihres geringen Vermögens den Dienst nicht quittieren konnten.[158] Denn nachdem Katharina II. die Dienstpflicht des Adels 1785 aufgehoben hatte, konnten die Adligen zum erstenmal seit der petrinischen Zeit ihr Leben wieder frei gestalten.[159] Jeder, der die finanziellen Mittel besaß, wollte auch in Moskau ein Stadtpalais sein eigen nennen. Und weil sich in Moskau die russischen Herrschaften wohl und geborgen fühlten, kehrten viele in die alte Hauptstadt zurück. Die gemütliche Atmosphäre beschreibt Lew Tolstoj in *Krieg und Frieden*: »Sobald er [Pierre] in Moskau wieder in sein gewaltiges Haus mit den vertrockneten und vertrocknenden Prinzessinnen und der großen Dienerschaft eingezogen war; sobald er bei einer Fahrt durch die Stadt die Iberische Kapelle mit den zahllosen brennenden Kerzen vor den goldstrotzenden Heiligenbildern und den Kremlplatz mit der unzerfahrenen Schneefläche und die Droschkenkutscher und die elenden, kleinen Hütten in der Siwzew-Wraschek-Straße gesehen hatte; als er die alten Moskauer Herren wiedersah, die nichts weiter wünschten und erstrebten und in größter Seelenruhe ihren Lebensabend verbrachten, und die betagten Moskauer adligen Damen und die Moskauer Bälle und den Moskauer Englischen Klub: da hatte er die Empfindung, daß er daheim sei, im stillen Hafen. Er fühlte sich in Moskau ruhig, warm und behaglich wie in einem alten, schmutzigen Schlafrock.«[160]

Doch das ruhige Leben der Moskauer hatte bald ein Ende. 1812 setzte sich ein riesiges Heer mit Napoleon an der Spitze in Bewegung. Napoleon zog gegen Moskau, das nach wie vor nicht nur für jeden Russen, sondern auch für Fremde die Personifizierung Rußlands, die »Heilige Stadt«[161] war. In *Krieg und Frieden* blickt Napoleon sehnsüchtig und voller Entzücken auf die Stadt: »Am 2. September um zehn Uhr morgens, stand Napoleon unter seinen Truppen auf dem Poklonnaja-Berg [...]. Der Glanz des Morgens war zauberhaft. Vom Poklonnaja-Berg aus gesehen, lag Moskau weit ausgebreitet da, mit seinem Fluß, seinen Gärten und Kirchen; wie es so mit seinen Kuppeln in den Strahlen der Sonne nach Art der Sterne zitterte, schien ihm ein eigenartiges Beben innezuwohnen.

Beim Anblick dieser seltsamen Stadt, mit den noch nie gesehenen Formen einer ungewöhnlichen Architektur empfand Napoleon jene mit einem gewissen Neid verbundene, unruhige Neugier, welche die Menschen beim Anblick der Formen eines ganz andersartigen, fremden Landes empfinden. In dieser Stadt pulsierte offenbar ein starkes, eigenartiges Leben. Aus jenen undefinierbaren Anzeichen, an denen man schon aus weiter Entfernung unfehlbar einen lebenden Körper von einem toten unterscheidet, ersah Napoleon vom Poklonnaja-Berg aus das Vibrieren des Lebens in dieser Stadt und fühlte gleichsam das Atmen dieses großen, schönen Leibes.
Jeder Russe, der Moskau sieht, hat die Empfindung, daß diese Stadt eine Art von Mutter ist; jeder Ausländer, der Moskau sieht und sich der mütterlichen Stellung dieser Stadt nicht bewußt wird, muß wenigstens für ihren weiblichen Charakter eine Empfindung haben; und diese Empfindung hatte auch Napoleon.
›Da ist sie endlich, diese berühmte asiatische Stadt mit den unzähligen Kirchen, das heilige Moskau! [...]. Da liegt sie, diese Hauptstadt, zu meinen Füßen [...] eine seltsame, eine schöne, eine majestätische Stadt!‹«[162]
Der berühmte Schriftsteller und Publizist Alexander Herzen war kaum ein halbes Jahr alt, als Napoleons Armee die Stadt betrat. Nur durch die Erzählungen seiner Amme behielt er die leidvollen Tage in Erinnerung. Sein Elternhaus, in dem Napoleons Ankunft ihn und seine Familie überraschte, schmückt bis heute den Twerskoj-Boulevard (Nr. 25). Herzens Memoiren versetzen uns in jene Septembertage: »›Liebe Wera Artamonowna, erzählen Sie mir doch die Geschichte vom Einzug der Franzosen in Moskau‹, sagte ich oft, wenn ich mich abends in mein kleines Bett legte [...].
›Ach was! Sie haben ja die Geschichte schon so oft gehört,

es ist jetzt Zeit zum Schlafen. Stehen Sie lieber morgen etwas früher auf‹, erwiderte gewöhnlich die alte Frau, die übrigens ihre Geschichte ebensogern erzählte, als ich sie hörte.

›Nur ein ganz kleines bißchen! Also, wie erfuhren Sie es? Wie fing es doch an?‹

›Ganz einfach. Sie wissen doch, daß Ihr Herr Vater alles auf die lange Bank schiebt. Er traf so lange Vorbereitungen, bis es zu spät war. Alle rieten uns, so schnell als möglich abzureisen. Was sollte man auch warten, es war ja niemand mehr in der Stadt. Aber nein! Da mußte er immer erst mit Pawel Iwanowitsch[163] Beratungen über die Vorbereitungen zur Abreise pflegen; und immer war einer von ihnen nicht fertig. Endlich hatten wir gepackt, und der Wagen stand vor der Tür; die Herrschaften sitzen schon beim Frühstück, da kommt plötzlich unser Oberkoch ganz bleich in das Speisezimmer gelaufen und erzählt, der Feind sei durch das Dragomilowsche Tor eingerückt. Uns allen stand das Herz vor Schrecken still, wir riefen nur: ‚Heiliger Gott, sei mit uns!' Alles verlor den Kopf, und während wir noch hin und her laufen und jammern, sehen wir schon die Dragoner in seltsamen Helmen mit langen wallenden Pferdeschweifen durch die Straßen sprengen. Alle Tore waren geschlossen, so kam es, daß Ihr Herr Vater in der Stadt bleiben mußte und Sie mit ihm [...].

Wir wohnten damals im Seitenflügel der Fürstin; er faßte Feuer und fing an zu brennen; Pawel Iwanowitsch lud uns ein, in sein steinernes Haus zu ziehen, das ganz tief im Hofe lag und von dicken Mauern umgeben war – so zogen wir denn um, Herren und Diener ohne Unterschied nebeneinander. Wie wir auf den Twerschen Boulevard kamen, sahen wir auch schon die Bäume in Flammen stehen – endlich erreichten wir Pawel Iwanowitschs Haus, aber als wir näher kamen, sahen wir die Flammen aus allen Fenstern

hervorbrechen. Pawel Iwanowitsch war starr vor Entsetzen und wollte seinen Augen nicht trauen. [...]
Todmüde und ohne etwas gegessen zu haben, retteten wir uns in ein Haus, das das Feuer verschont hatte, und ließen uns nieder, um ein wenig auszuruhen; aber es verging keine halbe Stunde, da kamen schon wieder Leute gelaufen, die uns zuriefen: ‚Fort! Fort! Feuer! Feuer!' In meiner Angst riß ich den Überzug vom Billardtisch herunter und wikkelte dich hinein, um dich gegen den kalten Nachtwind zu schützen; so kamen wir zum Twerschen Platz, wo die Franzosen mit Löscharbeiten beschäftigt waren, weil ihr Herr sein Quartier im Hause des Gouverneurs aufgeschlagen hatte.‹«[164]
Der Brand Moskaus war für den weiteren Kriegsverlauf folgenreich, auch wenn Napoleon selbst es in dem Brief an seine Gattin Marie-Louise am 16. September 1812 nicht zugeben mochte: »Ich hatte von dieser Stadt gar keine Vorstellung. Sie besaß 50 Paläste von gleicher Schönheit wie das Palais de l'Elysée Napoléon, auf französische Art mit unglaublichem Luxus möbliert, mehrere kaiserliche Paläste, Kasernen, großartige Spitäler. Alles ist verschwunden, denn seit gestern verzehrt das Feuer die Stadt. Da alle kleinen Häuser des Bürgerstandes aus Holz gebaut sind, fangen sie Feuer wie Zündhölzer. Aus Zorn über die erlittene Niederlage haben der Gouverneur und die Russen diese schöne Stadt in Brand gesteckt. Zweihunderttausend Einwohner[165] sind in Verzweiflung auf der Straße und im Elend. Für die Armee ist immerhin noch genug übrig geblieben; sie findet viele Reichtümer aller Art, denn in dieser Unordnung gibt sich alles mit Plündern ab. Dieser Verlust ist für Rußland ungeheuer groß; der russische Handel wird dadurch aufs schwerste erschüttert. Diese Elenden sind in ihrem Vorsatz so weit gegangen, daß sie die Pumpen der Feuerwehr weggeschafft oder zerstört haben.«[166]

Im *Krieg und Frieden* wird dieses Ereignis nur mit wenigen Sätzen beschieben: »Es war, nachdem es vorher geregnet hatte, ein klarer, sonniger Tag geworden, und die Luft war ungewöhnlich rein. Der Rauch [...] stieg in der klaren Luft säulenförmig in die Höhe. Feuer von Bränden war nirgends sichtbar; aber Rauchsäulen erhoben sich auf allen Seiten, und ganz Moskau [...] war eine einzige Brandstätte. Ringsum sah man leere Hausstellen mit Öfen und Schornsteinen und an einzelnen Orten die ausgebrannten Mauern steinerner Häuser [...]. Hier und da standen Kirchen, die verschont geblieben waren. Der Kreml war nicht zerstört [...].«[167]
Puschkin nennt in *Eugen Onegin* den Brand Moskaus einen gebührenden Empfang für Napoleon:

»Hier hat Napelon geharrt,
Umsonst, vom letzten Kriegsglück trunken,
Daß Moskau, in die Knie gesunken,
Des alten Kremls Schlüssel bring:
Nein! Nimmermehr mein Moskau ging,
sich schuldbewußt bei ihm zu melden.
Statt Feiern und Willkommenspfand
Bereitet' es den großen Brand
Dem allzu ungeduldigen Helden.
Von hier aus sah, gedankenschwer,
Er drohend lohn das Flammenmeer.«[168]

Für die zurückgebliebenen Moskauer war die Brandkatastrophe lebensbedrohlich, für Napoleon ein politisches und militärisches Fiasko. Der große Feldherr konnte zwar das »Herz Rußlands« kampflos einnehmen, doch blieb die erhoffte Antwort des russischen Zaren auf sein Friedensangebot unbeantwortet.[169] Schicksalhaft wurde für die Franzosen die weitgehend zerstörte Stadt – 80 Prozent der Ge-

bäude brannten ab, übrig blieben weder vernünftige Unterkünfte noch genug Verpflegung. Die Situation spitzte sich zu, als der Winter in jenem Jahr viel zu früh einsetzte und die französische Armee für eine kalte Periode nicht ausgerüstet war. Und so gab Napoleon, ohne ein Friedensabkommen mit Alexander I. geschlossen zu haben, am 19. Oktober 1812 den Befehl zum Rückzug. In *Krieg und Frieden* bietet sich uns ein Bild, wie die Stadt wohl ausgesehen haben mag: »so war auch Moskau im Oktober, trotzdem es dort keine Behörden, keine Kirchen, keine Reichtümer, keine Häuser mehr gab, immer noch dasselbe Moskau, das es im August gewesen war. Alles war zerstört außer jenem immateriellen, aber mächtigen und unzerstörbaren Bestandteil seines Wesens. [...]
Alle jubelten über den Sieg; alles wimmelte in der zerstörten und wiederauflebenden Hauptstadt von neuem Leben. [...]. Täglich kamen neue Genossenschaften von Zimmerleuten in der Hoffnung auf guten Verdienst nach Moskau, und überall wurden neue Häuser gebaut und alte, durch das Feuer beschädigte, repariert. Die Kaufleute eröffneten wieder ihren Handel in den Buden. Garküchen und Herbergen wurden in nur angebrannten Häusern eingerichtet. Die Geistlichkeit nahm den Gottesdienst in vielen vom Feuer verschonten Kirchen wieder auf. Opferwillige brachten Ersatzstücke für die geraubten Kirchengegenstände. Die Beamten in ihren kleinen Bureaus bedeckten ihre Tische mit Tuch und füllten ihre Schränke mit Akten.«[170]
In den zwanziger Jahren des 19. Jahrhunderts zeigte sich Moskau wieder in neuer Pracht. Manchen erschien das Stadtbild schöner denn je, so auch den adligen Herren in Alexander Gribojedows Bühnenstück *Verstand schafft Leiden*:
»›es wird sich schwer noch eine Residenz wie Moskau finden.‹

Sozialistischer Realismus im vorrevolutionären Luxus: Treppenhaus der Villa Rjabuschinskij/Gorkij-Museum

›Der Brand, so finde ich, hat sie sehr verschönt [...].‹
›Seitdem hat alles, Straßen, Trottoire und Häuser, ganz veränderte Gestalt.‹«[171]

Auch den weiteren Abschnitt des Boulevards säumen ehemalige Stadtpalais. Sie überstanden die napoleonische Zeit, die Revolution und den Bürgerkrieg. Eines wurde zum Museum für Kunst der Völker des Orients (Gogolewskij Boulevard 12 a) umfunktioniert, ein anderes ist zum Theater umgebaut worden (Twerskoj-Boulevard 23). Das Geburtshaus Herzens übergab man den sowjetischen Schriftstellern und würdigte so indirekt den gesellschaftskritischen Autor. Seit 1933 befindet sich hier die Gorkij-Literaturhochschule. Als Massolit bzw. Gribojedow-Haus finden wir das Palais in Michail Bulgakows *Meister und Margarita*: »Das altertümliche zweigeschossige cremefarbene Haus lag am Boulevardring hinter einem kümmerlichen Vorgarten, den ein schmiedeeisernes Gitter vom Gehsteig abschloß. [...]
›Sieh an! Das ist doch das Schriftstellerhaus! Weißt Du, Behemoth, von diesem Haus hab ich schon viel Gutes und Lobendes gehört. Schau es dir an, mein Freund. Welch angenehmer Gedanke, daß unter diesem Dach verborgen eine ganze Masse von Talenten heranreift.‹
›Wie Ananas im Gewächshaus‹, sagte Behemoth und stieg auf den Betonsockel des Eisengitters, um das cremefarbene Haus mit den Säulen besser betrachten zu können. [...], und ich möchte dem hinzufügen, mein Lieber, daß sie hier ein vorzügliches und nicht sehr teures Restaurant haben. [...]
Das ganze Erdgeschoß [...] war ein Restaurant, aber was für eins! Mit Recht galt es als das beste in Moskau. Nicht nur, weil es in zwei großen Sälen untergebracht war, auf deren gewölbte Decke lila Pferde mit assyrischen Mähnen gemalt waren, nicht nur, weil auf jedem Tischchen eine

mit einem Schal verhüllte Lampe stand, nicht nur, weil hier nicht jeder von der Straße hereindurfte, sondern auch, weil das Gribojedow mit der Qualität seiner Speisen jedes andere Moskauer Restaurant wie nichts in den Schatten stellte [...].
Ja-ha-ha ... Das gab's, das gab's! Alte Moskauer erinnern sich noch an das berühmte Gribojedow! [...] der Sterlet, Sterlet in Silberpfanne, Sterlet in Sücken, umlegt mit Krebsschwänzen und frischem Kaviar [...]. Und die Eier à la Cocotte mit Champignonpüree [...]. Und die Tanzkapelle und die höfliche Bedienung!«[172]
Wenige Schritte weiter, im Haus Twerskoj-Boulevard 11, können die Wohnräume der vielgefeierten Schauspielerin Maria N. Jermolowa besichtigt werden. Für den Theaterregisseur Konstantin Stanislawskij war sie eine epochale Erscheinung des sowjetischen Theaters. Generationen von Moskauern waren von ihr angetan:

> Ein halb Jahrhundert, / immer aufs neu / wirst du bewundert – / hältst uns die Treu. / Väter und Söhne / jubeln dir zu, / russischer Bühne / Herrscherin du. / Heimatergeben, / sonnenumhüllt, / hat sich dein Leben / herrlich erfüllt.[173]

Nun öffnet sich der Boulevard zu einem kleinen Platz. 1775 ließ hier Grigorij Potemkin den Grundstein zur Großen Auferstehungskirche legen, für die bereits eine Million Ziegelsteine gebrannt worden waren. Sie sollte 60 Meter hoch werden. Der Fürst konnte die Bauarbeiten anfänglich persönlich beaufsichtigen, denn er war in jenem Jahr mit Katharina II. längere Zeit in Moskau. Danach stockten die Bauarbeiten. Als Puschkin hier 1831 getraut wurde, waren lediglich zwei Nebenaltäre des großen Gotteshauses geweiht. Das Bauwerk wurde erst 1848 fertiggestellt. Potemkins Wunsch hat sich allerdings nicht erfüllt. Die Kirche fiel kleiner aus als ursprünglich geplant – die Höhe der mittleren Kuppel erreicht nur 40 Meter.

Direkt neben der Auferstehungskirche in der Malaja Nikitskaja 6/2 (Ecke Spiridonowka) steht eine der schönsten Jugendstilvillen von ganz Moskau. Sie wurde 1902 für den Industriellen Stepan Rjabuschinskij von dem berühmten Architekten Fjodor Schechtel errichtet. Die Villa kann bis heute besichtigt werden. Sie wurde zur Gedenkstätte für Maxim Gorkij, der hier seine letzten fünf Lebensjahre verbrachte. Fast alle Interieurs sind original erhalten. Entzükkend sind die fantasievollen Details. Einmalig ist die Haupttreppe. Ihr Geländer aus weißem Stein erinnert an eine Woge. Der Handlauf endet in einem Lampenobjekt, dem »Haupt der Medusa«. Der Historiker Karl Schlögel zeigt sich erstaunt: »Wer könnte diesen Ort in einem Atemzug mit der Sphäre der Macht nennen, noch dazu mit der Formulierung des rücksichtslosen Anspruchs der Macht an die Kunst? Und doch ist es so. Hier in den Räumen dieses Traums von Form und Vernunft, wurde im Gespräch zwischen Gorkij und Stalin am 26. Oktober 1933 die berüchtigte Formel von den Schriftstellern als den ›Ingenieuren der Seele‹ geprägt [...].«[174] Ein Jahr später wurden die sowjetischen Schriftsteller auf dem 1. Allunionskongreß dem neu verbindlichen »sozialistischen Realismus« verpflichtet. Damit war vorerst die künstlerische Freiheit, Vielfalt und Individualität ausgeschaltet. Hinter der Jugendstilvilla eröffnet sich ein Hof, dort finden wir den Zugang zum Museum eines weiteren Literaten. Alexej Tolstoj, Autor historischer Romane, wohnte hier von 1942 bis 1945.

Will man der Spur Bulgakows folgen und die Patriarchenteiche aufsuchen, geht man durch die Spiridonowka weiter und biegt nach etwa fünfhundert Metern in den Jermolajewskij Pereulok ein. Hier, am Schauplatz der Handlung,

kann man sich auf einer schattigen Bank in den dramatischen Romananfang von Bulgakows *Meister und Margarita* vertiefen: »An einem heißen Frühlingsabend erschienen bei Sonnenuntergang auf dem Patriarchenteichboulevard zwei Männer. [...] Der erste war niemand anders als Michail Alexandrowitsch Berlioz, Redakteur einer dickleibigen Kunstzeitschrift und Vorsitzender einer der größten Moskauer Literatenassoziationen, *Massolit*, sein junger Begleiter war der Lyriker Iwan Nikolajewitsch Ponyrew, der unter dem Pseudonym ›Besdomny‹ schrieb. [...]
Berlioz wollte nun dem Dichter beweisen, daß es gar nicht darum ging, ob Jesus schlecht oder gut gewesen sei, sondern darum, daß er als Persönlichkeit nie existiert hatte und daß alle Erzählungen über ihn Erfindungen, ganz gewöhnliche Mythen seien [...] da erschien in der Allee auf einmal ein Mann. [...]
›Darf ich mich setzen?‹ bat der Ausländer höflich. Die Freunde rückten unwillkürlich auseinander, der Ausländer setzte sich geschickt zwischen sie und begann sofort ein Gespräch mit ihnen. ›Wenn ich mich nicht verhört habe, geruhten Sie zu sagen, daß Jesus überhaupt nicht auf der Welt war? [...] Entschuldigen Sie meine Fragen, aber habe ich Sie richtig verstanden, daß auch Sie nicht an Gott glauben? [...] Wenn es keinen Gott gibt, wer lenkt dann eigentlich das menschliche Leben und überhaupt die ganze Ordnung auf der Erde?‹
›Der Mensch selber‹, beeilte sich Besdomny ärgerlich, diese nicht eben sehr klare Frage zu beantworten. [...]
Der Ausländer starrte Berlioz mit schmalen Augen an. ›Eine lächerliche Sache, sollte man denken, aber auch das bringt er nicht zuwege, denn plötzlich rutscht er aus und gerät unter die Straßenbahn! Sie werden doch nicht behaupten, er selber habe das so gefügt? Ist es nicht richtiger, anzunehmen, daß ein anderer ihn so gelenkt hat?‹ Hier ließ der Un-

bekannte ein seltsames Kichern hören. [...] ›Aber ich beschwöre Sie zum Abschied, glauben Sie wenigstens, daß der Teufel existiert! Mehr verlange ich gar nicht. Ich sage Ihnen, es gibt dafür einen [...] Beweis, und der ist zwingend! Und er wird Ihnen sogleich präsentiert werden!‹
›Gut, gut!‹ sagte Berlioz mit falscher Freundlichkeit [...], dann eilte er zum Ausgang der Patriarchenteiche an der Kleinen Bronnaja-Straße Ecke Jermolajewski-Gasse. [...] er lief zum Drehkreuz und faßte es mit der Hand. Nachdem er es weitergedreht hatte, wollte er eben die Schienen betreten, als ihm rotes und weißes Licht ins Gesicht spritzte: Im Glaskästchen war die Schrift ›Achtung, Straßenbahn!‹ aufgeleuchtet.
Da brauste sie auch schon heran, die Straßenbahn, die auf der neuen Linie von der Jermolajewski-Gasse in die Bronnaja einbog. Gleich hinter der Kurve, wo es geradeaus weiterging, flammte in ihr plötzlich das elektrische Licht auf, und aufheulend legte sie Tempo zu.
Der vorsichtige Berlioz wollte, obwohl er sicher stand, hinters Drehkreuz zurückkehren, legte die Hand auf einen der Holme und trat einen Schritt rückwärts. In diesem Moment glitt seine Hand ab und ließ los, sein Fuß rutschte unaufhaltsam über das eisglatte Pflaster, das sich schräg zu den Scheinen hinabsenkte, das andere Bein flog in die Höhe, und Berlioz stürzte auf den Gleiskörper.
Er wollte sich irgendwo festhalten, landete auf dem Rükken und prallte mit dem Hinterkopf nicht sehr heftig gegen das Pflaster. [...] Es gelang ihm, sich auf die Seite zu drehen, mit einer wütenden Bewegung zog er die Beine an den Bauch und erblickte nun die mit unaufhaltsamer Kraft auf ihn zurasende Straßenbahn, das entsetzensbleiche Gesicht der Wagenführerin und ihre rote Armbinde. Berlioz schrie nicht auf, doch ringsum gellte die ganze Straße in hysterischem Frauengekreisch.

Die Wagenführerin zog die Schnellbremse, der Wagen kippte mit der Nase nach vorn und wippte danach ein wenig in die Höhe, klirrend und schleppend flogen die Scheiben aus den Fenstern. Da schrie es verzweifelt in Berlioz' Gehirn: Das Ende? Noch einmal, zum letztenmal, blinkte der Mond auf, aber er zerfiel schon in Scherben, und dann wurde es ganz dunkel.
Die Straßenbahn überrollte Berlioz, unterm Gitter der Patriarchenallee hervor sprang ein dunkler, runder Gegenstand die gepflasterte Böschung hinauf, rollte wieder hinunter und hüpfte über den Fahrdamm.
Es war der abgetrennte Kopf von Berlioz.«[175]
Michail Bulgakow wohnte von 1921 bis 1924 in der Nähe der Patriarchenteiche, in der Bol'schaja Sadowaja 10. Das Mietshaus im Moskauer Jugendstil ist ebenfalls in *Meister und Margarita* Ort des Geschehens: Die Wohnung »lag in einem großen sechsstöckigen Haus, das als offenes Rechteck an die Sadowaja grenzte. Es sei erwähnt, daß sich diese Wohnung Nr. 50 seit langem eines nicht gerade üblen, doch zumindest seltsamen Rufs erfreute. [. . .]
Genau vor zwei Jahren [. . .] hatten unerklärliche Ereignisse eingesetzt: Menschen verschwanden spurlos aus der Wohnung.«[176] Nachdem alle ursprünglichen Mieter verschwunden waren, machte sich dort der Teufel in der Gestalt des Woland breit. Jenes Woland, der Berlioz an den Patriarchenteichen als Ausländer begegnete und dem Schriftsteller den Tod prophezeite.
Von hier ist es nicht mehr weit bis zu Tschechows »Kommode« – so nannte der große Autor sein Domizil am Gartenring. Der Journalist Wladimir Giljarowski war dort oft zu Gast: »Ich weilte gern im Kreise der Tschechows, als sie in der ›Kommode‹ wohnten. Dieses kleine zweistökkige Seitengebäude in der Kudrinskaja-Sadowaja [Nr. 6], das heute noch unverändert ist, sah einer Kommode er-

staunlich ähnlich. Es gehörte damals einem Landsmann Tschechows, dem Arzt Karnejew, einem Donkosaken. Im ersten Stock befanden sich das Eßzimmer und die Zimmer für die Familie, unten war das große Arbeitszimmer Anton Pawlowitschs, in das von oben, direkt aus dem Eßzimmer, eine Innentreppe führte. [...] Ich lernte Anton Tschechow kennen, als er Mitarbeiter von unbedeutenden Zeitungen war und kleine Studien um des lieben Geldes willen verfaßte. Ich habe mit ihm zusammen bei diesen Zeitungen angefangen. Er schrieb kleine Episoden und ich kleine Verse und ebenfalls Episoden und war außerdem als Reporter tätig, was mir damals mehr einbrachte, als er mit seinen kleinen Erzählungen verdiente, die in der ersten Zeit kaum beachtet wurden.

Zuerst trafen wir uns rein zufällig; doch dann wurden wir Freunde. Ich gewann Antoscha lieb, und auch er liebte mich bis zu seinem Tode [...] Jahre vergingen. Tschechow wurde ›anerkannt‹. Man lud ihn ein und bemühte sich um seine Bekanntschaft. In seiner Gesellschaft traf man Leute, die sich vor kurzem noch herablassend oder verächtlich zu ihm verhalten hatten, wie man sich eben zu einem bescheidenen Mitarbeiter zweitrangiger Zeitungen verhielt ...

Und dann begann seine Verbindung mit dem Künstlertheater. Den Tschechows ging es allmählich besser. Unsere Abendessen endeten mit dem ›Tschechowschen Salat‹ aus Kartoffeln, Zwiebeln und Oliven und mit Tee und heißen Kringeln, wobei wir dem Spiel Semaschkos auf dem Violoncello, jungen Sängerinnen oder dem noch jungen Sänger Tjutjunnik[177] lauschten, der am Flügel stand und trotz seines kleinen Wuchses mit stimmgewaltigem Baß das Lied ›Der Uhu schlug mit dem Flügel‹ sang und dabei mit der rechten Hand leicht den Takt klopfte.

Geräuschvoll ging es jetzt bei den Tschechows zu. Viele Menschen verkehrten bei ihnen [...] und wenn wir dann allein waren, wurde Tschechow wieder mein alter, lieber Antoscha, den anzusehen eine Freude war. Doch in der ihn umgebenden Gesellschaft tat er mir immer irgendwie leid – ich spürte, daß auch er sich nicht wohl fühlte ...«[178]

Nur wenige Schritte sind es bis zur Powarskaja 52. Das Anwesen der Fürstenfamilie Dolgorukij aus der zweiten Hälfte des 18. Jahrhunderts ist so großzügig angelegt, daß die Rückseite der Bebauung bis zur Bol'schaja Nikitskaja reicht. Lew Tolstoj beschrieb das Adelspalais in *Krieg und Frieden* als das der traditionsreichen Familie Rostow:

»Bei Rostows feierten zwei Familienmitglieder, welche beide Natalja hießen, ihren Namenstag: die Mutter und die jüngere Tochter. Vom Vormittag an war bei dem großen, in ganz Moskau bekannten gräflich Rostowschen Haus in der Powarskaja-Straße ein beständiges Kommen und Abfahren von Equipagen mit Gratulanten. Die Gräfin saß mit ihrer schönen älteren Tochter und den fortwährend einander ablösenden Gästen im Salon. [...]

[Der Graf ging] durch das Blumenzimmer und das Geschäftszimmer nach dem großen Marmorsaal [...], wo eine Tafel zu achtzig Gedecken bereitet wurde [...].

Es war diejenige Zeit vor dem Diner, wo die bereits versammelten Gäste in der Erwartung, bald an das Büfett mit den kalten Vorspeisen gebeten zu werden, kein langes Gespräch mehr anknupfen, dabei aber doch für notwendig erachten, sich zu bewegen und nicht stumm zu sein, um zu zeigen, daß sie durchaus nicht etwa ungeduldig darauf warten, sich an die Tafel setzen zu können. Der Hausherr und die Hausfrau blicken von Zeit zu Zeit nach der Tür und wechseln mitunter Blicke miteinander. Die Gäste bemühen sich, aus diesen Blicken zu erraten, auf wen oder was noch gewartet wird: ob auf einen sich verspätenden vornehmen Verwandten oder auf ein Gericht, das noch nicht gar ist. [...]

›Na also, wie ist's? Zu Tisch? Ich glaube, es ist Zeit!‹ sagte Marja Dmitrijewna.
Voran gingen der Graf und Marja Dmitrijewna; dann folgte die Gräfin, welche der Husarenoberst führte [...]. Hinter ihnen kamen in langer Reihe, die sich durch den ganzen Saal hinzog, die andern Paare, und ganz zum Schluß, einzeln gehend, die Kinder, der Hauslehrer und die Gouvernante. Die Diener gerieten in Bewegung; mit lautem Geräusch wurden die Stühle gerückt; auf der Galerie setzte die Musik ein, und die Gäste verteilten sich auf ihre Plätze. Die Töne des gräflichen Hausorchesters verstummten dann und wurden abgelöst von dem Klappern der Messer und Gabeln, dem Gespräch der Gäste und den leisen Schritten der Diener. [...] An demjenigen Ende, wo die Damen saßen, war ein gleichmäßiges Geplauder im Gang; bei den Herrn dagegen erschollen die Stimmen immer lauter und lauter, besonders die Stimme des Husarenobersten, welcher, immer röter werdend, so viel aß und trank, daß der Graf ihn schon anderen Gästen als Muster hinstellte. [...] Vor dem Eis wurde Champagner gereicht. Die Musik setzte wieder ein; der Graf und die Gräfin küßten sich, und die Gäste standen auf, gratulierten der Gräfin und stießen über den Tisch weg mit dem Grafen, mit den Kindern und miteinander an. Wieder kamen die Diener herbeigelaufen, die Stühle wurden gerückt, und in derselben Reihenfolge, aber mit röteren Gesichtern, kehrten die Gäste in den Salon und in das Herrenzimmer zurück.«[179]
Nach der Revolution war in den eleganten Räumen anfänglich das Volkskommissariat für Nationalitätenfragen untergebracht, später konnten die Kunstschaffenden das Palais nutzen. Im Sommer 1919 trug bei einer Dichterlesung auch Marina Zwetajewa ihre Gedichte vor, der wir gleich in der Nachbarschaft einen Besuch abstatten. Zuerst jedoch lassen wir sie ihre Erinnerung an einen Abend

im »Palast der Künste« erzählen: »Ich las in ebenjenem rosa Saal, in dem ich gearbeitet hatte. Der Kristallüster strahlte (früher steckte er in einem Überzug). Die Möbel waren wieder aufgetaucht. Die Wände waren durch die Porträts der Ahnherrinnen wieder sehend geworden. (Sowohl Lüster wie Möbel, Urahnen, Luxusgegenstände und Gerätschaften – bis hin zum Küchengeschirr –, all das hatte der ›Palast der Künste‹ dem Narkomnaz [Volkskommissariat für Nationalitätenfragen] wieder abspenstig gemacht. [...])

In einem der Säle – eine bezaubernde, marmorne Psyche. Das Auf-der-Hut-Sein der Seele und der Badenden. Viel Bronze und viel Dunkelheit. Die Zimmer sind gesättigt. [...] Ein solches Haus verlangt nach Dingen. Hier sind die Dinge am allerwichtigsten – Materialität. Ein nicht verkäufliches Ding ist schon ein Zeichen. Und hinter dem Zeichen ist – unausweichlich – ein Sinn. In einem solchen Haus sind die Dinge ›Sinne‹.«[180]

Als Wolfgang Koeppen 1958 Moskau besuchte, notierte er: »Der Schriftstellerverband residiert inmitten von Moskau in einem schönen ländlichen Haus. Es ist das Haus der Familie Rostow aus ›Krieg und Frieden‹. In diesen Räumen lachte und weinte Natascha. Tolstoi sitzt heute im Vorgarten schreibend und nachdenklich auf einem Stuhl.«[181] Ein Jahr später traf hier der Schriftsteller Hermann Kasack mit Boris Pasternak zusammen und hielt fest, daß Pasternak »noch immer nicht in den sowjetischen Schriftstellerverband wieder aufgenommen wurde, aus dem er wegen des ›Doktor Schiwago‹ mit demonstrativen Drohungen ausgeschlossen worden war. [...]

Pasternak sprach ausgezeichnet deutsch, mit deutlichem Akzent, rollendem R, manche Vokale fast singend. Er redete sehr schnell, begleitet von lebhaften, dramatischen Gesten. Ich hatte den Eindruck, als müsse er sich durch einen ungebändigten Redefluß von einem lange angestauten Schweigen befreien, als sei er ausgehungert nach Worten und nach einem Gespräch.«[182]

Borisoglebskij Pereulok 6 ist unser nächstes Ziel. Es ist noch nicht lange her, daß hier ein Museum für Marina Zwetajewa errichtet wurde. In diesem Haus lebte sie mit ihren Kindern während der schweren Jahre des Krieges und der Revolution bis zu ihrer Emigration 1922: »Ich lebe mit Alja und Irina (Alja ist 6, Irina 2 Jahre und 7 Monate alt) in der Boris-und-Gleb-Gasse, gegenüber von zwei Bäumen, im Dachzimmer [...]. Mehl haben wir keins, Brot haben wir keins. [...] Oh, das wird ein schmachvolles Blatt in der Geschichte Moskaus sein! [...] Nicht aufgeschrieben habe ich das Allerwichtigste: die Fröhlichkeit, die Gedankenschärfe, die Ausbrüche von Freude beim geringsten Gelingen, die leidenschaftliche Gespanntheit der ganzen Existenz – alle Wände sind vollgekritzelt mit Gedichtzeilen [...].«[183] Trotz des harten Alltags und Hungers war diese Phase eine kreative, und Zwetajewa verkehrte mit bedeutenden Dichtern ihrer Zeit. Später hielt sie aus dem Ausland intensiven Briefkontakt mit Boris Pasternak; mit Rainer Maria Rilke verband sie eine zärtliche Freundschaft. In einem Brief schreibt sie ihm: »Wenn jemand uns zusammenträumt – dann treffen wir uns.

Rainer, ich will zu Dir [...] den Kopf in Deine linke Schulter eingegraben, den Arm um Deine rechte – und weiter nichts. Nein, noch: und bis in den tiefsten Schlaf wissen, daß Du's bist. Und noch: wie Dein Herz klingt. Und – Herz küssen.«[184] Mit Anna Achmatowa, der anderen großen Lyrikerin des »Silbernen Zeitalters«, verbanden Zwetajewa ambivalente Gefühle: »Hätte ich ihr einfach den Kreml schenken können, dann hätte ich diese Verse wohl nicht geschrieben [...]

In meiner klingenden Stadt sind die Kuppeln entbrannt,
Den Lichtern Erlöser preist der blinde Wandersmann,
Und ich schenk dir meine Glockenstadt
Und mein Herz dazu – Anna Achmatowa!«[185]

Doch sie waren auch Rivalinnen, und so verfaßte Zwetajewa folgende Zeilen:

Die Verletzungen aus unserem Wettstreit
Ließen uns nicht zusammenkommen.
Und so teilten wir einfach:
Dein ist Petersburg, mir bleibt Moskau.[186]

In einem kleinen Holzhaus an der Ecke Malaja Moltschanowka 2/Rschewskij Pereulok wohnte Michail Lermontow bei seiner Großmutter, als er von 1830 bis 1832 die Moskauer Universität besuchte. Hier verfaßte er über hundert Gedichte und ein Bühnenwerk. Moskau hat ihn mit Begeisterung erfüllt: »Wie das Meer, so hat Moskau seine eigene Stimme, stark, klangvoll tönend, heilig und fromm! Kaum erwacht der Tag, da erschallt von all seinen goldbehelmten Glockentürmen die harmonische Hymne der Glocken, ähnlich einer wunderbaren, phantastischen Ouvertüre von Beethoven, in der das dumpfe Grollen des Kontrabaß', das Schmettern der Kesselpauke mit dem Gesang der Geigen und Flöten ein erhabenes Ganzes bilden [. . .] Man muß alles sehen, sehen und fühlen [. . .].«[187] Seit 1981 ist in dem kleinen Museum das Leben des Dichters in Fragmenten dokumentiert.
Zurück am Boulevard, ist das mit seiner Seitenfassade angrenzende Anwesen Nikitskij-Boulevard 7/7a interessant. Hier verbrachte Nikolai Gogol seine letzten Lebensjahre. Auf dem kleinen Platz vor der Hauptfront des ehemaligen Adelspalais erinnert ein Denkmal des Bildhauers Andrejew

an den berühmten Schriftsteller. Als es 1909 enthüllt wurde, stand es an einer anderen Stelle – am Arbatplatz. Doch Stalin mochte die in sich gekehrte, nachdenkliche Gogolskulptur nicht und ließ dort ein neues Denkmal errichten; das alte fand sich an seinem heutigen Standort wieder. Vor allem die Basreliefs des Sockels sind sehenswert. Hier können wir die charaktervollen Helden aus Gogols Werken entdecken. Da sie vom Autor eindrucksvoll beschrieben wurden, erkennen wir sofort den Gutsbesitzer Sobakewitsch aus den *Toten Seelen*: »Sein Gesicht hatte eine rotglühende Farbe, wie sie ein Kupferfünfer besitzt. Bekanntlich gibt es viele Gesichter auf der Welt, bei deren Bearbeitung sich die Natur nicht lange aufgehalten und keinerlei feine Instrumente, wie Feilen, kleine Bohrer und dergleichen, verwandt hat: sie holte einfach mit der Axt aus, ein Schlag – und fertig war die Nase, ein zweiter Schlag – und fertig waren die Lippen, mit einem Riesenbohrer wurden die Augen gemacht, und dann hieß es: ›Er lebt!‹, und der Mensch wurde mit ungehobeltem Gesicht in die Welt geschickt. Solch ein kräftiges und wunderbar fest zusammengefügtes Gesicht besaß auch Sobakewitsch.«[188] Auch der Gutsbesitzer Manilow läßt sich ohne Mühe finden: »seinen Gesichtszügen fehlte es nicht an Anmut, doch in dieser Anmut war zuviel Zucker; in seinem Benehmen und seinen Redensarten lag etwas, was um Gunst und Freundschaft buhlte. Er lächelte liebenswürdig, war blond und hatte blaue Augen. In der ersten Minute einer Unterhaltung mit ihm konnte man nicht umhin zu denken: Was für ein angenehmer und netter Mensch! In der darauffolgenden Minuten dachte man gar nichts, und in der dritten dachte man: Weiß der Teufel, was das für ein Mensch ist! Und ließ ihn so bald wie möglich stehen; wenn man ihn aber nicht stehenließ, langweilte man sich zu Tode.«[189] Mit Sicherheit lassen sich auch einige der Nebenfiguren der *Toten Seelen* entdecken:

»sein Gesicht sprang in der Mitte vor und war ganz Nase geworden, kurz, er hatte ein Gesicht, das im täglichen Umgang mit ›Kannenschnauze‹ bezeichnet wird [...] bei manchen sahen die Gesichter wie schlecht gebackenes Brot aus: die Backe quoll in einer Richtung hervor, das Kinn stach in die andere Richtung, die Oberlippe ähnelte einer Blase [...]. Sein hartes, marmornes Gesicht war ohne jede ausgeprägte Unregelmäßigkeit und hatte keine Ähnlichkeit mit einem anderen Menschengesicht, seine Züge besaßen eine grobe Harmonie. Nur die Pockennarben und Unebenheiten, von denen es übersät war, ließen es zu den Gesichtern zählen, von denen der Volksmund sagt, daß ›der Teufel nachts auf ihnen Erbsen drischt‹.«[190]

In diesem Adelspalais verbrachte Gogol mit Unterbrechungen seine letzten drei Lebensjahre. Diese Zeit war für ihn eine sehr qualvolle, denn er haderte mit sich und seinem Werk. Der zweite Teil der *Toten Seelen* gestaltete sich nicht nach seiner Vorstellung. Den Halt, den Gogol in seiner immer stärker empfundenen Religiosität suchte, fand er nicht. Zutiefst verzweifelt beginnt er eine Woche vor der vorösterlichen Fastenzeit Anfang Februar 1852 ein besonders strenges Fasten. Nachdem er sich im Traum als Toten sieht, ist er überzeugt, bald sterben zu müssen. In der Nacht vom 11. auf den 12. Februar betet er bis drei Uhr morgens vor seiner Ikone. Dann ruft er seinen Diener, läßt den Ofen herrichten, schichtet dort das Manuskript des zweiten Teils der *Toten Seelen* auf und zündet alles an. In den nächsten Tagen verweigert Gogol jegliche feste Nahrung. Seine Qualen enden in den Morgenstunden des 21. Februar.

Wir erreichen den Arbatplatz, der heute ein wichtiger Verkehrsknotenpunkt ist. Früher ging es hier gemächlicher zu, und ein Sprößling der berühmten und sagenhaft reichen Familie Morosow ließ sich in der Nähe eine Stadtvilla errichten. Das extravagante Gebäude in der Wosdwischenka 16 ist weithin sichtbar. Noch heute fällt es wegen des maurischen Stils aus dem Moskauer Stadtbild heraus. Als das Domizil für Arsenij Morosow 1899 fertiggestellt wurde, machte sich ganz Moskau über den Auftraggeber lustig. Seine Mutter, Warwara Morosowa, war über den Skandal sehr erzürnt. Sie führte einen angesehenen literarischen Salon, bei dem auch Lew Tolstoj und Anton Tschechow zu Gast waren, und duldete solche Albernheiten nicht. Da ihre Stadtvilla in der Nachbarschaft lag, sah sie ständig die Bausünde ihres Sohnes und sagte angeblich zu Arsenij: »Früher wußte nur ich, daß du ein Dummkopf bist, jetzt weiß es ganz Moskau.«[191]

Die Westseite des Arbatplatzes säumt das berühmte Restaurant Praga. Generationen von Gourmets haben hier gespeist, und der alte Charme blieb auch nach der Revolution erhalten. Wolfgang Koeppen konnte sich davon überzeugen: »Das Restaurant ›Praga‹ hatte schon mein Onkel besucht. Das war vor dem Ersten Weltkrieg gewesen, und noch lange hatte der Alte davon geschwärmt. Was waren das für Bankette gewesen, die Tafel war unter der Speiselast zusammengebrochen, Balalaika-Orchester hatten gespielt, Kosaken hatten getanzt, Tänzerinnen die Röcke gehoben, Sängerinnen gejubelt. [...] Das ›Praga‹ war kein Festsaal, es war ein Festhaus, in drei Stockwerken saß man dicht zusammengepreßt und feierte. Was feierte man? Geburtstage, Jubiläen, Amtsfreuden, Beförderungen, bestandene Examen, Betriebsglück. Fünf, sechs Orchester spielten. Sie spielten gleichzeitig. Eine Sängerin jubelte, eine gewaltige Frau, langgewandet, wogenden Busens, die schwarzen Haare straff gescheitelt. Es war wie zu meines Onkels großer Zeit.«[192] Reiche Industrielle und Kaufleute gehörten früher ebenso zur Stammkundschaft wie auch die rings um den Arbat wohnenden Literaten. Der Symbolist Andrej

Architekturvielfalt am Arbat: Paläste, Mietshäuser und ein Hochhaus im Zuckerbäckerstil

Belyj verkehrte hier, und zuweilen kam es zu dramatischen Szenen. Gestritten wurde nicht nur über die Kunst. Als Alexander Blok mit seiner Gattin Ljuba Moskau besuchte, kam es in dem Restaurant zu lauten Auseinandersetzungen – dafür war meist Ljuba Blok der Grund, die von Belyj heftig begehrt wurde. Andrej Belyj wohnte am anderen Ende des Arbat, unter der Hausnummer 55, wohin wir am Ende dieses Spaziergangs gelangen. Die Wohnung, in der Belyj seine Kindheit und Jugend verbrachte, ist als Museum zugänglich. Im Nachbarhaus (Nr. 53) kann man die Wohnungsgedenkstätte Puschkins besuchen. Die Räume im Haus von N. S. Chitrowo mietete der Dichter im Januar 1831 an. Nach der Trauung mit Natalja Gontscharowa im Februar wohnte das Paar bis Mitte Mai hier und zog dann nach Sankt Petersburg. Keine hundert Jahre später schrieb Anatoli Rybakow über das Nachbarhaus und die Straße: »Der Arbat ist die Straße der Intelligenzija. [...] Wir zogen in das Haus Arbat 51, das existiert heute noch.

Drei achtgeschossige Gebäude standen dicht hintereinander, niedrige Torbögen verbanden die beiden tiefen dunklen Höfe, über denen ein Quadrat des grauen Moskauer Himmels lag. In die geräumigen und sonnigen Wohnungen des Vorderhauses (die Frontseite ging auf den Arbat und war durch nichts verschattet) wurden nach der Revolution Arbeiter und Militärs einquartiert, die alten Bewohner mußten ›zusammenrücken‹, und die früher eleganten Appartements waren nun Gemeinschaftswohnungen. In den kleinen und dunklen Wohnungen im ersten und zweiten Hinterhaus dagegen blieben die früheren Mieter wohnen.«[193] Doch nicht nur der Arbat war bei den Intellektuellen und Dichtern beliebt, die Gassen rechts und links waren es ebenso. Alexander Skrjabin wählte Bol'schoj Nikolopeskowskij Pereulok 11. Seine Wohnung, in der er 1915 starb, kann als Museum besichtigt werden. Konstantin Melnikow ließ sich in Kriwoarbatskij Pereulok nieder und errichtete dort 1929 eine avantgardistische Villa für seine Familie. Die zwei ineinander verschränkten »Wohnzylinder« mit wabenförmigen Fenstern stehen heute noch und werden von Melnikows Sohn, dem Maler Viktor Melnikow, genutzt. Vor allem aber war Siwzew Wraschek die Adresse bedeutender Literaten: Alexander Herzen, Lew Tolstoj, Iwan Turgenjew und Marina Zwetajewa wohnten zeitweilig in dieser ruhigen Nebenstraße. Boris Pasternak ließ hier Schiwago mit seiner Familie unterkommen und beschrieb die späten Herbsttage des geschichtsträchtigen Jahres 1917: »Er [Schiwago] blickte ein letztes Mal, wie zum Abschied, mit den gierigen Augen schöpferischer Eingebung auf die Wolken, die Bäume, die Menschen auf der Straße [...]. Diesen Himmel und die Passanten betrachtete er zumeist von der Straßenmitte her, wenn er den Arbat bei der Apotheke der russischen Ärztegesellschaft an der Ecke der Starokonjuschenny-Gasse überquerte. [...] Der Himmel war in die-

sen Tagen unendlich hoch, und in die durchsichtige Luftsäule zwischen ihm und der Erde zog von Norden her eisige dunkelblaue Klarheit. Alles war deutlicher zu sehen und zu hören als sonst. Die Entfernungen gaben jeden Laut einzeln hallend weiter. Die Weiten hellten sich auf, als öffneten sie den Blick auf das Leben vieler künftiger Jahre. Die verdünnte Luft hätte sich nicht ertragen lassen, wäre sie nicht so kurzzeitig gewesen und wäre nicht auf den kurzen Herbsttag alsbald eine frühe Dämmerung gefolgt. [...]
Es war Sonntag. Doktor Shiwago hatte frei. Er mußte nicht zum Dienst ins Krankenhaus. In dem Haus in Siwzew Wrashek hatten sie sich für den Winter in den drei Zimmern eingerichtet, die Tonja ausgesucht hatte. [...] Es war ein kalter, windiger Tag mit niedrigen Schneewolken, dunkel, sehr dunkel. [...] Es roch nach dem kurzgesägten Brennholz, das am Ofen trocknete [...]. In diesem Moment stürmte, ebenso schnell wie die Luft in die Lüftungsklappe, Onkel Nikolai ins Zimmer mit der Neuigkeit: ›In den Straßen wird gekämpft. Es finden militärische Auseinandersetzungen statt zwischen den Junkern, die die Provisorische Regierung unterstützen, und den Soldaten der Garnison, die für die Bolschewiken sind. Auf Schritt und Tritt Gefechte, die Aufstandsherde sind nicht zu zählen. Auf dem Weg zu euch bin ich zwei- oder dreimal in eine prekäre Situation geraten, das eine Mal an der Ecke Bolschaja Dmitrowka und das andere Mal am Nikitskije-Tor. [...] Beeil dich, Jura! Zieh dich an und komm mit. Das muß man gesehen haben. Das ist Geschichte. Das passiert nur einmal im Leben.‹«[194]
Auch wenn die heutige Atmosphäre des Arbats es uns schwermacht, die Straße als einen Ort von besonderer Aura zu erkennen, es gibt sie doch. Der Mythos bleibt lebendig trotz der einschneidenden Veränderungen sowohl in der Bausubstanz als auch in der Sozialstruktur der Bewohner. Ursprünglich war Arbat ein Vorortviertel des Kremls. Hi-

storiker vermuten, daß der Begriff von der arabischen Bezeichnung für Vorstadt, »rabat«, übernommen wurde. Vom 14. bis zum 16. Jahrhundert lebten hier Handwerker des Hofes, Dienstleute niedrigen Ranges und Strelizen. Im Verlauf des 17. Jahrhunderts wurden sie durch den Adel verdrängt. Stadtpaläste mit ausgedehnten Gärten prägten nun das Straßenbild des Viertels, das sich zwischen der Powarskaja und der Ostoschenka ausdehnte. Seit dem 18. Jahrhundert versteht man unter dem Namen Arbat nur die Verbindungsstraße zwischen dem Smolenski- und dem Arbatplatz. Nach der Ausarbeitung des Generalbebauungsplans 1935, der auch die Umgestaltung des Arbatviertels einschloß, und der baulichen Ausführung in den Sechzigern, hat Moskau den Neuen Arbat hinzubekommen. Seitdem wird die historische Arbatstraße entweder Alter Arbat oder einfach Arbat genannt. Die Bebauung des Neuen Arbats ist weithin sichtbar. Sie bildet einen geschlossenen Straßenzug von etwa einem Kilometer Länge im Stil des sozialistischen Realismus. Da die Durchführung erst nach Stalins Tod erfolgte, wurde auf repräsentative Ornamentik des »Zuckerbäckerstils« verzichtet. Statt dessen sollte die Architektur nun die Modernisierung des Landes und den Fortschritt im Bereich der Weltalleroberung widerspiegeln. Vom Arbatplatz aus betrachtet, säumen die rechte Straßenseite fünf 24geschossige Wohntürme. Dazwischen sind zweigeschossige Geschäfte, etliche Restaurants und ein Kino untergebracht. Links ragen 26geschossige Bürohäuser in Form aufgeschlagener Bücher hoch. Auch wenn diese Architektur dem heutigen Geschmack nicht mehr entspricht, gefiel sie in den Sechzigern und erhielt 1966 den Grand Prix des Pariser *Centre de recherches architecturales.*[195] Der Neue Arbat avancierte bereits in der Sowjetzeit zur beliebtesten Einkaufs- und Vergnügungsstraße, allerdings hieß die Straße damals Prospekt Kalinina. Nach der Perestroika

etablierten sich hier die größten und schrillsten Casinos, so daß man sich nachts nach Las Vegas versetzt fühlte.
Doch zurück zum Mythos Arbat. Im 19. Jahrhundert und selbst in der Sowjetzeit bis zum Zweiten Weltkrieg galten der Arbat und die Gassen rings um ihn als ein »Nest« der Intellektuellen. Der Literaturnobelpreisträger Iwan Bunin schwärmte Anfang des 20. Jahrhunderts: »Das Gassengewirr jenseits des Arbat ist ein eigener, ganz besonderer Ort Moskaus.«[196] Diese »Besonderheit« wird Ende der Fünfziger und in den Sechzigern wieder lebendig, vor allem dank Bulat Okudshawa und Anatoli Rybakow. Okudshawa besang in einem 1959 veröffentlichten Liederzyklus die ihm so teure Straße, in der er 1924 im Haus Nr. 43 geboren wurde und aufwuchs:

> Du strömst dahin wie ein Fluß. Welch sonderbarer Name! Und durchsichtig wie Flußwasser ist dein Asphalt. Ach, Arbat, mein Arbat, du gibst meinem Leben Sinn. Meine Freude bist du und mein Leid.
> Keine großen Leute sind es, die dich bevölkern. Mit ihren Absätzen klappernd, geben sie ihren Geschäften nach. Ach, Arbat, mein Arbat, du bist meine Religion, und dein Fahrdamm liegt mir zu Füßen.
> Wer dich liebt, wird dich nie vergessen, und wenn ihn vierzigtausend andere Straßen bezauberten. Ach, Arbat, mein Arbat, du bist mein Vaterland – dich zu durchmessen, reicht kein Leben aus.[197]

Seit 2002 erinnert ein Denkmal in der Nähe des Geburtshauses an den überaus beliebten Liedermacher und Literaten. Durch einen stilisierten Torbogen, gedankenversunken, die Hände in den Hosentaschen, als wäre er gerade aus einem Hinterhof herausgetreten, kommt Okudshawa in Bronze gegossen auf uns zu.

Das künstlerische Aufgreifen des alten Mythos veranlaßte die Stadtverwaltung bereits in den Achtzigern, ehemalige Wohnungen berühmter Literaten zu restaurieren und sie als Museen der Öffentlichkeit zugänglich zu machen. 1986 wird Arbat schließlich zur ersten Fußgängerzone Moskaus und einem Tummelplatz Andersdenkender. In jüngster Zeit ist die frühere Romantik verschwunden – Souvenirstände und Taschendiebe haben sich breitgemacht. Doch seit 2008 gibt es erneut Ideen und Bestrebungen, dem alten Mythos gerecht zu werden.

VI. Rund um das Marstallviertel

»Das Adelsnest von Moskau«[198]

5. Spaziergang:
Metrostation Kropotkinskaja → Erlöserkathedrale: Christianisierungslegende und orthodoxer Gottesdienst → Puschkin-Museum für Bildende Künste → Schtschukins Villa → Pretschistenka → eine weitere Spur von *Meister und Margarita* → Turgenjews Ostoschenka → bei Lew Tolstoj → Neu-Jungfrauen-Kloster → *Metrostation Park Kul'tury bzw. Sportiwnaja*

Jenseits des Gogolewskij-Boulevards erblicken wir die majestätische Erlöserkathedrale – ein Denkmal, das für alle Ewigkeit an die Errettung des Vaterlandes vor Napoleon erinnern soll. Alexander I. war der Sieger in diesem Krieg, den die Russen bis heute den »Vaterländischen« nennen, und das große historische Ereignis sollte Monumentalarchitektur werden. Als nach einem repräsentativen Bauplatz gesucht wurde, erwog man zunächst die Sperlingsberge, denn unweit dieser etwa 100 Meter über dem historischen Stadtkern liegenden Anhöhe stand Napoleon im September 1812. Doch die Vorbereitungs- und Planungsarbeiten für den Memorialbau zogen sich aus unerklärlichen Gründen hin. Erst Alexanders Bruder, Nikolaus I., verfolgte das Projekt wieder mit größerem Engagement und ließ die Verzögerung der Bauarbeiten untersuchen. Dabei kamen die Mitglieder der Kommission zur Vorbereitung des Kirchenbaus unter Verdacht, große Geldsummen unterschlagen zu haben. Ein Gerichtsverfahren wurde eröffnet, die veruntreute Summe dabei mit 580 000 Rubel beziffert. Nikolai Gogol griff diesen Skandal auf und verarbeitete ihn in den *Toten Seelen* als Baugeschichte eines Amtsgebäudes. Dabei ist der Hauptheld Tschitschikow einer der Mitglie-

1 Metrostation Kropotkinskaja – 2 Erlöserkathedrale – 3 Museumsstädtchen (Puschkin-Museum für bildende Künste, Galerie europäischer und amerikanischer Kunst des 19. und 20. Jh., Museum privater Sammlungen) – 4 Palais Iwan Abramowitsch Morosows (Russische Akademie der Künste) – 5 Palais der Ballerina Balaschowa (Tanzschule von Isadora Duncan) – 6 Wohnhaus Iwan Turgenjews – 7 Nikolaus-der-Weber-Kirche in Chamowniki – 8 Lew-Tolstoj-Wohnhaus/Museum – 9 Neu-Jungfrauen-Kloster – 10 Neuer Friedhof am Neu-Jungfrauen-Kloster – 11 Metrostation Sportiwnaja – 12 Metrostation Park Kul'tury

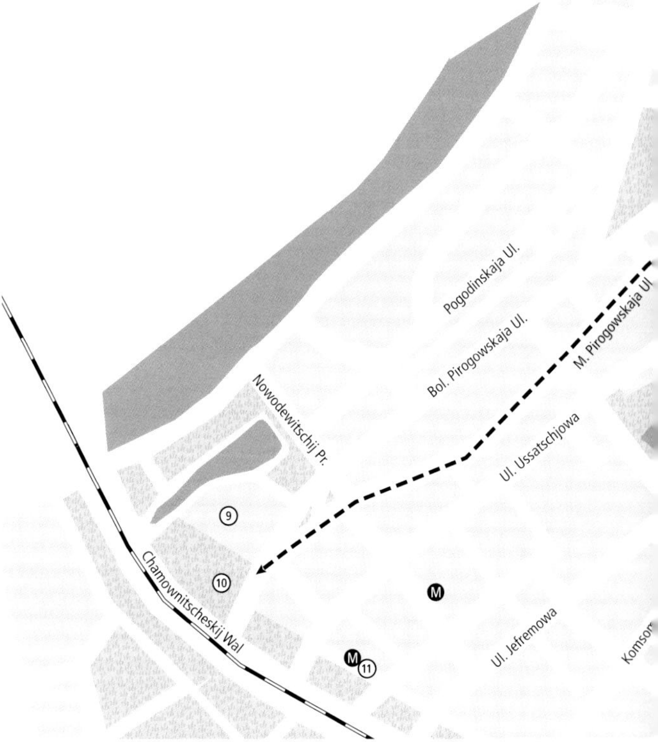

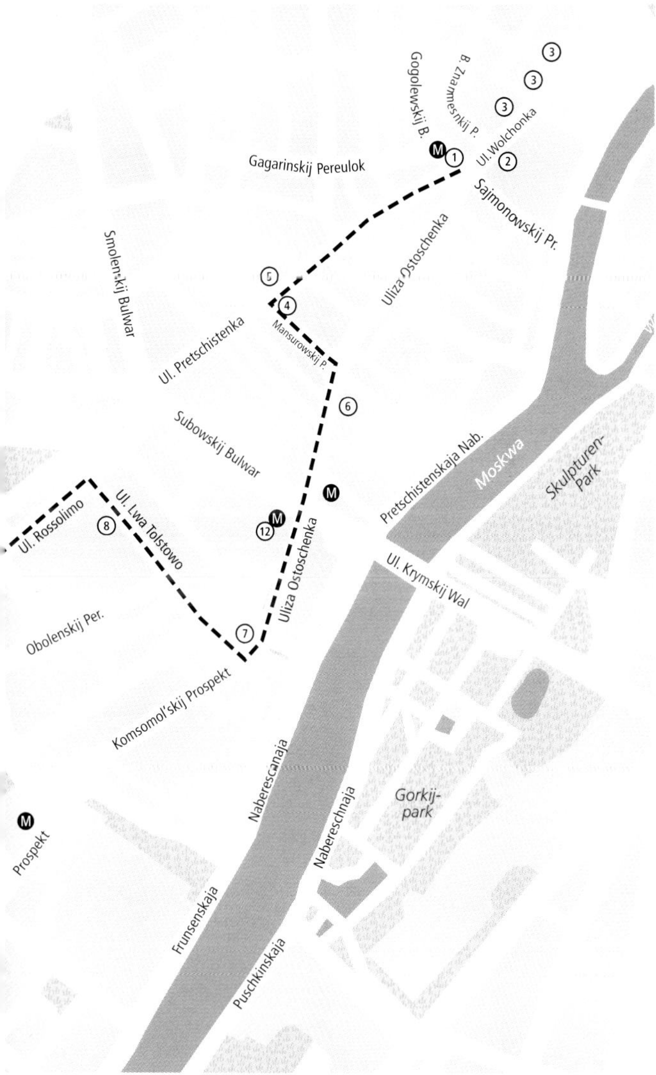

Gogolewskij B.
B. Znamesnkij P.
Ul. Wolchonka
Gagarinskij Pereulok
Sajmonowskij Pr.
Uliza Ostoschenka
Smolenskij Bulwar
Ul. Pretschistenka
Mansurowskij P.
Subowskij Bulwar
Pretschistenskaja Nab.
Moskwa
Skulpturen-Park
Ul. Rossolimo
Ul. Lwa Tolstowo
Uliza Ostoschenka
Ul. Krymskij Wal
Obolenskij Per.
Komsomol'skij Prospekt
Naberescnaja
Nabereschnaja
Gorkij-park
Prospekt
Frunsenskaja
Puschkinskaja

der der Baukommission: »Bald darauf tat sich vor Tschitschikow ein viel größeres Betätigungsfeld auf. Es wurde eine Kommission zum Bau eines sehr großen Amtsgebäudes gebildet. In dieser Kommission kam auch er unter und erwies sich bald als eines ihrer tatkräftigsten Mitglieder. Die Kommission machte sich unverzüglich an die Arbeit. Ganze sechs Jahre beschäftigte sie sich mit dem Gebäude; war nun aber das Klima ungünstig oder lag es am Baumaterial – jedenfalls kam das Amtsgebäude nicht über das Fundament hinaus. Währenddessen hatte sich jedes Kommissionsmitglied an verschiedenen Enden der Stadt ein schönes Haus in gutbürgerlichem Baustil zugelegt – anscheinend war der Baugrund dort besser. Die Mitglieder fingen schon an, ein Leben in Wohlstand zu führen und Familien zu gründen. Und jetzt erst begann Tschitschikow die strengen Fesseln seiner Enthaltsamkeit und unbarmherzigen Selbstverleugnung etwas zu lockern. Jetzt endlich wurde das langjährige Fasten gemildert, und es zeigte sich, daß ihm die verschiedensten Genüsse durchaus nicht fremd waren, deren er sich in den Jahren der feurigen Jugend, in denen doch kein Mensch Herr seiner selbst ist, zu enthalten verstanden hatte. Er entfaltete einen gewissen Luxus und schaffte sich einen recht guten Koch und feine Hemden aus holländischem Leinen an. Schon kaufte er sich einen Anzugstoff, wie ihn niemand im ganzen Gouvernement trug, seit dieser Zeit bevorzugte er auch braune und rötliche Tuche mit hellen Pünktchen; schon erwarb er sich ein ausgezeichnetes Pferdegespann, hielt sogar selbst den einen Zügel und ließ das Beipferd sich bäumen und winden; schon war es ihm zur Gewohnheit geworden, sich mit einem in verdünntes Kölnischwasser getauchten Schwamm abzureiben, schon kaufte er zu einem nicht geringen Preis eine bestimmte Seife, die der Haut Glätte verlieh, schon ...
Doch plötzlich wurde an die Stelle des alten Trottels ein

neuer Vorgesetzter beordert, ein strenger Militär, ein Feind jeglicher Bestechlichkeit und Unehrlichkeit. Schon am nächsten Tag jagte er allen ohne Ausnahme einen Schrecken ein, forderte Rechenschaftsberichte, stieß auf Fehlbeträge, bemerkte auf Schritt und Tritt fehlende Summen, entdeckte augenblicklich die Häuser im gutbürgerlichen Stil, und das Unwetter brach herein. Die Beamten wurden ihrer Ämter enthoben; die Häuser im gutbürgerlichen Stil fielen dem Staat zu und wurden in Krankenhäuser und Schulen für Soldatenkinder verwandelt. Alles wurde heruntergeputzt, doch Tschitschikow am meisten.«[199]

Nachdem die Unterschlagung der Baugelder aufgeklärt worden war, konnte das Bauvorhaben endlich verwirklicht werden. Allerdings an einer anderen Stelle, direkt im Zentrum, westlich des Kremls. Unter städtebaulichem Aspekt war es eine wohlüberlegte Wahl. Die Silhouette der Stadt vom Moskwaufer aus war nun ausgewogen, da die Basiliuskathedrale durch den Bau der Erlöserkathedrale ein architektonisches Gegengewicht bekam. Nach vierundvierzig Jahren Bauzeit weihte der Moskauer Metropolit das 15 Millionen Rubel teure Gotteshaus am 26. Mai 1883 ein. Nach weiteren achtundvierzig Jahren ist es unter Stalin zerstört worden. An Stelle des Gotteshauses sollte das Haus der Räte errichtet werden. Ein gewaltiges Projekt, 415 Meter hoch. Die Spitze des Gebäudes sollte eine ca. 70 Meter hohe Leninstatue bilden, in ihrem Kopf war eine Bibliothek geplant. Doch daraus wurde nichts, der Krieg kam, und später waren andere Bauprojekte wichtiger. Unter Chruschtschow entstand hier in den fünfziger Jahren ein Schwimmbad. In den Neunzigern mobilisierte Bürgermeister Jurij Luschkow private Geldgeber, und das nun 200 Millionen Dollar teure Projekte konnte 1995 begonnen und am russisch-orthodoxen Weihnachtstag, dem 7. Januar 2000, geweiht werden.

Das größte Gotteshaus Moskaus: die Erlöserkathedrale

Kurz vor dem Niedergang der Monarchie bereiste die Schweizer Schriftstellerin Charlot Strasser das Russische Reich, besuchte auch die Erlöserkathedrale und schrieb: »›Über Moskau‹, sagt das Sprichwort, ›geht nur der Kreml; über den Kreml nur der Himmel!‹
Moskau!
Welcher Zauberklang liegt in deinem Namen und welche mächtigen Bilder ragen vor dem Auge dessen auf [...].
Und die Glocken deiner Türme reifen zur Andacht vor dem stolzen, wenn auch brutalen Schicksal deiner Geschichte! Unzähligemal verwüstet und wieder aufgebaut, war es 1812 der Flammentanz über deinen einstürzenden Häusern, der dem Welteroberer Bonaparte den Zusammenbruch seines Reiches einleitete.
Und dann das Wahrzeichen der gewaltigen, vergewaltigenden Macht des russischen Klerus, die Erlöserkirche! Sie hat die Form eines griechischen Kreuzes und wird von fünf

vergoldeten Kuppeln überragt. Die Mauern sind mit Marmor bekleidet. Zu den zwölf in Bronze gegossenen Portalen führen breite Granittreppen hinan. Das Innere, an Gold und Marmor von sogar sinnlosem Reichtum, macht trotzdem einen harmonischen, feierlichen Eindruck. Viertausend brennende Kerzen, der schwere Weihrauch und die sinneberauschenden Formen des großen Gottesdienstes, wenn der oberste Schauspieler, der Moskauer Metropolit, die Handlung selber leitet! Das singende Beten und Zelebrieren der Popen, das Murmeln der halbbetäubten Menge, der wunderbare Knabengesang der beiden sich antwortenden Chöre; Gold, Silber und tausend funkelnde Edelsteine! Wer kniete nicht nieder und betete nicht zur Schönheit solchen Kultes! Und wer wundert sich noch über die furchtbare Macht der orthodoxen Kirche?!«[200]

Dem betörenden Zauber des russisch-orthodoxen Gottesdienstes kann sich kaum jemand entziehen, und so legt auch Johann Georg Kohl den Besuch jedem ans Herz. Vor allem in den »Kathedralen der Hauptstadt« sei er ein »hoher Genuß«: »Kein Fremder, der sich vom Geiste dieses Volkes anwehen lassen will, darf es versäumen, diese Messe häufig zu besuchen. [...]

Vorschriftmäßig zerfällt die Liturgie der russischen Messe in drei Theile, nämlich in die Vorbereitung durch Gebet und Bibellesung nebst der Zubereitung des Brodes und Weines, in die Verwandlung des Brodes und Weines und in die Vertheilung und den Genuß desselben nebst Schlußgebete. So einfach und leicht dieß Alles vollbracht werden zu können scheint, so ungemein schwer haben es die Priester durch viele Zusätze gemacht, und so bunt und langgedehnt erscheint durch Ausarbeitung des Details das Ganze [...].

Gleich nach der Eröffnung kündigt der Herold in derselben malerischen Stellung, mit hocherhobener Hand, auch an, im Namen welcher Person man jetzt das Brod zur Begehung der heiligen Handlung schneide. [...] Während dessen gießt der Priester – aber unsichtbar hinter der Bilderwand – auf einem kleinen, zur Seite des Altars stehenden Tische den Wein in den Becher, zerschneidet das Brod in kleine Stückchen und schüttet es auf einen silbernen Teller.

Darauf nun wird das Evangelium hervorgetragen, ebenfalls aus einer der Nebenthüren. Der Diakon, von einigen dienenden Diatschoks[201] gefolgt, hält es hoch empor, indem er es nur an der unteren Kante mit der Stirn berührt. Er küßt es und legt es auf ein Pult nieder, das in der Kirche mitten vor den königlichen Thüren steht. [...] Alsdann liest einer der Geistlichen aus dem Evangelium einen endlosen Abschnitt vor. Dieß Lesen, welches man nun eigentlich für das Gedeihlichste halten sollte, ist aber ein so rasches Geplapper, daß die Leute dabei alle Augenblicke außer Athem kommen und kein Mensch ein Wort davon versteht,[202] während die in's Auge fallenden Handlungen, die weiter gar keinen Sinn haben, die Ankündigung, das Heraustragen der Bibel, das Oeffnen und Schließen der Thür u. s. w., mit der malerischesten und pomphaftesten Langsamkeit vorgenommen werden. [...] Der Leser wird häufig von dem Sängerchore mit den beständig wiederholten Worten: ›gospodi pomilui‹ (Herr, erbarme dich) unterbrochen. Doch läßt man sich diese Unterbrechung, die, wenn auch eintönig, doch wenigstens immer sehr melodisch und schön ist, weit lieber gefallen als das ewig so unbarmherzige Klingeln der Chorknaben bei den Katholiken. [...]

Während dieß vor dem Ikonostase in der Kirche vor sich geht, ist der Oberpriester, der eigentlich das Ganze leitet, beständig am Altare geheimnißvoll mit allerlei nicht deutlich erkennbaren Zurüstungen beschäftigt. Da die großen königlichen Thüren des Ikonostases immer von durchbrochener Arbeit sind und hinter ihnen nur ein duftiger, halb durchsichtiger Schleier herabhängt, so sieht man den Oberpriester immer geschäftig hin- und herweben, und die Bühne ist wie die Action gleichsam eine doppelte, eine offenbare und eine halbverhüllte. Ist die Sache endlich reif und der Guß bereit, so eröffnet sich der zweite Act.

Wie die Vorbereitung mit einer kraftvoll gesprochenen Ankündigung, so fängt die Verwandelung mit einem herrlich gesungenen Psalme an, den anzuhören, in allen russischen Kirchen angenehm, in den Kathedralen der Hauptstädte aber ein hoher Genuß ist. Die königlichen Thüren öffnen sich, und es zeigt sich mit einem Male dem Volke der geschmückte Altar und das glänzende Innere des Allerheiligsten. In demselben Augenblicke öffnen sich auch die Seitenthüren, und aus einer von ihnen tritt die ganze Priesterschaft der Kirche in Procession, Brod und Wein bringend, hervor. Voran schreitet ein Diatschok mit brennender Kerze. Dann kommt der Oberpriester mit dem silbernen Weinbecher in der Hand, und ihm folgt auf dem Fuße ein Anderer mit dem silbernen Brodteller hoch auf dem Kopfe [...].

Das Allerhöchste aber in dem russischen Gottesdienste und etwas für jeden Menschen, der nicht ohne Ohr und Herz ist, wahrhaft Ergreifendes ist der wunderbare Gesang [...].«[203]

Der wunderbare Gesang während des orthodoxen Gottesdienstes und die theatralisch inszenierten Zeremonien beeindruckten in Konstantinopel im 10. Jahrhundert die Gesandten des Kiewer Großfürsten Wladimir: »Wir wußten nicht, ob wir uns im Himmel oder auf Erden befanden: denn auf Erden haben wir so etwas noch nicht erlebt und so wunderbares Geschehen niemals geschaut.«[204]

Doch Wladimir machte es sich nicht leicht, als es darum ging, einen passenden Glauben für sein in jener Zeit noch Naturgottheiten anbetendes Volk zu finden. Die Legende berichtet, daß er sich die vorherrschenden Glaubensrichtungen von ihren jeweiligen Vertretern erklären ließ: »Im Jahre 6494 (986). Es kamen die Bulgaren mohammedanischen Glaubens und sprachen: ›Du bist ein kluger und weiser Fürst, kennst aber das Gesetz nicht; so glaube denn an unser Gesetz und verehre Mohammed.‹ Da fragte Wladimir: ›Was für einen Glauben habt ihr?‹ Sie antworteten ihm: ›Wir glauben an Gott, und Mohammed lehrt uns folgendes: die Beschneidung des männlichen Gliedes, kein Schweinefleisch zu essen und keinen Wein zu trinken; dafür könne man nach dem Tode mit den Frauen Unzucht treiben, so sagte er. [...].‹ Und noch viele andere Verlokkungen zählten sie auf, über die zu schreiben man sich schämt. Wladimir hörte sie an; da er selbst die Frauen und die Unzucht sehr liebte, lauschte er ihnen mit sichtlichem Genuß. Aber etwas gefiel ihm nicht: die Beschneidung des männlichen Gliedes und der Verzicht auf Schweinefleisch, ganz besonders aber der Verzicht auf Wein. Deshalb sagte er: ›Für die Russen ist das Trinken ein Vergnügen, ohne das wir nicht leben können.‹

Dann kamen Fremde aus Rom und sprachen: ›Wir sind vom Papst gesandt.‹ Und weiter sagten sie: ›Der Papst läßt dir mitteilen: ‚Dein Land ist wie das unsrige, aber euer Glaube ist nicht wie der unsrige, denn unser Glaube ist das Licht; wir beten Gott an, der Himmel und Erde, die Sterne und den Mond und alles, was atmet, erschaffen hat. Eure Götter aber sind aus Holz.‘ Da fragte Wladimir: ‚Was ist euer Gebot?‘ Sie antworteten ihm: ‚Nach Kräften zu fasten; denn unser Lehrer Paulus hat gesagt: ›Ihr esset nun oder trinket oder was ihr tut, so tut es alles zu Gottes Ehre.‹‘ Da sprach Wladimir zu ihnen: ›Kehrt wieder zurück, denn schon unsere Väter haben das nicht angenommen.‹

Als die chasarischen Juden davon erfuhren, kamen sie herbei und sagten: ›Wir haben gehört, daß die Bulgaren und

die Christen bei dir waren und beide dich ihren Glauben lehren wollten. Die Christen glauben an den, den wir ans Kreuz geschlagen haben; wir dagegen glauben an den einzigen Gott Abrahams, Isaaks und Jakobs.‹ Und Wladimir fragte sie: ›Was für ein Gesetz habt ihr?‹ Sie sprachen: ›Sich beschneiden zu lassen, weder Schweine- noch Hasenfleisch zu essen und den Sabbat zu heiligen.‹ Wladimir fragte: ›Und wo ist euer Reich?‹ Sie antworteten: ›Zu Jerusalem.‹«[205]
Schließlich überzeugte der griechische Ritus, wurde er doch als »Himmel auf Erden« empfunden. 988 nahm Rußland offiziell den christlichen Glauben an. Die Christenheit war zwar noch nicht gespalten, aber für die Gläubigen wurden die dogmatischen Unterschiede zwischen der Ost- und der Westkirche spürbar. Der Streit um das sogenannte »Filioque«, das bis heute eines der größten Unvereinbarkeiten zwischen den Orthodoxen und den Katholiken bleibt, war ausgebrochen. Die Westkirche führte den Zusatz zum Glaubensbekenntnis »und vom Sohn« sukzessive ein, wonach der Heilige Geist nicht nur vom Vater, sondern auch »vom Sohn« ausgeht.[206]
Ein weiterer gravierender Unterschied betrifft die Beschaffenheit der Abendmahlsbrote. Bis heute werden bei der Eucharistiefeier im orthodoxen Gottesdienst ausschließlich gesäuerte Abendmahlsbrote verwendet, da Christus »beim letzten Mahle nicht ungesäuertes Osterbrot, sondern gewöhnliches Brot als seinen Leib gereicht«[207] hat. Die seit dem 9. Jahrhundert in der Westkirche verwendeten ungesäuerten Hostien werden von der Ostkirche nicht nur als unerlaubt und ungültig, sondern gelegentlich sogar als sündig betrachtet. Zusätzlich wird die Eucharistie des in der Westkirche gängigen »in einer Gestalt« abgelehnt, da sie von »Gott geboten« in beiderlei Gestalt erfolgen soll.[208]
Den westlichen Besucher kann bei der Eucharistiefeier auch befremden, daß Säuglinge und kleine Kinder an dem Sa-

krament der Eucharistie teilhaben dürfen. Die Begründung dafür sieht die Ostkirche darin, daß »Christus in seiner Barmherzigkeit den Kindern ebenso wenig die Fülle seiner Gnaden verwehrt, wie er in seinem Erdenleben den zu ihm gebrachten Kindern seinen Segen verwehrt hat«.[209] Nur bei Säuglingen wird das Sakrament ausschließlich unter der einen Gestalt des Weines praktiziert – und zwar zum erstenmal gleich nach der Taufe und der Myronsalbung.

Gegenüber der Erlöserkathedrale liegt das Ensemble des Museumsstädtchens. Eines der Gebäude entstand im 18. Jahrhundert als Stadtpalais der einflußreichen Familie Golyzin (Ecke Wolchonka 14/Malyj Znamenskij Pereulok). Damals hatte man aus dem Adelspalais noch einen eindrucksvollen Blick auf die Kremltürme. Unweit des Kremls und doch fern der Blicke des Hofes – das gefiel Katharina II. Sie kam 1775 nach Moskau, wollte mit Grigorij Potemkin ungestört Zeit verbringen und bat deshalb den Fürsten Michail Golyzin, in seinem Anwesen an der Wolchonka wohnen zu dürfen. Hier verbrachte sie die Stunden nach ihrer im geheimen geschlossenen Ehe mit Potemkin. Heute beherbergen die umgebauten Räume die Galerie europäischer und amerikanischer Kunst des 19. und 20. Jahrhunderts. In den 26 Sälen werden Exponate aus der Sammlung Morosows und Schtschukins ausgestellt, darunter Cézanne, Matisse, Monet, Gauguin, van Gogh und Picasso.[210] Das Nebengebäude (Wolchonka 12) wurde 1912 in Anwesenheit von Nikolaus II. und seiner Familie als Museum für Bildende Künste namens Alexander III. eröffnet. Es war das Lebenswerk des Universitätsprofessors Iwan Zwetajew. Seine Tochter, Marina Zwetajewa, mokierte sich über die Eröffnungsfeier: »Greise, Greise und Greise. [...] Es ist, als sei heute das ganze Alter Rußlands hierhergeströmt, zur Verbeugung vor der ewigen Jugend Griechenlands. Eine lebende Lektion

Geschichte und Philosophie: Das macht die Zeit mit dem Menschen, das – mit den Göttern. [...] Ich wage zu sagen, daß die Statuen an diesem ersten Daseinstag des Museums lebendiger als die Menschen erschienen, nicht nur erschienen – sondern waren [...].«[211]

In der Sowjetzeit schien es angebracht, eine Namensänderung vorzunehmen. Das Gebäude ist heute bekannt als Puschkin-Museum für bildende Künste, obwohl es mit dem Dichter in keiner Beziehung steht. Es ist eines Besuches wert, auch wenn es ursprünglich für die Studenten der Universität und der Akademie der Künste konzipiert war, die hier mit originalgetreuen Abgüssen berühmter klassischer Skulpturen und anderer Kunstwerke bekannt werden sollten. Doch nach der Revolution verschob sich der Schwerpunkt der Exponate, und neben Originalen niederländischer und deutscher Meister ist spanische und italienische Malerei des 13. bis 17. Jahrhunderts zu sehen. In jüngster Zeit kam der lang geheimgehaltene Schatz des Priamos als Attraktion hinzu.

Sergej Schtschukin besaß eine Villa in der Nachbarschaft des Museums, im Bol'schoj Znamenskij Pereulok 8. Was heute eine Baustelle ist, konnte noch zehn Jahre nach der Oktoberrevolution 1917 und der Verstaatlichung des Privateigentums Walter Benjamin mit allen Bildern der Sammlung bewundern: »Der Gründer war ebenso wie sein Bruder, Textilindustrieller und vielfacher Millionär. Beide waren Mäzene. Von einem stammt der Bau des Historischen Museums (sowie ein Teil von dessen Sammlungen), von dem anderen diese großartige Galerie neuer französischer Kunst. Wenn man [...] die Treppe hinaufsteigt, erblickt man oben im Stiegenhaus die berühmten Wandbilder von Matisse, nackte Gestalten in rhythmischer Anordnung auf einem Hintergrund von gesättigtem Rot, so warm und strahlend, wie man ihn bei russischen Ikonen

findet. Matisse, Gauguin und Picasso waren die großen Passionen dieses Sammlers. Von Gauguin sind in einem Saal 29 Gemälde an die Wände gepfercht. [...] Picassos Werden kann man wahrscheinlich nirgends entfernt so von den frühen Bildern des Zwanzigjährigen bis 1914 verfolgen, wie hier. Er muß oft monatelang, z. B. während der ›gelben Periode‹ nur für Schtschukin gemalt haben. Seine Bilder füllen drei aneinander stoßende Kabinette. Im ersten die Frühzeit, und unter diesen frühen Bildern zumal zwei, die mir auffielen: ein pierrotartig gekleideter Mann, der mit der rechten Hand etwas wie einen Becher umspannt und ein Bild ›Absinthtrinkerin‹. Dann die kubistische Periode um 1911 als Montparnasse im Werden war und endlich die gelbe Periode, u. a. mit der Amitié und Studien dazu.«[212]
Auch Morosows Sammlung befand sich ursprünglich unweit des heutigen Puschkin-Museums. Kurz vor der Jahrhundertwende gelang es dem Industriellen in einer der nobelsten Straßen Moskaus das Palais des Generals Tutschkow aus dem Anfang des 19. Jahrhunderts zu erwerben. Die Räume in der Pretschistenka 21 mußten bald umgebaut werden, da Iwan Abramowitsch Morosow mit dem Kauf des Gemäldes *Schnee in Louveciennes* von Alfred Sisley den Grundstock seiner Privatsammlung legte. Bilder unbekannter russischer Maler sammelte der Mäzen ebenso wie die der jungen Franzosen, so daß neben den Werken von Wrubel, Larionow und Gontscharowa auch Bonnard, Gauguin, van Gogh, Renoir und Cézanne hingen. Als die Gemäldesammlung nach der Oktoberrevolution verstaatlicht wurde, fand man etwa hundert russische und zweihundertfünfzig französische Arbeiten vor. Das Gebäude wurde zum Museum Neuer Westeuropäischer Kunst umfunktioniert, und Iwan Abramowitsch Morosow konnte sich noch kurze Zeit als Museumsdirektor seiner Gemälde erfreuen. Doch Ende 1918 verließ er seine Heimat und

starb zweieinhalb Jahre später in Karlsbad. Der Kunsthistoriker Max Osborn sah 1924 Morosows Bilder noch in der ursprünglichen Hängung: »Morosow bot [...] eine Kollektion moderner, fortgeschrittener russischer Kunst in sorgfältiger Auswahl. Auch Morosow hatte ein Stück Frankreich im Hause, nämlich große dekorative Malereien von Maurice Denis, Odilon Redon und Maximilien Luce, diesen poetisch-phantasievollen Nachbarn der Impressionisten, als Schmuck eines eigenen Flügels mit Bankett- und Tanzsälen.«[213] Heute beherbergt das elegante Palais die Russische Akademie der Künste und seit den neunziger Jahren des 20. Jahrhunderts wieder ein Museum moderner Kunst.

Mit dem Haus Nr. 20, schräg gegenüber, verbindet sich eine tragische Geschichte. Ursprünglich residierte in diesem Palais mit der eklektischen Fassade und einem geschwungenen schmiedeeisernen Balkon Alexandra Balaschowa, eine Ballerina des Kaiserlichen Balletts. Als sie vor den Bolschewiki nach Paris floh, zog in das prächtige Gebäude im Sommer 1921 die progressive amerikanische Tänzerin Isadora Duncan ein. Die Amerikanerin, die den modernen Solotanz zu klassischer Musik, ohne die Bindung an eine feste Choreographie begründet hatte, eröffnet hier eine Tanzschule. Im Winter begegnet sie dem Dichter Sergej Jessenin, und das Haus wird zum Treffpunkt der Moskauer Boheme. Jessenin, der erst kurz zuvor aus der Provinz nach Moskau gekommen war, schreibt:

Ja, ich lieb sie, diese Stadt: verquollen
und versumpft, nun ja, und matt.
Asien, du schläfrig und du golden,
fandst die Kuppeln, fandst die Ruhestatt.[214]

Trotz des siebzehnjährigen Altersunterschieds heiraten Duncan und Jessenin im Mai des darauffolgenden Jahres. Es folgt eine Reise durch Westeuropa. In Berlin treffen sie mit Maxim Gorkij und Alexej Tolstoj zusammen, Venedig und Paris sind weitere Stationen ihrer Reise. Ende des Jahres begleitet Jessenin Duncan auf ihrer Tournee durch die USA. Fünf Monate später ist das Paar wieder in Westeuropa, und im August 1923 kehren sie zurück in die Pretschistenka. Doch nicht für lange: Isadora Duncan verläßt das Land im Herbst 1924, Sergej Jessenin reist im Dezember 1925 nach Leningrad und nimmt sich dort das Leben.

In der Pretschistenka scheint bis heute die Zeit stehengeblieben zu sein. Wir finden hier das Moskau des 19. Jahrhunderts, das uns an das Leben im »großen Stil« und die »schrankenlose Gastfreundschaft« erinnert. Der Adelige Pjotr Kropotkin kam hier 1842 zur Welt und führt uns durch »sein« Viertel: »Von allen Teilen Moskaus ist wohl keiner eigenartiger als das Labyrinth von sauberen, stillen, gewundenen Straßen und Gassen, das hinter dem Kreml zwischen zwei großen strahlenförmig verlaufenden Straßen – dem Arbat und der Pretschistenka – liegt und das Alte Marstallviertel, Staraja Konjuschennaja, heißt.
Vor einigen fünfzig Jahren lebte hier, langsam aussterbend, die alte Moskauer Aristokratie, deren Namen wir auf den Blättern der russischen Geschichte vor der Epoche Peters I. so häufig verzeichnet finden, die aber dann verschwanden und den ›neuen Männern aus allen Ständen‹, deren sich der Gründer des russischen Imperiums bediente, Platz machte. Da sie sich am Petersburger Hofe überflüssig fühlten, zogen sich diese Adligen alten Schlages nach Moskau in das Alte Marstallviertel oder auf ihre malerischen Landgüter unfern der Hauptstadt zurück und blickten mit einem aus

Verachtung und geheimer Eifersucht gemischten Gefühl auf die etwas buntscheckige Gesellschaft, die, ›wer weiß woher‹ stammend, in der neuen Reichshauptstadt an den Ufern der Newa die höchsten Staatsämter innehatte.
In ihren jungen Jahren hatten die meisten von ihnen ihr Glück im Staatsdienst, vornehmlich im Heere, versucht, doch aus dem einen oder anderen Grund waren sie bald wieder ausgeschieden, ohne es weit gebracht zu haben. Einige fanden in Moskau, der Stadt ihrer Ahnen, einen ruhigen Ehrenposten – zu ihnen gehörte auch mein Vater –, die anderen quittierten ganz einfach den aktiven Dienst. Aber wohin sie auch im weiten russischen Reiche ihre amtliche Laufbahn verschlagen mochte, immer war es ihr Ziel, ihr Alter im eigenen Haus im Alten Marstallviertel zu verleben, im Schatten der Kirche, in der sie getauft und in der beim Begräbnis ihrer Eltern die letzten Gebete gesprochen waren.
In diesen stillen Straßen, die weit ab lagen vom Lärm und Getümmel der geschäftigen Stadt, sahen sich die Häuser auffallend ähnlich. Sie waren meist aus Holz und hatten glänzende, grüne Dächer aus dünnen Eisenplatten; die Außenseiten wiesen Stuckverzierungen auf und waren mit Säulen und Portikus geschmückt; alle aber leuchteten in lebhaften Farben. Fast sämtliche Gebäude hatten nur ein Stockwerk mit sieben oder neun großen, freundlich aussehenden Fenstern. Ein zweiter Stock fand sich nur über dem hinteren Teil des Hauses. Dieser schaute auf einen geräumigen Hof, den zahlreiche kleinere, als Küchen, Ställe, Vorratsräume, Schuppen sowie als Wohnungen für Tagelöhner und Dienstboten dienende Bauten einfaßten. Ein breites Tor führte auf diesen Hof und trug gewöhnlich ein Messingschild mit der Aufschrift ›Haus des Soundso, Leutnant oder Oberst und Ritter‹, selten las man ›Generalmajor‹ oder einen entsprechend hohen Ziviltitel. [...]

Ladengeschäfte waren in diesen vornehmen Straßen nicht gestattet, höchstens fand sich in einem kleinen zur Kirche gehörigen Holzhause ein unbedeutender Kauf- oder Grünkramladen. [...]
Am Abend waren die meisten Häuser strahlend erleuchtet, und da man die Läden nicht vorlegte, konnte man von der Straße aus in den Gesellschaftsräumen Karten spielen oder Walzer tanzen sehen. [...]
In jener Zeit bemaß sich der Reichtum eines Grundbesitzers nach der Zahl der ihm gehörenden Seelen. So viele Seelen bedeutete so viele männliche Leibeigenen, die Frauen zählten nicht mit. Mein Vater, der in drei verschiedenen Provinzen fast 1 200 Seelen sein eigen nannte, galt für einen reichen Mann. Dementsprechend lebten wir auch, das heißt unser Haus übte eine fast schrankenlose Gastfreundschaft, und der Haushalt war in großem Stile eingerichtet.«[215]

Kropotkins Schilderung des luxuriösen Lebensstils seines Standes ist eindrucksvoll und lebendig. Bedeutsam ist seine Randbemerkung, der Reichtum des russischen Adels beruhe auf der feudalen Ordnung, die in Form von Leibeigenschaft immer noch herrsche.[216] Es waren hörige Bauern, die den Lebensstandard der Grundbesitzer sicherten. In den dreißiger Jahren des 19. Jahrhunderts bildeten sie 90 % der Bevölkerung, die eine Hälfte schuftete für die Adligen, die andere für den Zarenhof.[217] Dieses gesellschaftliche Ungleichgewicht kritisierten Ende des 18. Jahrhunderts nur Vereinzelte öffentlich. Es war damals noch zu gefährlich, diese Mißstände konkret zu benennen. Falls es dann doch jemand wagte, so wie der Adlige Alexander Radischtschew, drohte dafür die Todesstrafe.[218]

Mit dem Anfang des 19. Jahrhunderts lockerte sich die innenpolitische Situation. Nicht nur die Aufhebung der Leibeigenschaft wurde diskutiert. Einige Progressive setzten sich sogar für die Umwandlung der Autokratie in eine konstitutionelle Monarchie ein. Die äußere Bedrohung durch Napoleon lenkte vorerst von den innergesellschaftlichen Problemen ab. Nach dem glücklichen Ausgang des Krieges entbrannte die alte Diskussion erneut. Doch Alexander I., der kurz nach seiner Thronbesteigung eine Kommission zur Ausarbeitung einer auf Gewaltenteilung basierenden Verfassung schuf, ließ in der zweiten Hälfte seiner Regierungszeit alle Neuerungspläne ruhen.

Am Sitz der Russischen Akademie der Künste (Pretschistenka 21) biegen wir nach links ab, in den Mansurowskij Pereulok. Manche Bulgakowkenner vermuten in dieser Gasse unter der Hausnummer 9 die Wohnung des »Meisters« in *Meister und Margarita*.[219] Allerdings mietete der »Meister« seine zwei Zimmer nicht in dem an der Straße liegenden Haupthaus, sondern »im Kellergeschoß eines kleinen Gartenhauses [...] und begann, den Roman über Pontius Pilatus zu schreiben.

›Ach, das waren goldene Zeiten! [...] Eine abgeschlossene Wohnung, noch dazu mit Korridor und darin ein Ausguß mit fließendem Wasser [...] in meinem winzigen zweiten Zimmer [...] ein Sofa, gegenüber noch ein Sofa, dazwischen ein kleiner Tisch, darauf eine schöne Nachttischlampe, zum Fenster hin Bücher, hier ein kleiner Schreibtisch, und im ersten Zimmer – es war riesengroß, vierzehn Quadratmeter! – Bücher, Bücher und ein Ofen. Ach, habe ich schön gewohnt. Wie der Flieder duftete!‹«[220]

Durch die Gasse gelangen wir in die Ostoschenka, und schräg gegenüber mit der Nummer 37 wird ein Holzhaus mit Portikus sichtbar. Hier mietete sich Iwan Turgenjews Mutter ein, und der Schriftsteller wohnte unter dieser Adresse während seiner Moskauer Besuche. Das Haus und seine Umgebung finden wir in Turgenjews Erzählung *Mumu*: »In einer der entlegenen Gassen Moskaus, in einem grauen Haus mit weißen Säulen, einem Zwischengeschoß und einem baufälligen Balkon, lebte vorzeiten eine verwitwete Edelfrau [...].«[221]

Wir bleiben in der Ostoschenka, an die sich jenseits des Gartenrings der Komsomol'skij Prospekt anschließt. Schon bald zeigt sich auf der rechten Seite ein buntes Kirchlein, die Nikolaus-der-Weber-Kirche in Chamowniki.[222] Das Gotteshaus wurde 1682 errichtet und ist ein wunderschönes Beispiel des Moskauer Barock. In Lew Tolstojs *Krieg und Frieden* marschiert Pierre mit anderen Gefangenen beim Auszug der Franzosen aus Moskau an dieser Kirche vorbei, dann über die Krimbrücke auf die andere Seite der Moskwa: »Als sie durch Chamowniki hindurchgingen, einen der wenigen nicht niedergebrannten Stadtteile Moskaus, und an einer Kirche vorbeikamen, drängte sich der ganze Haufen der Gefangenen auf einmal nach der einen Seite hinüber [...]. Rechts, dort, wo die Kalugaer Landstraße sich am Neskutschny-Park [Gorkij-Park] herumzieht, um dann in der Ferne zu verschwinden, zogen sich endlose Reihen von Truppen und Fuhrwerken hin.«[223]

In der Sowjetzeit war die Nikolaus-der-Weber-Kirche eine der wenigen, in denen Gottesdienste abgehalten werden durften. Als Wolfgang Koeppen 1958 Moskau zu Fuß erkundete, notierte er: »Ich entdeckte eine Kirche, es gibt viele Kirchen in Moskau, in manchen wohnt man, in anderen sind Büros oder befinden sich Magazine. In meiner Kirche wird Gottesdienst gehalten, es ist eine Gegend, die mir gefällt, dicht bei einer Hauptstraße zwischen hohen Wohnblöcken [...] erhebt sich das Gotteshaus, bunt und bizarr wie ein russisches Märchen. Ich folgte einer alten Frau, sie bekreuzte sich dreimal vor jedem in die Außenwand eingemauerten Heiligenbild, sie bekreuzte und verneigte sich vor der Kirchentür, sie warf sich im Vorraum zu Boden, und unter immer erneutem Zu-Boden-Werfen strebte sie

zum Altar. Es leuchteten Lampen, es brannten Kerzen, es schwelte Weihrauch [...].«[224]
Die Nikolauskirche grenzt seitlich an die Lew-Tolstoj-Straße, in der wir das Haus des Schriftstellers finden. Tolstoj war kein gebürtiger Moskauer. Er kam 1828 auf dem Landgut Jasnaja Poljana zur Welt. Dort, auf dem väterlichen Anwesen, fühlte sich Tolstoj am wohlsten. Doch auf Drängen seiner Frau, Sofia Andrejewna, die sich für eine angemessene Ausbildung der Kinder einsetzte, erwarb Tolstoj 1882 ein Haus in Moskau. Es war ein einfaches Gebäude, das erweitert und aufgestockt werden mußte. Dadurch entstand die großzügige erste Etage, in der Gäste zum Neun-Uhr-Tee empfangen wurden. So auch Rainer Maria Rilke mit seiner Gefährtin Lou Andreas-Salomé am Abend des 28. April 1899: »... gestern waren wir bei Graf Leo Tolstoi zum Tee und blieben zwei Stunden tief erfreut von der Güte und Menschlichkeit des Grafen. Gerührt von der rührenden Einfachheit seines Entgegenkommens und wie gesegnet von dem großen Greise, der so jugendlich gut sein und zürnen kann!«[225]
Wenn der Winter vorbei war, fuhren die Tolstojs jedes Jahr in die Sommerfrische 300 Kilometer nach Süden, nach Jasnaja Poljana. So ging es neunzehn Jahre, dann wurde dem Literaten das Stadtleben lästig, und er blieb bis kurz vor seinem Tod 1910 auf seinem Landgut.
Nach der Revolution wird das Stadthaus auf Betreiben Lenins restauriert und als Museum zugänglich gemacht. Wie Wolfgang Koeppen vor fünfzig Jahren, so denkt man auch heute noch, Tolstoj wäre nur gerade kurz weggegangen: »Das Haus lag hinter einem Speicher oder einer Brauerei in einer stillen Straße, es roch nach Malz in der Luft, es war ein Bau aus Holz, ein ländliches Haus, ein Haus in einem ländlichen Garten, und es war alles so geblieben, wie es der Dichter verlassen hatte. [...] Die Dielen waren

gebohnert, es duftete nach Wachs, und man dachte an Bienen, an Bienenschwärme, an Blumengärten. Eine gemütliche Wohnung, hohe schöne Kachelöfen, Ledermöbel, ein Schachtisch, ein großer schwarzer Flügel und unter ihm das Fell eines Bären. [...] Man sieht die recht gewöhnlichen, ja spießbürgerlichen Ehebetten hinter einem Paravent, eine Waschkommode mit einer Marmorplatte, eine Steingutschüssel und eine Wasserkanne, seerosengeschmückt. [...] Ein Damensalon, zierlich, gesellschaftlich, Spiegel und Dekken, das Reich seiner Frau, die er nicht mochte, [...] abseits davon sein Arbeitszimmer, die Fenster im Baumschatten, ein ungewöhnliches breites Ledersofa, in einer Ecke Hanteln, vor der Tür ein Fahrrad [...]. Auch im Garten hat sich nichts geändert, die Wege kann man Tolstoi wandeln, auf diesen Bänken kann man ihn sitzen sehen, es blühen hier die Blumen, die er liebte, die Bäume sind seine Bäume, manche von ihm gepflanzt. [...] Dieses Haus war kein Museum, es war noch immer ein Wohnhaus, und man verließ es mit dem Gefühl, bei Tolstoi zu Gast gewesen zu sein [...].«[226]

Vom Wohnhaus Tolstojs sind es etwa zwei Kilometer bis zum Neu-Jungfrauen-Kloster und dem gleichnamigen Prominentenfriedhof. Alternativ kann man von der Metrostation Park Kul'tury auf der roten Linie (Nr. 1) den Weg zurücklegen und an der Station Sportiwnaja aussteigen. Ein Besuch des Nowodewitschij[227] lohnt; es ist eine der schönsten Klosteranlagen Moskaus und gehört seit 2004 zum UNESCO Weltkulturerbe. Gegründet wurde die Anlage ursprünglich als ein Wehrkloster im Jahr 1524 und sollte die Stadt vor dem polnisch-litauischen Feind schützen. Erforderlich wurde diese Maßnahme, nachdem Großfürst Wassilij III. von Polen-Litauen große Territorien und auch die Stadt Smolensk zurückerobert hatte. Anläßlich dieses Sieges errichtete man zu Ehren der berühmten Ikone der Got-

Wie aus Tausendundeiner Nacht: Neu-Jungfrauen-Kloster

tesmutter von Smolensk die Smolensker Kathedrale mit wunderschönen Fresken und einer beeindruckenden Ikonenwand. Infolge tragischer Umstände wurde in der zweiten Hälfte des 16. Jahrhunderts das Nowodewitschij zum reichsten aller Moskauer Klöster, mit 179 000 Hektar Ländereien und 15 000 Leibeigenen. In jener Zeit verfolgte Iwan IV. während der Opritschina die als unzuverlässig geltenden Bojarenfamilien. Die meisten Vertreter des alten Hochadels wurden hingerichtet, die Witwen ins Nowodewitschij verbannt. Mit den reichen Bojarinnen kam auch ihr Privatvermögen in das Kloster. Im 17. Jahrhundert lebten hier in Ungnade gefallene Zarengattinnen und Zarentöchter, die keinen ranggleichen Ehemann gefunden hatten. Die prominenteste Bewohnerin war Peters I. Halbschwester Sophia. Im Kampf um die Zarenkrone unterlag sie ihrem jüngeren Bruder und wurde hier zur Nonne geschoren. Als die Strelizenverbände ihre Rückkehr forderten, ließ Peter I. die Anführer des Aufstandes vor Sophias Gemächern hängen.

Trotz der Verbannung aus dem Kreml und aus dem weltlichen Leben sollten es die adligen Damen standesgerecht und bequem haben, und so wurde die Anlage im schönsten Moskauer Barock umgebaut. Bis heute können wir die effektvollen rotweißen Bekrönungen der ursprünglich weißen, wuchtigen Wehrmauer sehen und den eleganten Glockenturm, der wegen seiner Proportionen als der vollkommendste in ganz Rußland gilt. Es ist verständlich, daß Nowodewitschij von allen Moskauer Klöstern die begehrteste Begräbnisstätte wurde. Marina Zwetajewa berichtet von einem Bekannten, der ihr zuflüsterte: »Es lohnt sich, zu sterben, um hier zu liegen.«[228] Seit dem 19. Jahrhundert wurden hier nicht nur Nonnen und kirchliche Würdenträger beigesetzt, sondern auch weltliche Personen. Neben Dekabristen und Teilnehmern des Krieges gegen Napoleon findet man auch wenige Vertreter des Bürgertums. Darunter die Familie Prochorow, für die direkt vor der Smolensker Kathedrale eine beeindruckende Kapelle im Jugendstil errichtet wurde. Mit der Zeit waren alle Plätze des Friedhofs vergeben, und so legte man 1898 jenseits der alten Klostermauer einen neuen Friedhof an. Hier finden wir die uns bekannten Berühmtheiten des kulturellen und politischen Lebens. Das Grab Nikita Chruschtschows fällt wegen des spannungsvollen, schwarzweißen Gedenksteines auf. Es ist die Arbeit des nach Amerika emigrierten Ernst Neiswestnyj, eine postume Versöhnung des Politikers mit dem Künstler, dessen Werke Chruschtschow in den Sechzigern öffentlich scharf kritisierte. Auch die bekannten Außenminister Wjatscheslaw Molotow und Andrej Gromyko fanden hier ihre letzte Ruhestätte. 2007 wurde hier Boris Jelzin beigesetzt. Die Literaten sind vertreten durch Nikolai Gogol, Anton Tschechow, Wladimir Majakowskij, Andrej Belyj, Michael Bulgakow und Ilja Ehrenburg, dessen Grabstein ein von Pablo Picasso gemaltes Portrait ziert. Den musikalischen Bereich repräsentieren Fjodor Schaljapin, Sergej Prokofjew, Alexander Skrjabin, Dmitrij Schostakowitsch. Von den berühmten Frauen sollte zumindest die Frauenrechtlerin Alexandra Kollontai, die zweite Ehefrau Stalins, Nadeschda Allilujewa und Raissa Gorbatschowa erwähnt werden.

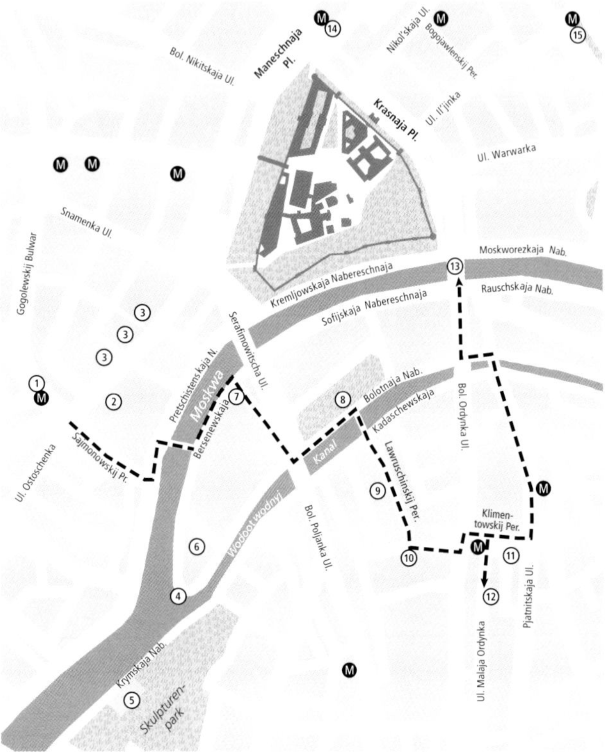

1 Metrostation Kropotkinskaja – 2 Erlöserkathedrale – 3 Museumsstädtchen (Puschkin-Museum für bildende Künste, Galerie europäischer und amerikanischer Kunst des 19. und 20. Jh., Museum privater Sammlungen) – 4 Denkmal für Peter den Großen – 5 Neue-Tretjakow-Galerie – 6 Schokoladenfabrik Roter Oktober – 7 Haus an der Uferstraße – 8 Denkmal für Ilja Repin – 9 Tretjakow-Galerie – 10 Stadtpalais der Familie Demidow – 11 Kirche des hl. Klemens – 12 Ostrowskij-Museum – 13 Bol'schoj Moskworeckij Most – 14 Metrostation Ochotnyj Rjad – 15 Metrostation Kitaj Gorod

VII. Metrobesichtigung, stalinistische Architektur und das Samoskworetschje

»sympatische Anmut organischen Wildwuchses«[229]

6. Spaziergang:
Metrostation Kropotkinskaja → Metrobesichtigung: Kropotkinskaja – Park Kul'tury – Kiewskaja – Krasnopresnenskaja – Nowoslobodskaja – Prospekt Mira – Komsomol'skaja – Kropotkinskaja → Trifonows *Haus an der Uferstraße* → Tretjakow-Galerie → Bol'schoj Moskworeckij Most → *Metrostation Kitaj Gorod*

Den Anfang des Gogolewskij-Boulevards ziert ein eleganter Pavillon – kassetiertes Tonnengewölbe stützt sich auf wuchtige dorische Säulen und verbindet zwei Seitenflügel. Lediglich ein rotes »M« verrät, daß es sich um den Eingang in die Moskauer Metro handelt. Sie ist das effizienteste Verkehrsmittel der Stadt. Einheimischen ist vor allem der Zuverlässigkeits- und Schnelligkeitsaspekt wichtig, doch daß sie von der schönsten Untergrundbahn der Welt transportiert werden, daran denkt kaum jemand. Sie nutzen von halb sechs in der Früh bis halb zwei in der Nacht ein Netz von 275 Kilometern, das sich auf 12 Linien verteilt, und können an 172 Stationen ein- und aussteigen. An jeder Station hält jeweils der Zug nur einer Linie, deshalb gibt es 56 Umsteigestationen, die auch richtige Knotenpunkte mit bis zu vier verschiedenen Stationen sein können. Während der Stoßzeiten verkehren die Züge im 40- bis 60-Sekunden-Takt, und man hat als Ungeübter Not, dem Tempo zu folgen. Auch die Rolltreppen fahren schneller als sonstwo auf der Welt und befördern täglich neun Millionen Menschen. Die Moskauer Metro ist mit 3,2 Milliarden Passagieren im Jahr die meist-

genutzte U-Bahn der Welt, gefolgt von Tokio mit 2,74 Milliarden Passagieren. Die älteste U-Bahn in London befördert jährlich »nur« 728 Millionen Menschen.[230]
Bereits vor der Oktoberrevolution gab es erste Überlegungen, den zunehmenden Verkehr in der rasch anwachsenden Metropole[231] durch den Bau einer U-Bahn zu entlasten. Deshalb schrieb 1912 die Stadtverwaltung einen Wettbewerb aus. Das Vorhaben wurde durch den Ersten Weltkrieg unterbrochen, und erst nach den schweren Jahren des Bürgerkrieges wurden die Pläne wiederaufgenommen. 1931 beschließt das Politbüro unter der Führung Stalins den Bau der Moskauer Metro. Es soll ein Prestigeprojekt der neuen, fortschrittlichen Gesellschaft werden. Die rote Linie (Nr. 1), zu der auch die Metrostation Kropotkinskaja gehört, wird als erste in Angriff genommen. Ausländische Besucher sind von dem Vorhaben fasziniert: »Es wird gegraben, gezimmert, gemauert, genietet. Alle Menschen rundum sind vom Bautaumel ergriffen. [...] Jeder moskauer Bürger spricht von der ›Metro‹ als handle es sich um seine höchstpersönliche Angelegenheit. Je nach den Nachrichten, die aus den teilweise vierzig Meter tiefen Schächten über die Planerfüllung ans Tageslicht dringen, ist seine Miene besorgt oder zufrieden.«[232] Klaus Mann notierte während seines Moskaubesuches: »[...] das ist ein eminent öffentliches Ereignis, alle sprechen davon.«[233] Kein Wunder, daß der Metrobau alle bewegte, sollte doch damit eine Utopie verwirklicht werden. Die Werktätigen der fortschrittlichsten Gesellschaft sollten ihre eigenen, unterirdischen Paläste bekommen: »Jede Station ist ein Palast, jeder Palast ein besonders gestaltetes Bauwerk«,[234] forderte der Erste Sekretär des Moskauer Stadtparteikomitees und Leiter des Metrobaus, Lazar Kaganowitsch. Und tatsächlich, als am 15. Mai 1935 um sieben Uhr früh die rote Linie in Betrieb genommen wurde, konnte man sich überzeugen,

daß jede Station individuell gestaltet und ausgeschmückt wurde. Die Eröffnung der Metro glich einem Volksfest. Bertolt Brecht hielt das Ereignis in einem Gedicht fest:

> […] Bei der Ausschmückung
> Wurde keine Mühe gespart. Der beste Marmor
> Wurde weit hergeschafft, die schönsten Hölzer
> Sorgfältig bearbeitet. Beinahe lautlos
> Liefen schließlich die schönen Wagen
> Durch taghelle Stollen: für strenge Besteller
> Das Allerbeste.
>
> Als nun die Bahn gebaut war nach den vollkommendsten Mustern
> Und die Besitzer kamen, sie zu besichtigen und
> Auf ihr zu fahren, da waren es diejenigen
> Die sie gebaut hatten.
> Es waren da Tausende, die herumgingen
> Die riesigen Hallen besichtigend, und in den Zügen
> Fuhren große Massen vorbei, die Gesichter –
> Männer, Frauen und Kinder, auch Greise –
> Den Stationen zugewandt, strahlend wie im Theater, denn die Stationen
> Waren verschieden gebaut, aus verschiedenen Steinen
> In verschiedener Bauart, auch das Licht
> Kam aus immer anderer Quelle. Wer in die Wagen einstieg
> Wurde in fröhlichem Gedränge nach hinten geschoben
> Da die Vorderplätze zur Besichtigung der Stationen
> Die besten waren. An jeder Station
> Wurden die Kinder hochgehoben. Möglichst oft
> Stürmten die Fahrenden hinaus und betrachteten
> Mit fröhlicher Strenge das Geschaffene. Sie befühlten die Pfeiler

Und begutachteten ihre Glätte. Mit den Schuhen
Fuhren sie über die Steinböden, ob die Steine
Auch gut eingefügt seien. Zurückströmend in die Wagen
Prüften sie die Bespannung der Wände und griffen
An das Glas. Immerfort
Wiesen Frauen und Männer – unsicher, ob es
die richtigen waren –
Auf Stellen, wo sie gearbeitet hatten: das Gestein
Trug die Spuren ihrer Hände. Jedes Gesicht
War gut sichtbar, denn es gab viel Licht
Vieler Lampen, mehr als in irgendeiner Bahn,
die ich gesehen habe.
Auch die Stollen waren beleuchtet, kein Meter Arbeit
War unbeleuchtet. Und all dies
War in einem einzigen Jahr gebaut worden und
von so vielen Bauleuten
Wie keine andere Bahn der Welt. Und keine
Andere Bahn der Welt hatte je so viele Besitzer.

Denn es sah der wunderbare Bau
Was keiner seiner Vorgänger in vielen Städten
vieler Zeiten
Jemals gesehen hatte: *als Bauherren die Bauleute!*
Wo wäre dies je vorgekommen, daß die Frucht
der Arbeit
Denen zufiel, die da gearbeitet hatten? Wo jemals
Wurden die nicht vertrieben aus dem Bau
Die ihn errichtet hatten?
Als wir sie fahren sahen in ihren Wagen
Den Werken ihrer Hände, wußten wir:
Dies ist das große Bild, das die Klassiker einstmals
Erschüttert voraussahen.[235]

Die Stationen der roten Linie sind in einer Übergangszeit entstanden, als der Konstruktivismus vom sozialistischen Realismus verdrängt wurde. Deutlich zu sehen ist der Anspruch der neuen Machthaber, dem Volk auf Schritt und Tritt sozialistische Inhalte durch einfache Symbolik vermitteln zu wollen. So auch in der Station Kropotkinskaja – zwei Reihen fackelähnlicher Säulen enden in hellerleuchteten fünfzackigen Sternen. Die schlichte Eleganz der Station überzeugte auf der Weltausstellung 1937 in Paris und 1958 in Brüssel, wo sie jeweils mit dem Grand Prix ausgezeichnet wurde.
Es bietet sich an, nun eine Metrobesichtigung zu unternehmen. Von der Kropotkinskaja fahren wir eine Station und erreichen Park Kul'tury, eine Umsteigestation. Hier können wir zur braunen Ringlinie wechseln (solange wir den Kontrollpunkt kurz vor dem Ausgang aus der Metro nicht passieren, können wir beliebig weit und unbegrenzt lange fahren). Die knapp zwanzig Kilometer lange Ringlinie (Nr. 5) wurde im Frühjahr 1954 fertiggestellt. Ihre 12 Stationen sind alle sehenswert, wir besichtigen einige der schönsten. Überall verherrlicht das Dekor im pompösen Stil das Thema des Vaterlandes und der Heimat. Wertvolles Material wurde mit aufwendigen Mosaikbildern, glasiertem Dekor und Stuckverzierungen kombiniert. Verschnörkelte Kronleuchter und Kandelaber spenden reichlich Licht. Für den Architekten Duschkin war eine ausgewogene Beleuchtung der unterirdischen Säle die größte Herausforderung: »Optischer Betrug bringt nichts. Für einen fensterlosen Raum, wie es die Metro ist, ist das Licht lebenswichtig, ein organisch strukturelles Element, das das Material belebt und die räumlichen Lösungen betont.«[236] Um die Wirkung des Lichts besser verstehen zu können, hat Duschkin Anleihen aus der ägyptischen Gräberarchitektur bezogen.
Die Station Park Kul'tury der Ringlinie greift das Thema

des Gorkij-Freizeitparkes jenseits des Flusses auf: 26 Rundmedaillons aus weißem Marmor zieren die Wände mit Themen wie Schachspiel, Eislauf, Tanz, Fußballspiel. Die Wände und der Boden sind mit schwarzem, grau-weißem und grau-gelbem Marmor verkleidet. Das Deckengewölbe ist mit weißen Stuckmustern – Rosetten und Flechtbändern verziert. Die nächste Station heißt Kiewskaja. Ihr Name verrät, daß die Thematik des Dekors mit einer der ehemaligen Unionsrepubliken verbunden ist. Zwischen elfenbeinfarbigen ornamentalen Stuckbändern hängen an den Wänden der zentralen Halle Mosaiken mit Themen aus der ukrainischen Geschichte und dem Leben der Ukrainer. Auch die nächste Station schauen wir uns an. In der Krasnopresnenskaja werden die Ereignisse der Revolution 1905 und der Oktoberrevolution 1917 auf Stuckreliefs dargestellt. Presnja war seit der Mitte des 19. Jahrhunderts ein stark industrialisierter Moskauer Bezirk, in dem sich vor allem nach den Ereignissen des blutigen Sonntags 1905 die Arbeiter Moskaus mit ihren Leidensgenossen in Sankt Petersburg solidarisiert und gestreikt haben. Erst an der übernächsten Station steigen wir wieder aus. Die Nowoslobodskaja besticht durch ihre eleganten Buntglasfenster. Man könnte meinen, in einer Kathedrale zu sein, doch statt religiöser Thematik sehen wir im Fensterdekor die Gestalter des neuen Sowjetstaates – Arbeiter, Wissenschaftler und Kunstschaffende. Die nächste Station heißt Prospekt Mira (Friedensprospekt), früher trug sie den Namen Botanischer Garten – denn oberirdisch befand sich der alte Botanische Garten der Universität. Deshalb zeigen die Reliefs der Keramikmedaillons unterschiedliche Arbeiten in einem wissenschaftlichen Park. Wulstige Akanthusblätter in den Kapitellen betonen die florale Thematik der Station. Die nächste Station, Komsomol'skaja, gilt als der Höhepunkt der stalinistischen Formensprache. Hier verschmelzen Mosaikkunst mit Barock und Empire mit dem fünfzakkigen sozialistischen Stern. Die Deckenmosaiken zeigen acht wichtige Ereignisse der Landesgeschichte. Im ersten sehen wir den Fürsten Alexander Newskij nach der entscheidenden Schlacht gegen die Schweden 1240. Das zweite Feld zeigt den Fürsten Dmitrij Donskoj vor der Schlacht am Kulikowo Polje (Schnepfenfeld) 1380, bei der ein russisches Heer zum erstenmal die Tataren schlug. Das nächste Mosaik zeigt den Feldmarschall Suworow bei der Alpenüberquerung 1799, nach der er die Franzosen aus Oberitalien vertrieb. Als nächstes sehen wir den Feldmarschall Kutusow als Oberbefehlshaber bei der Borodinoschlacht 1812. Die letzten drei Felder sind mit der Geschichte der Sowjetunion verbunden: Lenin nimmt die Parade der Roten Armee ab, Fall und Einnahme Berlins und Siegesfeier nach dem Zweiten Weltkrieg in Moskau mit der Personifikation des Friedens. Wir verlassen nun die imposante Station der braunen Ringlinie und wechseln zur roten Linie (Nr. 1), um wieder zu unserem Ausgangspunkt zu gelangen. An der sechsten Station steigen wir aus, und wenn wir die richtige Richtung gewählt haben, gelangen wir zurück zur Kropotkinskaja-Station.

Unser nächstes Ziel ist das Samoskworetschje (saretschje = hinter/jenseits des Flusses) – »ein Viertel im alten Sinne«, so charakterisiert es der Historiker und Essayist Karl Schlögel. Er empfiehlt hier einen Bummel, denn: »[...] es ist, als müßte nur ein Pferdefuhrwerk um die Ecke biegen, und schon sei das Moskau der Vorzeit wieder im Bilde [...]. Hier durch die Straßen zu gehen bedeutet, sich mit der Kulisse der Filme Eisensteins bekannt zu machen [...]. Es ist hier ein anderer Rhythmus [...]. Das Viertel ruht in sich, [... ist] stiller, fast mittelstädtisch: mit den breiten Straßen und dem weiten Himmel darüber, mit den nicht

Unterirdische Festsäle: Metrostation Prospekt Mira

mehr als drei Stockwerke hohen Häusern hat dieses Viertel etwas von einer Provinzstadt an sich. [Es] ergeben sich schöne Blicke, wie sie nur noch auf alten Bildern zu sehen sind: die Schichten zweier Jahrhunderte, jenes Bild, das Moskau für die Fremden so fremdartig, malerisch, gemischt, geschäftig gemacht haben muß. Über den Bürgerhäusern immer wieder Kuppeln, russischer Barock, spitze Glockentürme in Rot und Weiß vor grasgrünen und gelben Fassaden.«[237]

In dem Viertel jenseits der Moskwa durften sich seit dem 14. Jahrhundert Tataren und Handwerker ansiedeln. Daran erinnern bis heute einige Straßennamen: Baltschug (Bezeichnung der Tataren für Sumpf, Schmutz), Ordynka (eine Straße, die zur Orda, der Goldenen Horde, führt), Tatarski Pereulok (Tatarengasse), Kadaschewskaja Nabereschnaja (Kai der Böttcher). Später entstanden hier Gartenanlagen des Hofes und einige Klöster. In der vorpetrinischen Zeit ließen sich in der sumpfigen Schleife der Moskwa Strelizen

nieder, seit dem 19. Jahrhundert entstanden hier prächtige Anwesen reicher Kaufleute. Die neuen Bewohner wurden zum Hauptthema des Dramatikers Alexander Ostrowskij: »In feinen gefederten Wagen fahren sie, dreistöckige Häuser bewohnen sie; manch einer baut sich gar so ein Belvedere mit Säulen hin, daß er sich genieren muß mit seiner Fratzenvisage überhaupt dort einzutreten.«[238]
Südlich der Erlöserkathedrale können wir über eine neue Fußgängerbrücke zum Samoskworetschje gelangen. Von der Brücke aus eröffnen sich schöne Blicke. Im Westen erhebt sich sechzig Meter in die Höhe ein Denkmal für Peter den Großen, geschaffen von dem bedeutenden zeitgenössischen Künstler Surab Zereteli. Dahinter leuchtet in kühlem Weiß die Zweigstelle der Tretjakow-Galerie, in deren Sälen Bilder der russischen Avantgarde und des sozialistischen Realismus ausgestellt sind. Vor der Bronzeplastik stehen die roten Fabrikhallen der berühmtesten Schokoladenfabrik Moskaus. Die Produktion begründete 1851 ein deutscher Konditor, Theodor Ferdinand Einem. 1913 wurde er gar zum Hoflieferanten des Zarenhofes ernannt. Nach der Revolution gaben die neuen Machthaber der Schokoladenfabrik den phantasievollen Namen Roter Oktober, und die süße Ware ist unter diesem Markennamen bis heute bekannt.
Am anderen Ende der Fußgängerbrücke erreichen wir einen etwa zehnstöckigen Gebäudekomplex aus grauem Granit. Als *Haus an der Uferstraße* ist das Gebäude bei den Moskauern bekannt, und so lautet auch der Titel eines Romans von Jurij Trifonow. Darin verfolgt der Autor die Schicksale der Hausbewohner, die zur Elite der jungen Sowjetunion gehörten: »Der graue Gigant hing über der Gasse, nahm ihr morgens die Sonne, während an den Abenden Radiostimmen und Grammophonklänge hinunterdrangen. Dort, in himmelsnahen Stockwerken, vollzog sich scheinbar ein

ganz anderes Leben [...]. Das gegenüberliegende Flußufer mit der Kremlmauer, den Kremlpalästen, den Tannen, den Kuppeln: alles war wunderbar und malerisch [...] beim Frühstück [sah man] die Kremlschlösser aus dem Vogelflug.«[239] Das Wohnhaus entstand 1931 im Stil des frühen sowjetischen Konstruktivismus. Neben fünfhundert Wohnungen befinden sich im selben Gebäude auch die notwendigsten Einrichtungen für den Alltag. Ein eigener Supermarkt und ein Kindergarten, mehrere Restaurants, eine Wäscherei und ein Postamt sollten den Bewohnern die Exklusivität garantieren. Das Prestigeobjekt bezogen die Mitglieder der Regierung, hohe Militärs, bedeutende Funktionäre und Wissenschaftler. Während der dreißig Jahre wurden viele Bewohner Opfer der Säuberungsaktionen. An einige von ihnen erinnern die Gedenktafeln an der Fassade.

Nur wenige Schritte sind es zur Bolotnaja Nabereschnaja (Sumpfkai). Der Name verrät, daß sich hier bis zur Trokkenlegung im 18. Jahrhundert ein großer Sumpf befand. Heute ziert eine Grünanlage den Kai, und inmitten der Bäume stoßen wir auf ein Denkmal für einen der bedeutendsten und bekanntesten russischen Maler des 19. Jahrhunderts – Ilja Repin. Er weist uns den Weg über eine kleine Fußgängerbrücke zur Tretjakow-Galerie. Der Kaufmann und Industrielle Pawel Tretjakow erwarb 1856 die ersten Gemälde für seine Sammlung, da war er erst 24 Jahre alt. Er spezialisierte sich auf die Werke russischer Maler, und nach kaum zwanzig Jahren reichten seine Privaträume und Anbauten nicht mehr aus, um die große Anzahl der Gemälde zu fassen. In den siebziger Jahren des 19. Jahrhunderts entstand schließlich neben seinem Wohnhaus eine Pinakothek, die jedem frei zugänglich war. Alfred Charpentier besuchte sie kurz vor der Jahrhundertwende und schwärmte: »Seine [Tretjakows] Schöpfung ist vom Standpunkte der russischen wie der allgemeinen Kunst gleich lehr-

reich und bewundernswerth. An wenigen Stellen findet der Kunstfreund so wie hier Gelegenheit, die Phasen einer allgemeinen Entwickelung, wie die Stufen der Ausbildung einzelner Meister zu studieren. [...]
Herr Tredjakow hat allerdings seine Galerie täglich dem Publikum in liberalster Weise geöffnet, erhebt keinerlei Gebühr, selbst nicht für die Garderobe [...].«[240] Doch Tretjakows Großzügigkeit ging noch weiter, 1892 vermachte er seine Sammlung der Stadt Moskau. Dafür hat man ihn in den Adelsstand aufnehmen wollen. Er lehnte jedoch ab und nahm lediglich die Ernennung zum Ehrenbürger Moskaus an. Nach der Revolution wuchsen die Bestände, andere Privatkollektionen kamen hinzu, so daß Luise Rinser 1972 vermerken konnte: »Hier kann man die ganze Geschichte der russischen Malerei studieren und zugleich – das wird mir beim Anschauen erst nach und nach klar – die Geschichte der russischen Revolution, genau gesagt ihrer Vorbereitung. Zuerst nur geschönte Portraits von Zaren, Zarinnen, Großfürsten, oft von ihren eigenen Leibeigenen gemalt, dann die ersten Landschaftsbilder: russisches Bauernland, armes Land, naturalistisch abgemalt, dann die ersten Bilder von ›Menschen aus dem Volk‹, Szenen aus dem Leben des einfachen Mannes, der hart arbeitet und leidet, dies vor allem in den Bildern der ›Wanderer‹, jener Gruppe von Malern, die Wanderausstellungen machten, um das Volk in allen Teilen des Landes zu finden und zu erziehen, nicht zur Kunst, sondern mit Hilfe der Kunst zu sich selber, zur Bewußtwerdung ihrer Lage, zur Auflehnung gegen die feudale Unterdrückung und die eigene Unwissenheit. Das ganze 19. Jahrhundert: ein aktives Warten auf den Tag X, der erst im Oktober 1917 kommen wird. Mir wird plötzlich zum erstenmal ganz klar, eine wie unglaublich lange Anlaufzeit die russische Revolution hatte, und dabei wird mir auch klar, daß man die Revolution nicht vom Zaun bre-

chen kann, wie es wir Deutschen machten 1918, da fehlte die lange, geduldige, genaue Vorbereitung.«[241] Seit 1995 ist die Galerie nach einer zehnjährigen Umbauzeit den Besuchern wieder zugänglich. Wer sich für Ikonen interessiert, sollte beachten, daß die berühmte Gottesmutter von Wladimir nicht in einem der Ausstellungssäle zu sehen ist. Seit einigen Jahren befindet sie sich in einer Kirche, die in den Komplex der Tretjakow-Galerie integriert ist.

Am Ende des Lawruschinskij Pereulok stoßen wir an eine Quergasse, den Bol'schoj Tolmatschewsjij Pereulok. Hier eröffnet sich uns ein Blick auf einen der schönsten klassizistischen Paläste Moskaus. Bereits Ende des 18. Jahrhunderts entstand an dieser Stelle ein Stadtpalais für die Familie Demidow, die vor allem durch ihre Bergwerke am Ural sehr vermögend waren. Beim Brand 1812 blieb das Palais unversehrt und ist deswegen um so wertvoller. Heutzutage beherbergen die prächtigen Räume die Wissenschaftlich-Pädagogische Bibliothek.

Wir biegen links ein, gelangen in die Bol'schaja Ordynka und biegen gleich wieder rechts in die erste Gasse, in den Klimentowskij Pereulok. Sie erhielt ihren Namen von der Kirche des hl. Klemens, deren barocke Fassade bald rechts zu sehen sein wird. Von hier kann man einen Abstecher in das Ostrowskij-Museum machen oder in Begleitung von Ostrowskis Worten durch die Pjatnickaja bummeln und in die Atmosphäre einer vergangenen Zeit eintauchen: »Man sieht sofort, wenn bei uns jenseits der Moskwa ein Feiertag ist. Woher du auch immer kommst, du wirst sofort erkennen, daß bei uns Feiertag ist. Erstens erkennst du es daran, daß du in ganz Samoskworetschje ein mächtiges und ununterbrochenes Läuten hörst. Zweitens erkennst du es daran, daß es in ganz Samoskworetschje nach Piroggen duftet.

An dieser Stelle muß ich anmerken, daß es nirgendwo so große und so laute Glocken gibt wie bei uns jenseits der

Utopie wird Architektur: eines der sieben stalinistischen Hochhäuser

Moskwa und daß nirgendwo solche Piroggen, deren Duft sich in einem ganzen Stadtviertel ausbreitet, gebacken werden. [...]
Bei uns beginnt der Feiertag um vier Uhr morgens: Um vier Uhr gehen alle anständigen Leute gleich nach dem Aufwachen zur Messe. Die Besucher der Frühmessen unterscheiden sich hier gewaltig von den Besuchern der Hauptmessen. Die ersteren sind zum größten Teil solide Menschen: Kaufleute, ältere Beamte, alte Kaufmannsfrauen und einfache Leute. [...] Hier werden Sie auch weder bunte Kleider noch das lächerliche Nachäffen der höheren Gesellschaft sehen, sondern – im Gegenteil – die aufrichtige und demütige Frömmigkeit läßt alle Gesellschaftsschichten und sogar die Gesichter einander gleichen. [...]
Aber schon ist die Messe zu Ende, die Leute kommen aus der Kirche, beglückwünschen sich, versammeln sich, um dies oder jenes zu besprechen, und eine hastige Unruhe, wie an einem Wochentag, beginnt. Von der Messe gehen alle nach Hause, um Tee zu trinken [...]

Von eins bis vier sind die Straßen leer, und Stille kehrt ein. In dieser Zeit essen alle und ruhen dann bis zur Vesper, das heißt bis vier Uhr. Um vier hört man in ganz Samoskworetschje die Samoware summen, Samoskworetscheje erwacht und räkelt sich. Wenn Sommer ist, werden in den Häusern alle Fenster geöffnet, um frische Luft hereinzulassen, und dann bilden sich am offenen Fenster, rund um den brodelnden Samowar, Familiengemälde. Geht man zu dieser Stunde durch die Straßen, kann man sich an den Gemälden rechts und links ergötzen. Da sitzt am weitgeöffneten Fenster rechts ein vollbärtiger Kaufmann im roten, bequemen Hemd und schüttet mit größter Kaltblütigkeit das siedende Getränk in sich hinein, während er dann und wann seinen Oberkörper in diversen Richtungen streichelt: das Getränk durchdringt also die ganze Seele, strömt durch alle Adern. Und links sitzt ein Beamter, halb verdeckt von einer Geranie, in einem tatarischen Schlafrock, mit einer Pfeife voll Schukow-Tabak, nippt am Tee, macht einen Lungenzug und bläst den Rauch in Ringen aus. [...]
Nach der Vesper machen die reichen Leute (das sind jene mit eigenen Pferden) eine Spazierfahrt zum Park [...]. Gegen neun Uhr geht man ins Bett, und um neun schläft ganz Samoskworetschje. Auf der Straße ist niemand mehr, außer Hunden. Eine Kutsche brauchen Sie erst gar nicht zu suchen.«[242]

An der Brücke (Bol'schoj Moskworeckij Most) angelangt, wird man sicher wie Karl Schlögel feststellen: »mein Gott, welch ein Blick!«[243] Der Kreml und die Basiliuskathedrale erheben sich auf der einen Seite und rechts in der Ferne ein stalinistisches Hochhaus im Zuckerbäckerstil – zwei Gesichter einer Stadt, das alte und das neue – »es ist so schön und so häßlich, wie ein Gesicht ist«.[244]

VIII. Ausflug: Dreifaltigkeitskloster in Sergijew Possad

»vergoldete Spitzen und Kuppeln,
die in der Sonne glänzen«[245]

Läßt man Moskaus Stadtgrenze hinter sich und fährt nach Nordosten, breitet sich bald die typische weite russische Landschaft vor einem aus. Ein Gefühl der Ehrfurcht stellt sich beim Anblick der nicht enden wollenden Wälder, Wiesen und Felder ein. Ein Bekenntnis Gogols dazu ist in den *Toten Seelen* zu finden: »›Herr im Himmel, was für eine Weite!‹ Ohne Ende, ohne Grenze tat sich die Ferne vor einem auf, hinter den von Gehölzen und Wassermühlen übersäten Wiesen leuchteten die Wälder in grünen Streifen [...]. Wälder, die schon bläulich waren wie die See oder Nebel, der sich weit ins Land erstreckt [...]. All dies war von einer tiefen Stille umgeben, die nicht einmal von dem fernen Widerhall der Nachtigallenstimmen gestört wurde, die kaum ans Ohr drangen und sich in der Weite verloren. Der Gast [...] konnte auch nach zweistündigem Betrachten nichts sagen als: ›Herr im Himmel, was für eine Weite!‹«[246]
Bereits entlang der Straße zu Rußlands bedeutendstem Wallfahrtsort begrüßen uns malerische Kirchen. Verließen wir die Hauptstraße und ständen noch alle Gotteshäuser, die in den Jahren des Kommunismus zerstört wurden oder einfach nur verfielen, könnten wir uns an den in die Höhe ragenden Kuppeln und den schlanken Glockentürmen als Wegweiser orientieren, wie es jahrhundertelang russische Großfürsten und Zaren taten, wenn sie zu den Reliquien des hl. Sergij pilgerten. Der Heilige genoß bereits zu seinen Lebzeiten eine außergewöhnliche Autorität und soll viele Wunder vollbracht haben. Seine bedeutendste Tat, die

ihn zum »populärsten und beliebtesten der Heiligen Rußlands«[247] machte, steht im Zusammenhang mit dem Befreiungskampf gegen das mongolisch-tatarische Joch. Rußland litt unter der Fremdherrschaft seit den dreißiger Jahren des 13. Jahrhunderts. Als 1380 der Moskauer Großfürst Dmitrij Iwanowitsch erwog, einen Feldzug gegen die Peiniger zu unternehmen, soll er bei Sergij um Rat und Segen gebeten haben.

Mit dem ersten Sieg des russischen Heeres über die mongolisch-tatarischen Verbände schrieb der Moskauer Großfürst Geschichte. Das Ereignis war so außergewöhnlich bedeutsam, daß Dmitrij Iwanowitsch als Ehrentitel den Beinamen Donskoj bekam, denn die entscheidende Schlacht fand auf dem Kulikowo-Feld[248] in der Nähe des Flusses Don statt.[249] Den hl. Sergij machte der ruhmreiche Sieg zu einer der bedeutendsten Persönlichkeiten der russischen Kirchengeschichte, das Dreifaltigkeitskloster zum »nationalen Heiligtum«,[250] und die russisch-orthodoxe Kirche um so mehr zu einer einflußreichen politischen Größe. Daß sich die Kirche nicht nur für religiöse Belange zuständig fühlte, war seit dem Zerfall des Kiewer Reiches deutlich geworden. Nach der Zersplitterung des ersten russischen Staates versuchte sie die rivalisierenden Teilfürstentümer zu versöhnen und unterstützte diejenigen Fürsten, die ein neues zentralisiertes Reich schaffen wollten. Seit der Schlacht auf dem Kulikowo-Feld übernahm die Kirche eine weitere Aufgabe. Sie wurde nicht nur zur moralisch-ideellen Stütze im Kampf gegen fremde Invasoren. Die neuentstandenen Klöster wurden durch ihre Wehrhaftigkeit zu strategisch wichtigen Bollwerken. In jener schwierigen Zeit des 14. Jahrhunderts gründeten allein die Schüler des hl. Sergij siebzig weitere Klöster.[251]

Auch später, nach dem endgültigen Sieg über die mongolisch-tatarische Fremdherrschaft,[252] beeinflußte das Dreifaltigkeitskloster den Fortgang der russischen Geschichte: Als sich Rußland nach dem Erlöschen der Rurikiden-Dynastie in einer tiefen Krise befand und die polnisch-litauischen Heere weite Teile des Landes und sogar Moskau erobert hatten, trotzte allein das Dreifaltigkeitskloster der feindlichen Belagerung. Sechzehn Monate lang widersetzte sich das wehrhaft ausgebaute Kloster einer Eroberung und wurde nach über zweihundert Jahren wieder zum Vorbild im Befreiungskampf für das ganze Land. Ende des 17. Jahrhunderts spielte das Kloster zum letztenmal eine entscheidende Rolle in der russischen Geschichte und beendete eine innenpolitische Krise. Als sich 1689 der Machtkampf zwischen Peter I. und seiner Halbschwester Sophia zuspitzte, fand Peter hinter den Klostermauern Schutz und Unterstützung. Der junge, siebzehnjährige Zar erlebte noch als Knabe das gewaltsame Wüten der sophientreuen Strelizenverbände im Moskauer Kreml. Jetzt fürchtete er erneut um sein Leben, obwohl sich dieses Mal seine Sorgen als unbegründet erwiesen. Doch nach den schrecklichen Erlebnissen seiner Kindertage genügte allein das Gerücht, Sophia trachte ihm nach dem Leben, um ihn zum sofortigen Handeln zu bewegen. Er flüchtete in das Dreifaltigkeitskloster, von wo aus die weiteren Verhandlungen geführt wurden. Als rechtmäßiger Zar konnte sich Peter der Unterstützung der traditionell herrschertreuen Mönche sicher sein. Als sich auch der Patriarch an Peters Seite stellte, war der Machtkampf so gut wie entschieden.

Die überragende Bedeutung des Dreifaltigkeitsklosters gibt die Beschreibung de Custines wieder: »Alle in der Geschichte Rußlands ausgezeichneten Personen haben ein Vergnügen daran gefunden, dieses Kloster zu bereichern, dessen Schatz von Gold, Diamanten und Perlen strotzt [...] Die Czaren, die Kaiserinnen, die frommen Großen, die Wüstlinge, selbst die ächten Heiligen haben an Freigebigkeit gewetteifert, um, jeder nach seiner Art, den Schatz von Troizkoi zu bereichern.«[253]

Alexandre Dumas erreichte das Dreifaltigkeitskloster im sanften Licht des späten Nachmittags und war voller Begeisterung: »Man wird schwerlich etwas Erhabeneres zu Gesicht bekommen als dieses riesige Kloster von der Größe einer Stadt zu dieser Tageszeit, wenn sich die schrägen Strahlen der Sonne an seinen Turmspitzen und vergoldeten Kuppeln brechen. Bevor man das Kloster erreicht, fährt man durch den ausgedehnten Marktflecken, der jenem seine Entstehung verdankt und in dem man tausend Häuser und sechs Kirchen zählt.

Umgeben von Hügeln, die die Gegend malerischer erscheinen lassen als die russischen Städte im allgemeinen, die durchweg in Ebenen erbaut sind, liegt das Kloster auf einer Anhöhe, die alle Hügel beherrscht; es ist mit einer hohen und dicken Mauer befestigt und mit acht Türmen bewehrt. Hier haben wir lebendiges Mittelalter vor uns wie in Aiguesmortes oder in Avignon. Die Mauer umschließt den Glockenturm, neun Kirchen, den Zarenpalast, die Wohnung des Archimandriten und die Zellen der Mönche.«[254]

Die Einzigartigkeit des Dreifaltigkeitsklosters erschließt sich dem heutigen Besucher schon beim ersten Anblick des Ensembles. Um einen Gesamteindruck zu bekommen, empfiehlt es sich, die Aussichtsplattform aufzusuchen, die sich südöstlich des Klosters befindet, an der Ecke der Straßen Perwomajskaja und Wokzalnaja, ca. 50 Meter hügelaufwärts von der Hauptdurchgangsstraße (Prospekt Krassnoj Armii) des Ortes. Von hier sieht man am besten, daß innerhalb der etwa 1400 Meter langen Klostermauer epochenspezifische Beispiele russischer sakraler Architektur verschiedener Jahrhunderte entstanden – und das macht den Besuch zu einem einmaligen Erlebnis.

Rundgang:

Dreifaltigkeitskathedrale: Rubljows Dreifaltigkeitsikone → Mariä-Entschlafens-Kathedrale → Sossima-und-Sawwati-Kirche → Refektoriumsgebäude

Ein Teil des Klosters ist nur für die Mönche zugänglich. Die wichtigsten Bauwerke befinden sich jedoch rund um den kleinen zentralen Platz inmitten der Anlage. So auch die Hauptkirche des Klosters, die Mitte des 14. Jahrhunderts der Heiligen Dreifaltigkeit geweiht wurde. Hier fand Sergij 1392 seine letzte Ruhestätte. Doch 1408 legte ein Überfall des tatarischen Heeres unter der Führung von Chan Edige das Kloster in Schutt und Asche. Es glich einem Wunder, daß das Grab Sergijs unter den verkohlten Überresten der Dreifaltigkeitskirche unversehrt blieb. An derselben Stelle entstand zuerst ein provisorisches Gotteshaus aus Holz. 1422 folgte der Bau der bis heute erhaltenen Dreifaltigkeitskathedrale – nun aus elegantem Kalkstein. Ihr Aussehen erinnert an die schlichte Architektur der Gotteshäuser aus der vormongolischen Zeit, wie wir sie bis heute noch in der historischen Landschaft des Wladimir-Susdal-Großfürstentums sehen können. Sie ist das älteste und trotz ihrer geringen Ausmaße auch das bedeutendste Bauwerk der gesamten Anlage. Seit der Heiligsprechung des Sergij im Jahr 1448 ist das Grab des Klostergründers zu einem der meistbesuchten Pilgerziele für orthodoxe Russen geworden. Ausländische Besucher werden von der prächtigen Grabstätte beeindruckt, und de Custine notierte: »Das Grab des Heiligen [Sergijus] in der Dreieinigkeits-Kathedrale ist blendend kostbar. Dieses Kloster würde den Franzosen eine reiche Beute geboten haben, aber es ist seit dem 14. Jahrhundert nicht erobert worden. [...]
Der Schrein des Heiligen ist von vergoldetem Silber; sil-

Geschichtsträchtiges Zentrum der russischen Orthodoxie: Dreifaltigkeitskloster in Sergijew Possad

berne Säulen und ein Baldachin von demselben Metalle, ein Geschenk der Kaiserin Anna, schirmen ihn. Das Bild des Heiligen gilt für wunderthätig; Peter der Große hatte es auf seinem Feldzuge gegen Karl XII. bei sich.«[255]

Die Ikonostase ist ebenfalls sehr kostbar. Die Hauptikone schuf der bedeutendste russische Ikonenmaler, Andrej Rubljow.[256] Er muß nicht nur außerordentlich begabt gewesen sein. Legenden beschreiben ihn als einen Mönch, der »in Tugenden vollkommen«[257] war. Grund genug, daß er sich nicht – wie andere Ikonenmaler – genauestens an die Ikonenmalbücher halten mußte. Die Malerhandbücher schreiben seit Jahrhunderten Muster fest, wie bestimmte biblische Textstellen in Bilder übertragen werden sollten. Denn die Ikonen sollten jedermann verständlich sein, sie sollten der breiten Masse von Analphabeten die wichtigsten Ereignisse des Alten und Neuen Testaments vermitteln.

Deshalb waren standardisierte Szenen, Figuren, Porträts, sogar Gestik, Mimik und Farben ganz genau festgelegt worden.
Die bildliche Wiedergabe historischer Personen aus der Bibel oder die Darstellung der Heiligen bereitete keine Schwierigkeiten. Doch bei dem zentralen Thema der Christenheit, beim Versuch, die Dreifaltigkeit Gottes ins Bild zu fassen, stand man vor einem schier unlösbaren Problem. Wie sollte Gottvater in die Bildkomposition eingehen, war doch seit der Verkündigung der Zehn Gebote verboten, sich ein Bildnis von ihm zu machen. Für die Ostkirche bekräftigte dieses Verbot im 7. Jahrhundert der bedeutende byzantinische Theologe Johannes von Damaskus. Einen Ausweg aus diesem Dilemma boten die Visionen der Propheten. Die Vision Daniels wurde für die Malerei der Westkirche zur Grundlage der Gottvater-Darstellung: »Ich schaute: da wurden Throne aufgestellt, und ein Hochbetagter setzte sich nieder. Sein Gewand war weiß wie Schnee, und das Haar seines Hauptes rein wie Wolle« (Dan. 7,9).[258] Byzantinische Kirchenväter wählten eine andere Stelle des Alten Testaments, um den nicht Darstellbaren darstellen zu können. Es ist die Begegnung des Erzvaters Abraham mit drei Engeln im Hain Mamre. Das älteste Zeugnis der Auslegung dieser Begebenheit als der Dreifaltigkeit geht in die erste Hälfte des 6. Jahrhunderts zurück. Cäsarius von Arles[259] äußerte: »Dreien läuft Abraham entgegen, und einen betet er an. Darin aber, daß er drei gesehen hat, hat er das Geheimnis der Trinität begriffen; daß er sie aber wie Einen angebetet hat, zeigt, daß er erkannt hat, daß in den drei Personen *ein* Gott ist.«[260] Diese Auffassung setzte sich in der byzantinischen Theologie durch und fand Mitte des 11. Jahrhunderts auch Eingang in das gerade christianisierte Rußland.
Nun gab es eine solche Darstellung der Dreifaltigkeit be-

reits vor Andrej Rubljow. Was also ist an seiner Ikone so einzigartig, daß die Moskauer Synode im Jahr 1551 entschied: »Die Maler sollen die Ikonen abmalen von den alten Bildern, wie die griechischen Maler gemalt haben und wie Andréj Rubljów gemalt hat.«[261] Die Besonderheit von Rubljows Ikone besteht darin, daß er die alttestamentarische Begebenheit auf das Wesentliche reduzierte. Die Ikone gibt nicht mehr die gesamte Geschichte der Begegnung und Bewirtung wieder. Weder Abraham noch Sara, noch der Knecht oder die Speisen sind zu sehen. Aus dem komplexen alttestamentarischen Geschehen wird allein die Hauptaussage dargestellt: drei Engel, die eine und ungetrennte Gottheit. Sie sitzen um einen Tisch, der einem Altar gleicht. Ein Kelch steht darauf, darin etwas undefinierbar Purpurnes – ein Hinweis auf das Opfer des Gottessohnes und die Eucharistie.

Es gibt verschiedene Interpretationen dazu, welcher Engel für die einzelnen Naturen Gottes steht. Geht man allein vom Symbolgehalt der Farben aus, so könnte der mittlere Engel für Gottvater gehalten werden. Sein Gewand ist purpurrot – eine Farbe, die den Herrschern vorbehalten war. Der mittlere Engel ist dem linken Engel zugewandt (links aus der Perspektive des Betrachters). Dieser trägt ein blaues Gewand. Blau ist die Farbe des Überschreitens, des Transzendierens alles Irdischen. Es ist die Farbe des Gottessohnes. Auch der rechte Engel ist in ein blaues Gewand gehüllt, doch überwiegt bei ihm als bedeutungstragendes Element der grüne Umhang. Das Grün deutet auf den Heiligen Geist, es ist die Farbe des Vitalen, des Lebensspendenden. Wichtiger als die eindeutige Bestimmung der drei Engel ist jedoch die Gesamtwirkung: Sie ist ätherisch, strahlt unendliche Ruhe, tiefe Demut und grenzenlose Sanftmut aus. Ein Dunstschleier vermittelt die Illusion des Transzendenten. Das Einfangen dieser besonderen, zart schimmernden, dunstigen Luftschicht macht die Farben fast transparent. Russische Kunsthistoriker halten es für möglich, daß Rubljow seine Ikonen im natürlichen Außenlicht malte. Damit hätte er das stimmungsvolle Licht der Impressionisten vorweggenommen. Das Schwerelose, Immaterielle vermitteln auch die besonders langgestreckten Körper der Engel. Gewöhnlich mißt der Körper das Siebenfache des Kopfes; bei Rubljow sind die Körper vierzehnmal so lang.

Bei längerem, konzentriertem Anschauen der Ikone hat der Betrachter das Gefühl, in das Bild hineingezogen zu werden. Der Grund dafür ist die umgekehrte Perspektive. Anders als bei den Bildern der westeuropäischen Maler, in denen sich seit der Entdeckung der Zentralperspektive alles auf einen Fluchtpunkt bezieht, verbot der Ikonenkanon diese die reale Welt wiedergebende Art der Darstellung. Damit steht die Ikone auch sichtbar außerhalb des Irdischen. Das Dargestellte ist durch eine mystische Beziehung in der Ikone gegenwärtig, und die orthodoxen Christen empfinden diese mystische Beziehung. Für sie ist das Heilige, Göttliche in jeder Ikone gegenwärtig. In Lesskows *Der versiegelte Engel* wird diese besondere Wirkung der Ikonen beschrieben: »Wenn man die Muttergottes anblickte und sah, wie sich die leblosen Bäume vor ihrer Reinheit neigten, so zerging einem das Herz und erbebte vor Wonne; sah man den Engel an, so jauchzte einem das Herz vor Freude! Dieser Engel war wahrhaftig etwas unbeschreiblich Schönes. Sein Antlitz – ganz lebendig steht es mir noch vor der Seele – war äußerst lichtvoll und göttlich und so hilfsbereit, sein Blick war anmutig; seine Ohren trugen Strahlenbündel, zum Zeichen, daß er alles von überall her vernimmt; sein Gewand glühte, von Gold und Edelsteinen ganz übersät; sein Harnisch war mit Federn geschmückt [...]. Herrlich, herrlich! ... Das Haar auf seinem Kopf war kraus und dunkelblond, über die Ohren hing es in Locken herab,

und jedes Härchen war wie mit einer feinen Nadel gezeichnet. Die Flügel aber waren ausgebreitet und weiß wie Schnee, die Rückseite dagegen hell azurfarben; Feder reihte sich an Feder und in jeder Federfahne wieder Fiederchen an Fiederchen. Wenn man diese Flügel anblicke, so schwand einem jede Angst aus der Seele; wenn man betete: ›Halte deine schützende Hand über mich‹, so wurde man ganz ruhig, und in der Seele trat Frieden ein.«[262]
Der Zauber der Ikonen berührt auch Nichtorthodoxe, und oft erwerben sie ein Heiligenbild. Lewis Carroll besichtigte die Ikonenwerkstatt der Mönche und schwärmte: »Im Malraum fanden wir so viele erlesene Ikonen, zum Teil auf Holz, zum Teil auf Perlmutt, daß die Schwierigkeit nicht so sehr war, zu entscheiden, was wir kaufen, als was wir ungekauft lassen sollten. Wir nahmen schließlich jeder drei, eine Beschränkung, eher durch Zeitknappheit als durch irgendwelche vernünftigen Überlegungen bedingt.«[263]

Schräg gegenüber der Dreifaltigkeitskathedrale ragen blaue, goldsternbesäte Kuppeln der Mariä-Entschlafens-Kathedrale in die Höhe. Sie repräsentiert die sakrale Baukunst des 16. Jahrhunderts. Ihr Baukörper wiederholt die Gestalt der gleichnamigen Kathedrale des Moskauer Kremls. Beide Kathedralen sind Zarenstiftungen und geben den Anspruch der Herrscher wieder, mit ihren Bauten alles zu übertreffen und so ihren Machtanspruch zu demonstrieren. Im Sergijew Possad finanzierte Zar Iwan IV. dieses größte Gotteshaus der Klosteranlage. Er ließ es sich nicht entgehen, bei der Grundsteinlegung im Jahr 1559 anwesend zu sein. In der Kathedrale finden nur im Sommer Gottesdienste statt, einen davon hat Lewis Carroll miterlebt: »Der Gottesdienst in der Kathedrale hatte schon angefangen, als wir dort ankamen, und der Bischof führte uns hinein, durch eine große Menschenmenge hindurch, die das

Gebäude zum Bersten füllte, in einen Nebenraum, der zum Chor führte. Dort blieben wir während des Gottesdienstes und genossen das seltene Privileg, den Geistlichen bei der Kommunion zusehen zu können – eine Zeremonie, für die die Tore des Chors immer geschlossen und die Vorhänge zugezogen sind, so daß die Gemeinde sie nicht sieht. Es war eine äußerst umständliche Zeremonie mit vielen Bekreuzigungen und mit Schwenken von Weihrauchfässern vor jedem Gegenstand, den man dazu brauchte, aber auch offensichtlich durchdrungen von wahrhaftiger Andacht.«[264]

Für die sakrale Bautätigkeit des 16. und frühen 17. Jahrhunderts ist die schneeweiße Sossima-und-Sawwati-Kirche[265] beispielhaft, die am angrenzenden Klosterhospital 1637 fertiggestellt wurde. Das Hauptmerkmal dieses Kirchentypus ist die schlanke, spitz zulaufende, zeltartige Dachkonstruktion über dem Kirchenraum. Diese Bauweise verdrängte für etwa einhundert Jahre den typischen Fünf-Kuppel-Dachabschluß. Das Zeltdach war zuerst in nördlichen Regionen Rußlands verbreitet, wo die Gotteshäuser vorwiegend aus Holz errichtet wurden. Die Zeltdachkirchen fanden schließlich Eingang in die Steinarchitektur und wurden auch in der Hauptstadt des Russischen Reiches modern. Das älteste Bauwerk dieses Typus aus Stein befindet sich in Kolomenskoe. Dort, an der heutigen Peripherie Moskaus, entstand auf dem Territorium des ehemaligen Landsitzes der Moskauer Herrscher im Jahr 1532 die Christi-Himmelfahrts-Kirche. Der Anlaß zum Bau dieser Memorialkirche war die langersehnte Geburt des Thronfolgers, des zukünftigen Iwan IV. Noch heute kann man beim Anblick des weit sichtbaren Gotteshauses nachempfinden, daß dieses 63 Meter in die Höhe ragende Bauwerk für alle sichtbar die Freude und Dankbarkeit des Großfürsten Wassilij III. ausdrückte.

In heutiger Zeit sind die Zeltdachkirchen eine Rarität. Nachdem sie im Verlauf von einem Jahrhundert an Popularität gewonnen hatten, wurde ihr Bau vom Patriarchen Nikon Mitte des 17. Jahrhunderts verboten. Der Patriarch argumentierte, die Zeltdachform wäre ein Element der profanen Architektur und deshalb für den sakralen Bereich ungeeignet.

Auch der Barock ist auf dem Klostergelände vertreten. Wie kaum anderswo können wir hier auf engstem Raum zwei Varianten dieser Stilrichtung versammelt sehen: Im Moskauer Barock, auch Naryschkin-Barock genannt, wurde 1692 das Refektoriumsgebäude fertiggestellt, an dessen Ostseite die Sergijuskirche integriert ist. Dieses Gotteshaus gehört zur Gruppe der sogenannten »warmen Kirchen«. Diese Kirchen sind beheizbar und werden im allgemeinen nur in der Winterzeit für Gottesdienste genutzt. Gelegentlich wird der 1050 Quadratmeter große Speisesaal als Versammlungsraum für die Wahl des russischen Patriarchen genutzt.[266]
Nach der Gründung St. Petersburgs 1703 verbreitete sich in Rußland die westeuropäische Variante des Barocks. Doch die Bauwerke fielen farbenfroher aus als in Westeuropa. In St. Petersburg wurde vor allem Karminrot und Azurblau verwendet. Auf dem Klostergelände finden wir zwei Bauwerke in dem für die nördliche Metropole weltbekannten Azurblau: die Kirche der Gottesmutter von Smolensk (1753) und den in der Nähe stehenden Glockenturm (1770).

Den Ausflug beschließt man am besten wie Lewis Carroll in einem Restaurant mit einheimischen Köstlichkeiten: »Beim Dinner im Troiza-Gasthaus[267] gelang es uns, zwei russische Spezialitäten zu bekommen: eine Art bitteren Wein aus den Beeren der Eberesche, von dem man vor dem Essen ein Glas nimmt, um den Appetit anzuregen. Man nennt ihn ›Phoboe‹ (Ribinow). Die andere war die Suppe ›Щи‹ (schtschi), mit der üblichen Zutat von einem Krug Sauerrahm zum Hineinrühren.«[268] Da heutzutage auf dem Klostergelände lediglich Pilger verköstigt werden, empfiehlt sich der Besuch des Restaurants *Russkij Dworik*, gleich schräg gegenüber dem Kloster (Prospekt Krassnoj Armii 134).

Anhang

Vorwort

1 Johann Gottfried Seume, Mein Sommer 1805, S. 90.
2 Vgl. Alexandre Dumas, Reise durch Rußland, S. 286.
3 Dumas, S. 294.
4 Astolphe de Custine, Russische Schatten. Prophetische Briefe aus dem Jahre 1839, S. 236.
5 Michail J. Lermontov, Sočinenja v šesti tomach, vgl. Heddy Pross-Weerth, Moskau. Von der Siedlung im Wald zur Kapitale einer Weltmacht, S. 192.
6 Ossip Mandelstam, Im Luftgrab, S. 49.
7 Bei der Übertragung von Familien- und Ortsnamen aus dem Russischen ins Deutsche herrscht keine Einheitlichkeit, deshalb ist z. B. neben Mandelstam auch Mandelštam oder Mandelschtam verbreitet.

I. Moskau: Die alte Hauptstadt

8 Stefan Zweig, Die Welt von gestern.
9 Im 10. und 11. Jahrhundert hatte die Kiewer Rus unter den Überfällen der Petschenegen zu leiden, bis sie 1036 vernichtend geschlagen wurden. Doch damit endete nicht die Bedrohung aus der Steppe. Nachdem die Petschenegengefahr gebannt war, wurde das osteuropäische Reich und auch ihre byzantinischen Nachbarn immer wieder vom Nomadenvolk der Polowzer geplündert.
10 De Custine, S. 242.
11 Kitaj ist abgeleitet von Kita = Flechtzaun. Möglich, daß östlich des Kremls irgendwann ein Flechtzaun angebracht war. Gorod bedeutet im Russischen Stadt. Oft wird fälschlich Kitaj Gorod mit Chinesenstadt übersetzt, da Kitaj im Russischen China bedeutet.
12 De Custine, S. 236 f.
13 Lermontov, vgl. Pross-Weerth, S. 192.
14 Helmuth Karl Bernhard Graf Moltke, Briefe aus Rußland, S. 93. Graf Moltke war General und erster persönlicher Adjutant des damaligen Kronprinzen von Preußen und des Deutschen Reiches, Friedrich Wilhelm.
15 Reinhold Neuman-Hoditz, Peter der Große, S. 81.
16 Moltke, S. 83.
17 Seume, S. 96.
18 Nikolai Gogol, Petersburger Skizzen und andere Aufsätze. S. 137 ff.

II. Moskauer Kreml

19 Oskar Bie, Die neue Rundschau 1915.

20 Lermontow, vgl. Pross-Weerth, S. 200.

21 De Custine, S. 251 und 255.

22 Moltke, S. 95.

23 Wolfgang Koeppen, Nach Rußland und anderswohin, S. 114.

24 Alexander Herzen, Erinnerungen, S. 63 ff.

25 De Custine, S. 252.

26 Walter Benjamin, Moskauer Tagebuch, S. 94.

27 Rilke und Rußland. Briefe, Erinnerungen, Gedichte, S. 22.

28 Paul Scheffer, Augenzeuge im Staate Lenins.

29 Wladimir W. Majakowskij, Frühe Gedichte, S. 155 f.

30 Konstantin Batjuškov, Sočinenja, vgl. Pross-Weerth, S. 149.

31 Polnoe sobranie russkich letopisej, Bd. 2, vgl. Pross-Weerth, S. 11. Die Festung hatte damals eine Fläche von ca. 3-4 Hektar, seit dem Ende des 15. Jahrhunderts beträgt die Fläche 27,5 Hektar.

32 Polnoe sobranie russkich letopisej, vgl. Pross-Weerth, S. 11.

33 Mit dem Titel Bojar bezeichnet man einen ursprünglich unabhängigen, älteren, verdienten Gefolgsmann, der je nach Interessenlage in den Dienst des einen oder anderen Fürsten eintreten konnte. Als Gefolgsleute dienten die Bojaren dem Fürsten auch als Statthalter und Amtsleute. Seit dem 12. Jahrhundert verfügten die Bojaren über Landbesitz. Vgl. Carsten Goehrke, Russischer Alltag, Bd. 1, S. 124.

34 Da innerhalb des mongolischen Heeres auch viele Tataren waren, wird oft von tatarischen Überfällen bzw. Tatarenjoch gesprochen. Die Tataren, ein ursprünglich nomadisierender Stamm östlich des Altai-Gebirges, sind vom Dschingis Khan unterworfen worden und gingen in der Goldenen Horde auf. Seit dem Zerfall der Goldenen Horde in der zweiten Hälfte/Ende des 14. Jahrhunderts versteht man unter der Bezeichnung »Tataren« die türksprachige Bevölkerung der aus der Goldenen Horde entstandenen Khanate Astrachan, Kasan, Krim und Bibir.

35 Moskau.

36 W. Jan, Batu-Khan, S. 257-264. W. Jan schildert im 2. Band seiner Historientrilogie die Ereignisse des Jahres 1237.

37 Hauptstadt des Khans an der unteren Wolga.

38 Archäologische Untersuchungen ergaben, daß die erste Kremlmauer aus Holz aus dem Jahr 1156 einen ca. 700 Meter langen Gesamtumfang hatte. Vgl. Irina A. Rodimceva, Iz glubiny vekov, S. 14.

39 1369 betrug die Länge der Kremlmauer fast 2 Kilometer, seit der letzten Erweiterung des Kremlterritoriums am Ende des 15. Jahrhunderts ist die Mauer 2,235 Kilometer lang. Vgl. Rodimceva, S. 17.

40 Friedrich Bodenstedt, Erinnerungen aus meinem Leben, S. 86.
41 Karl Schlögel, Moskau lesen, S. 223.
42 Vgl. Goehrke, Bd. I, S. 163. Am Ende der Regierungszeit Iwans III. war das Großfürstentum etwa viermal so groß wie Deutschland heutzutage (357 092,2 Quadratkilometer).
43 Manche Quellen berichten, er wäre aus Bologna.
44 Polnoe sobranie russkich letopisej, vgl. Pross-Weerth, S. 33.
45 Moltke, S. 96 f.
46 Im Russischen heißt Entschlafen Uspenje, das Gotteshaus Uspenski Sobor. In der russisch-orthodoxen Kirche ist eine Kathedrale (Sobor) nicht immer eine Bischofskirche. Ein Sobor ist immer ein bedeutendes, meist auch großes Gotteshaus, in den Klöstern die Hauptkirche, oder ein Gotteshaus mit Reliquien.
47 Vgl. Friedrich Heiler, Die Ostkirche, S. 127.
48 Rainer Maria Rilke, Sämtliche Werke, Bd. III, S. 354 f.
49 Benjamin, S. 96.
50 Kronprinz Friedrich Wilhelm wurde am 9. März 1888 als Friedrich Kaiser des Deutschen Reiches und als Friedrich III. König von Preußen. Nach neunundneunzig Tagen Regierung starb er (15. Juni 1888), weshalb man ihm den »Neunundneunzig-Tage-Kaiser« nennt.
51 Moltke, S. 155-164.
52 Bie.
53 Adam Olearius, Moskowitische und Persische Reise, S. 80 f.
54 De Custine, S. 260 f.
55 De Custine, S. 261 f.
56 Ossip Mandelstam, Über den Gesprächspartner, S. 232 f.
57 Lewis Carroll, Tagebuch einer Reise nach Rußland im Jahr 1867, S. 55.
58 Boris Pilnjak, Maschinen und Wölfe, S. 74 ff.

III. Kitaj Gorod

59 Zweig.
60 Iberien ist ein Gebiet im südlichen Kaukasus, am Oberlauf des Flusses Kyros (heute Kura). Im Altertum siedelte hier das Volk der nicht indogermanischen Iberer. Zuerst standen sie unter dem Einfluß Roms, dann unter dem Byzanz'. Näheres zur Ikone der Iberischen Gottesmutter folgt weiter unten im Text.
61 Goerke, Bd. II, S. 362.
62 Rainer Maria Rilke, Briefe aus den Jahren 1892/1904.
63 Johann G. Kohl, Reisen im Inneren von Rußland und Polen, S. 210 f.
64 Im russischen Sprachgebrauch werden Ikonen nicht gemalt, sondern geschrieben, denn eine Ikone läßt sich vom Betrachter wie ein Buch lesen.

Vor allem Vita-Ikonen vermitteln komplexe Geschichten über das Leben der Heiligen.

65 Der See befindet sich an der Verbindungsstraße Moskau–St. Petersburg, ca. 350 Kilometer nördlich von Moskau.

66 Benjamin, S. 135.

67 Arthur Holitscher, Drei Monate Sowjetrußland.

68 Benjamin, S. 134.

69 Benjamin, S. 76 f.

70 Abgeleitet ist diese Bezeichnung von den Anfangsbuchstaben des Gebäudenamens: Gostinyj Universalnyj Magasin. Gostinyj bezieht sich auf das altrussische Wort Gost, mit dem ausländische Kaufleute bezeichnet wurden. Universalnyj Magasin bedeutet soviel wie Kaufhaus. Auch in der Sowjetzeit hielt sich der Name GUM, allerdings stand in jener Zeit das »G« für Gossudarstwennyj, was »staatlich« bedeutet.

71 Ein traditionsreiches Erfrischungsgetränk mit ca. 0,5 % Alkoholanteil, zubereitet aus gesäuertem Schwarzbrot und Wasser. Die älteste bekannte Erwähnung befindet sich in der *Erzählung von den vergangenen Jahren*. Laut dieser Quelle war das Getränk den Russen bereits im Jahr 996 bekannt. Vgl. Goehrke, Bd. 1, S. 91.

72 Sauerkrautsuppensaft.

73 Heißes Getränk des vorrevolutionären Rußlands, zubereitet aus Wasser, Honig und Gewürzen.

74 Kohl, S. 114 ff.

75 Koeppen, S. 121.

76 Ludwig Barnay, Erinnerungen.

77 Ernst Toller, Quer durch. Reisebilder und Reden.

78 Ilya Zbarski, Lenin und andere Leichen, S. 98.

79 Gabriel García Márquez, Frauenhände. In: Zwischen Karibik und Moskau, S. 129 ff.

80 Erwin Behrens, Tagebuch aus Moskau.

81 Luise Rinser, Grenzübergänge.

82 Joseph Roth, Der neunte Feiertag der Revolution.

83 Vgl. Schlögel, S. 227.

84 Jewgeni Jewtuschenko, Stirb nicht vor deiner Zeit, S. 135 f.

85 Opritschina/Opritschniki war eine neugeschaffene Streitmacht Iwans des Schrecklichen. Im engeren Sinn bedeutet Opritschina ein Sonderterritorium, das Zar Iwan der Schreckliche 1565 vom übrigen Reichsgebiet, der Semschtschina, das auch weiterhin der Bojarenduma (Bojarenversammlung) unterstellt war, trennte. Für das Sonderterritorium schuf Iwan eine eigene Verwaltung und ein eigenes Heer. Es war eine Art Teilfürstentum innerhalb der Grenzen des Moskowiterreiches, in dem besonders treue Unter-

tanen des Zaren angesiedelt wurden. 1572 wurde die Opritschina aufgehoben.

86 Alexej Tolstoj, Iwan der Schreckliche.

87 Holitscher.

88 Moltke, S. 100.

89 Moltke, S. 90.

90 De Custine, S. 241.

91 Bodenstedt, S. 89.

92 Dies ist eine nicht korrekte Übersetzung seines in Rußland gängigen Beinamens »groznyj«, was im allgemeinen mit »der Gestrenge« übersetzt wird.

93 Russische Heiligenlegenden, S. 431.

94 Bodenstedt, S. 96.

95 Neben der Warwarka-Straße sind auch die anderen zwei Hauptstraßen – die Il'inka und Nikol'skaja – bis heute erhalten.

96 Als großer Brand wird die Brandkatastrophe des Jahres 1812 bezeichnet, die sich nach der Einnahme Moskaus durch Napoleon ereignete. Es gilt als erwiesen, daß diesen Brand nicht die Franzosen verursacht haben. Er war eine Brandstiftung, von den Moskauern ausgelöst, damit die napoleonischen Truppen möglichst keine Unterkünfte und Verpflegung vor Ort nutzen konnten.

97 Auch der berühmte Kunstsammler Iwan Morosow gehörte zu dieser Kaufmannsfamilie. Über Iwan Morosow ist im Kapitel VI. RUND UM DAS MARSTALLVIERTEL Näheres zu erfahren.

98 Die darüber liegenden Stockwerke wurden in der Sowjetzeit hinzugefügt.

99 Kohl, S. 113 f.

100 Bodenstedt beobachtet »echte Bartrussen«, die der petrinischen Verordnung getrotzt und sich ihre Bartpracht nicht haben abrasieren lassen. Der Bart war in Rußland nicht lediglich eine Zierde. Er symbolisierte die Abneigung gegen jegliche Verwestlichung und drückte die Befolgung der kirchlichen Vorstellungen und Regeln aus – das von Gott Gegebene soll nicht von Menschenhand geändert werden. Als Peter I. 1698 gleich nach seiner Rückkehr aus Westeuropa das Tragen der Bärte verbot, drohte Patriarch Adrian den bartlosen Männern mit ewiger Verdammnis: »Das Rasieren ist nicht nur eine Dummheit und Respektlosigkeit; es ist eine Todsünde.« Robert K. Massie, Peter der Große, S. 207.
In St. Petersburg hätte man kaum einen bedeutenden Russen mit Vollbart sehen können, in Moskau trugen ihn solche Berühmtheiten wie Lew Tolstoj, Iwan Turgenjew und Pawel Tretjakow.

101 Bodenstedt, S. 96 ff.

102 Pelmeni sind eine ursprünglich sibirische Spezialität gewesen. Sie ähneln den Tortellini oder auch sehr kleinen Maultaschen.

103 Wladimir Giljarowski, Kaschemmen, Klubs und Künstlerklausen, S. 321-326.
104 Olearius, S. 72.
105 Vgl. Epstein, S. 69 und 183.
106 Olearius, S. 136.
107 Halbkreis- oder kielförmiger Bedachungsbogen, als Übergang vom rechteckigen Gebäudekörper zu runden Trommeln, häufig pyramidenartig angeordnet.
108 Girka ist ein figürliches, an einem Eisenstab hängendes Element zwischen zwei Dekorbögen zur Verzierung von Fenstereinfassungen, Freitreppen und Toren.
109 Egon Erwin Kisch, Zaren, Popen, Bolschewiken, S. 45 f.
110 Rußland-Chronik, S. 89 ff.
111 Carl Graf Moy, Als Diplomat am Zarenhof, S. 140 f.
112 In der Übersetzung Ljubjanka statt des korrekten Lubjanka.
113 Jewtuschenko, S. 508.
114 Jewtuschenko, S. 174 ff.
115 Wladimir W. Majakowskij, Ich. Ein Selbstbildnis.
116 Koeppen, S. 127 f.

IV. Rund um die Hauptstraße Twerskaja

117 Max Osborn, Der bunte Spiegel.
118 Duma ist neben dem Föderationsrat die zweite Kammer des russischen Parlaments mit 450 direkt vom Volk gewählten Abgeordneten.
119 Vgl. Kisch, S. 8.
120 Lew N. Tolstoj, Anna Karenina, Bd. II, S. 558 f.
121 Giljarowski, S. 23 und 149 f.
122 Richard Wagner, Mein Leben.
123 Hermann Kasack, Was ich in Moskau sah und hörte.
124 Bernhard Reich, Erinnerungen an das frühe sowjetische Theater.
125 Alexander Puschkin, Werke in sechs Bänden, Bd. 5, S. 171 ff.
126 Giljarowski, S. 225 ff.
127 Klaus Mann, Heute und morgen, S. 107 ff.
128 Puschkin, Werke in sechs Bänden, Bd. 5, S. 171 ff.
129 Lew N. Tolstoj, Krieg und Frieden, Bd. II, S. 236 f.
130 Wassilij Grossman, Am 5. März 1953.
131 Tschechow war ausgebildeter Arzt und übte seinen Beruf auch aus. Das Haus, in dem er zuletzt wohnte und praktizierte, kann besichtigt werden. Es liegt in einem Teil des Gartenrings, der Sadowaja-Kudrinskaja Nr. 6, und wir können es während des 4. Spaziergangs besuchen.
132 Giljarowski, S. 491.

133 Mandelstam, Über den Gesprächspartner, S. 218.
134 Koeppen, S. 127.
135 Boris Pasternak, Doktor Shiwago, S. 666 ff.
136 Lion Feuchtwanger, Moskau 1937, S. 23 ff.
137 Giljarowski, S. 178. Samoskworetschje ist ein Stadtteil Moskaus, südlich des Kremls und der Moskwa, in dem vor allem seit der Mitte des 19. Jahrhunderts reiche Kaufleute wohnten. Auch die berühmte Familie Tretjakow hatte hier ein Haus.
138 Giljarowski, S. 200 f.
139 Lew N. Tolstoj, Anna Karenina, Bd. III, S. 1114.
140 Ruth von Mayenburg, Hotel Lux, S. 19 ff.
141 Giljarowski, S. 286.
142 Die Verschwörer nennt man so nach dem Monat, in dem der Aufstand stattfand: Dezember = russisch dekabr.
143 Giljarowski, S. 287.
144 Giljarowski, S. 292-296.

V. Vom Boulevardring zum Arbat

145 Franz Carl Weiskopf, Zukunft im Rohbau.
146 S.T. Ovčinikova, Puškin v Moskve, S. 5.
147 Das Gut gehörte zum Gouvernement Nischnij Nowgorod.
148 Die Kirche liegt am Übergang des Twerskoj-Boulevards in den Gogolewskij-Boulevard, etwas von der Kreuzung zurückversetzt, und wir erreichen sie etwas später während dieses Spazierganges. Das Palais der Familie Gontscharow stand in der Bol'schaja Nikitskaja / Ecke Skarjatinskij Pereulok. Später entstanden an jener Stelle die bis heute erhaltenen Häuser Nr. 48 und 50. Vgl. Lev Kolodnyj, Moskva v ulicach i licach, S. 190.
149 Vgl. Ovčinikova, S. 17.
150 Ovčinikova, S. 19. Übersetzung: I. Schalthöfer.
151 Eine gebührende öffentliche Anerkennung Puschkins war lange wegen seiner politischen Ansichten ausgeblieben. Später kam erschwerend hinzu, daß sein Duell und die daraus resultierende tödliche Verletzung gesellschaftlich geächtet wurden.
152 Mein Puschkin, S. 36 und S. 52. Dostojewski hielt diese Rede am 8. Juni 1880.
153 Lew N. Tolstoj, Anna Karenina, Bd. III, S. 1021.
154 Lew N. Tolstoj, Krieg und Frieden, Bd. II, S. 190.
155 Lew N. Tolstoj, Die Dekabristen, Sämtliche Erzählungen, Bd. IV, S. 183-189.
156 Batjuškov, vgl. Pross-Weerth, S. 157 f.
157 Lew N. Tolstoj, Anna Karenina, Bd. I, S. 37.

158 Die Existenzsicherung für einen Teil des Adels bildete bis zur Abschaffung der Leibeigenschaft im Jahr 1861 die unbezahlte Arbeit ihrer Hörigen. Doch die Mehrheit der Adeligen war arm. Laut der Statistik des Jahres 1835 gehörten zum verarmten Adel 60 % dieses Standes: 14 % besaßen kein Land, 45,9 % hatten weniger als zwanzig Leibeigene. 24 % der Adligen besaßen zwischen einundzwanzig und hundert Leibeigene, 13,2 % zwischen einhundertundeinem und fünfhundert Leibeigene, 1,8 % zwischen fünfhundertundeinem und tausend und nur 1,1 % mehr als tausend Leibeigene. Vgl. Nikolai Gogol, Die toten Seelen, S. 527. Um wirklich als reich zu gelten und im Luxus leben zu können, mußte man mindestens tausend Leibeigene besitzen. Vgl. Goehrke, Bd. 2, S. 111.

159 Bereits Peter III. hat am 18. Februar 1762, kaum zwei Monate nach seiner Krönung, den Adel von der Dienstpflicht befreit. Seine Gattin und Nachfolgerin Katharina II. bestätigte es in der »Gnadenurkunde für den Adel« am 21. April 1785.

160 Lew N. Tolstoj, Krieg und Frieden, Bd. VI, S. 215 f.

161 Lew N. Tolstoj, Krieg und Frieden, Bd. VI, S. 340.

162 Lew N. Tolstoj, Krieg und Frieden, Bd. VII, S. 328 ff.

163 Pawel Iwanowitsch Golochwastow war ein Onkel von Alexander Herzen. Das Haus des Onkels stand ebenfalls im Twerskoj-Boulevard (Nr. 13). Heute sehen wir dort ein Stadtpalais, das der Sohn Golochwastows nach dem Brand 1812 errichten ließ.

164 Herzen, S. 11 ff.

165 Hier schätzt Napoleon die Situation nicht richtig ein. Die Bevölkerung Moskaus betrug damals 275 000. Als die Franzosen die Stadt besetzten, blieben nur ca. 10 000 Einwohner in der Stadt.

166 Valentin Gitermann, Geschichte Rußlands, Bd. 2, S. 503. Napoleon erreichte Moskau am 14. September 1812, zwei Tage später stand die Stadt in Flammen. Die meisten Historiker gehen davon aus, daß die Moskauer selbst den verheerenden Brand durch etliche Brandstiftungen verursacht haben, um die Franzosen möglichst vieler Unterkünfte und des Proviants zu berauben. Diese Aktion soll der damalige Gouverneur Rostoptschin angeordnet haben. Nur wenige gehen davon aus, daß dieser Brand ein unglücklicher Zufall war.

167 Lew N. Tolstoj, Krieg und Frieden, Bd. VIII, S. 54 f.

168 Puschkin, Jewgeni Onegin, S. 192. Napoleon wartet auf die symbolische Übergabe der Stadtschlüssel im Peters-Schloß. In dieses Palais, das ca. 15 Kilometer nordwestlich des Kremls auf der Ausfallstraße Richtung St. Petersburg liegt, flüchtete sich Napoleon wegen des großflächigen Brandes.

169 Napoleon sandte Alexander I., der sich in St. Petersburg aufhielt, dreimal ein Friedensangebot, erhielt darauf aber nie eine Antwort.
170 Lew N. Tolstoj, Krieg und Frieden, Bd. VIII, S. 303 und S. 305 f.
171 Alexander S. Gribojedow, Verstand schafft Leiden, S. 37.
172 Michail Bulgakow, Meister und Margarita, S. 55ff. und 346 ff.
173 Giljarowski, S. 366 f.
174 Schlögel, S. 313.
175 Bulgakow, S. 7-46.
176 Bulgakow, S. 75 ff.
177 Wassili S. Tjutjunnik, (1858-1924), Sänger, ab 1903 Regisseur am Bol'schoj Theater.
178 Giljarowski, S. 503, 475 f.
179 Lew N. Tolstoj, Krieg und Frieden, Bd. IV, S. 61, 78, 103, 106 f, 112.
180 Zwetajewa, Auf eigenen Wegen, S. 91. Zwetajewa kannte das Gebäude in der Powarskaja 52, da sie dort zwischen November 1918 und April 1919 in der Informationsabteilung des Volkskommissariats für Nationalitätenfragen arbeitete.
181 Koeppen, S. 124.
182 Kasack.
183 Zwetajewa, Auf eigenen Wegen, S. 111 ff.
184 Rilke, Zwetajewa, Pasternak, Briefwechsel, S. 231 f.
185 Zwetajewa, Ein Abend nicht von dieser Welt, S. 123.
186 Zwetajewa, Sotschinenja. Übersetzung I. Schalthöfer.
187 Lermontow, vgl. Pross-Weerth, S. 192 ff.
188 Nikolai Gogol, Die Toten Seelen, S. 113.
189 Gogol, Die Toten Seelen, S. 27 f.
190 Gogol, Die Toten Seelen, S. 174, 283 f.
191 Giljarowski, S. 67, Übersetzung: I. Schalthöfer.
192 Koeppen, S. 182 f.
193 Anatoli Rybakow, Roman der Erinnerung, S. 21.
194 Pasternak, S. 251ff. und 257 ff.
195 Monica Rüthers, Mythos Arbat, S. 45.
196 Vgl. Kolodnyj, S. 132, Übersetzung: I. Schalthöfer.
197 Romanze vom Arbat, S. 50.

VI. Rund um das Marstallviertel

198 Rybakow, S. 23.
199 Gogol, Die Toten Seelen, S. 287 f. Die Interpretation und den Nachweis dafür, daß Gogol den Bauskandal in den *Toten Seelen* aufgegriffen hat, lieferte der Slawistikprofessor Dr. phil. Eberhard Reißner. Vgl. auch Anhang zu *Die Toten Seelen*, Goldman Verlag, München 1984, S. 542 f.

200 Charlot Strasser, Reisenovellen aus Rußland und Japan, S. 17.

201 Junger Helfer des Diakons.

202 Bis heute wird in Rußland die Liturgie in Altkirchenslawisch bzw. Altbulgarisch abgehalten. Die heutige russische Sprache weicht vom Altkirchenslawischen deutlich ab, die Kirchgänger können deshalb die Liturgie nur in Ansätzen verstehen.

203 Kohl, S. 277 ff.

204 O Bojan, du Nachtigall der alten Zeit. Sieben Jahrhunderte altrussischer Literatur, S. 55.

205 O Bojan, du Nachtigall der alten Zeit. Sieben Jahrhunderte altrussischer Literatur, S. 51 ff.

206 Die spanische Kirche übernahm das »Filioque« 589, die Fränkische 767 und Rom 1014.

207 Heiler, S. 171.

208 Vgl. Heiler, S. 171.

209 Heiler, S. 172.

210 Die gesamte Privatsammlung der Mäzene ist aufgeteilt worden, ein Teil ist in der Petersburger Eremitage zu sehen.

211 Zwetajewa, Das Haus des alten Pimen, S. 24 ff.

212 Benjamin, S. 124 f.

213 Osborn.

214 Sergej A. Jessenin, Gedichte, S. 40.

215 Pjotr Kropotkin, Memoiren eines Revolutionärs, S. 6 ff.

216 In Preußen wurde die Leibeigenschaft von König Friedrich Wilhelm III. am 9. Oktober 1807 aufgehoben.

217 In jener Zeit lebten im Russischen Reich (die Bevölkerung Polens und Finnlands ist hier nicht berücksichtigt) ca. fünfzig Millionen Menschen. Davon waren fünfundzwanzig Millionen in Besitz des Adels, zwanzig Millionen Bauern gehörten der Krone. Nur viereinhalb Millionen bildeten die freie Mittelschicht: Kaufleute, Handwerker, Geistliche, Beamte, Angehörige der Armee. Den Adel bildeten fünfhunderttausend Personen, also ca. ein Prozent der Bevölkerung. Vgl. Gogol, *Die Toten Seelen*, S. 527.

218 Alexander Radischtschew schrieb in seinem Roman *Reise von Petersburg nach Moskau* erschütternde Zeilen: »Weh dir, hartherziger Gutsherr, auf der Stirn eines jeden deiner Bauern sehe ich dein Urteil.« Vgl. Radischtschew, S. 16. Der Unmut der Bauern entlud sich oft in Gewalttaten, das berühmteste Beispiel ist die Ermordung des Vaters von Fjodor Dostojewski.

219 Vgl. Kolodnyj, S. 125.

220 Bulgakow, S. 136 f.

221 Iwan S. Turgenjew, Aufzeichnungen eines Jägers, S. 615 ff.

222 Chamowniki = Weberviertel.
223 Lew N. Tolstoj, Krieg und Frieden, Bd. VIII, S. 147 f.
224 Koeppen, S. 142.
225 Rilke und Rußland, S. 21.
226 Koeppen, S. 139 f.
227 In Moskau übliche Bezeichnung des Klosters: nowo = neu, dewitschij = der Jungfrauen.
228 Zwetajewa, Auf eigenen Wegen, S. 98.

VII. Metrobesichtigung, stalinistische Architektur und das Samoskworetschje

229 Schlögel, S. 62.
230 Vgl. Moskovskoe metro, S. 8.
231 Zwischen 1900 und 1912 stieg die Bevölkerung Moskaus von einer auf 1,5 Millionen.
232 Weiskopf und Ernst Ottwalt, Wieder in Moskau.
233 Klaus Mann; S. 108.
234 Tyrannei des Schönen, S. 172.
235 Bertolt Brecht, Die Gedichte in einem Band, S. 673 ff.
236 Vgl. Schlögel, S. 345.
237 Schlögel, S. 320 und 321 ff.
238 Alexander N. Ostrowskij, Ausgewählte Theaterstücke, Bd. I, S. 42.
239 Jurij Trifonow, Das Haus an der Moskwa, S. 21 und 87. Je nach Übersetzung ist auch der Romantitel *Das Haus an der Uferstraße* verbreitet.
240 Alfred Charpentier, Russische Wanderbilder.
241 Rinser, S. 172 ff.
242 Alexander N. Ostrowskij, Aufzeichnungen eines Bewohners von Samoskworetschje, S. 18 ff.
243 Schlögel, S. 322.
244 Schlögel, S. 47.

VIII. Ausflug: Dreifaltigkeitskloster in Sergijew Possad

245 De Custine, S. 319.
246 Gogol, S. 312 f.
247 Heiler, S. 291.
248 In deutscher Übersetzung als Schnepfenfeld bekannt.
249 Die Verleihung solcher Ehrennamen war in Rußland üblich: Der Kiewer Großfürst Wladimir, der 988 das Christentum als Staatsreligion in Rußland einführte, bekam den Beinamen »der Täufer«. Alexander Jaroslawitsch, Fürst von Nowgorod und später Großfürst von Wladimir-Susdal,

bekam wegen seiner siegreichen Schlacht gegen die Schweden am Fluß Newa den Beinamen »Newskij«.

250 Massie, S. 94.

251 Vgl. Alexej Komeč, Russkie monastyri, S. 66.

252 Im allgemeinen betrachtet man das Jahr 1480 als das Ende der Fremdherrschaft. Doch das moskowitische Reich litt auch noch in späteren Zeiten vereinzelt unter mongolisch-tatarischen Überfällen; Moskau wurde zum letzten Mal während der Herrschaft Iwans IV. in Mai 1571 geplündert und in Brand gesteckt.

253 De Custine, S. 320 ff.

254 Dumas, S. 322 f.

255 De Custine, S. 320 ff. Es verwundert etwas, daß Peter der Große in dem für ihn so wichtigen Krieg gegen die Schweden, von dessen Ausgang es abhing, ob die Russen wieder Zugang zur Ostsee gewinnen würden, auch auf die Hilfe einer wundertätigen Ikone hoffte. Peter war zwar religiös erzogen worden, hegte jedoch eine tiefe Skepsis und Abneigung gegen die Kirche. In dem von ihm geschaffenen »Allernärrischsten allertrunkensten Konzil« verspottete er kirchliche Würdenträger und sogar die liturgischen Handlungen, die als Parodien aufgeführt wurden. Während Peters Regierungszeit wurde die Macht der Kirche beschränkt und ihre Besitzungen reduziert. Vgl. Neumann-Hoditz, S. 38 ff.

256 Andrej Rubljow malte zusammen mit dem Mönch Daniel Tschorny und anderen Brüdern die Kathedrale mit Fresken aus. Im 17. Jahrhundert wurden sie jedoch weitgehend zerstört. Der Mönch des Moskauer Andronikowklosters, Andrej Rubljow, war in jener Zeit bereits sehr gefragt. Man schreibt ihm einige Ikonen der Ikonostase der Mariä-Verkündigungs-Kathedrale des Moskauer Kremls und Fresken der Mariä-Entschlafens-Kathedrale in Wladimir zu. Rubljow fertigte auch die Deesis-Reihe und die Festtags-Reihe der Ikonostase dieser Kathedrale an. Als jedoch 1774 Katharina II. Wladimir einen Besuch abstattete, stiftete sie eine neue Ikonostase. Die Ikonen aus dem 15. Jahrhundert wurden abmontiert und an ein kleines Dorf im Kreis Schuisk verkauft. Nach der Oktoberrevolution wurden noch dreizehn Bilder der Deesis-Reihe und zehn der Festtags-Reihe gefunden und verstaatlicht. Daraufhin wurden sie in die Sammlung der Moskauer Tretjakow-Galerie und des St. Petersburger Russischen Museums aufgenommen. Vgl. Felicetti-Liebenfels, S. 77.

257 Ludolf Müller, Die Dreifaltigkeitsikone des Andréj Rubljów, S. 38.

258 Müller, S. 17. Außerdem werden mit diesem Thema weitere Visionen verbunden: Jes. 6,1 und Hesek. 1,4-14.

259 Cäsarius von Arles war einer der bedeutendsten Kirchenmänner (geb. um 470, gest. 542) und nach 502 Erzbischof von Arles.

260 Müller, S. 21. Müller zitiert auch Luther, der in einer Randglosse der Bibelausgabe von 1545 zu Gen. 18,2 schreibt: »Für einen felt er nider vnd redet auch als mit einem vnd doch mit dreien. Da ist die Dreifaltigkeit in Gott angezeigt.«

261 Müller, S. 34.

262 Nikolai Lesskow, Der versiegelte Engel, S. 10 f.

263 Carroll, S. 70.

264 Carroll, S. 67.

265 Sossima und Sawwati (russische Variante der im Westen als Zosimus und Sabbatius bekannten, 1547 vom Moskauer Metropoliten Makarios kanonisierten Heiligen, siehe LCI, Bd. 8, S. 642) gelten als die Begründer des Solowezkijklosters auf der Insel Solowez im Weißen Meer. Der Mönch und Wundertäter Sawwati lebte Anfang des 15. Jahrhunderts als Eremit auf der Weißmeerinsel. Sossima folgte ihm und gründete auf der Insel ein Kloster, das seit 1425 bezeugt ist.

266 Zuletzt wurde im Refektorium des Dreifaltigkeitsklosters 1990 Aleksij II. gewählt.

267 Umgangssprachliche Bezeichnung des Dreifaltigkeitsklosters, Troiza = Dreifaltigkeit.

268 Carroll gibt den Namen des Getränks nicht korrekt wieder, es heißt Rjabinowka. Carroll, S. 71 f.

Textnachweise

Barnay, Ludwig: Erinnerungen. Fleischel Verlag, Berlin 1903.

Batjuškov, Konstantin: Sočinenja. Izdatel'stvo chudožestvennoj literatury, Moskva 1955.

Behrens, Erwin: Tagebuch aus Moskau. Wegener, Hamburg 1964.

Benjamin, Walter: Moskauer Tagebuch. Suhrkamp Verlag Frankfurt am Main 1980.

Bie, Oskar: Die neue Rundschau 1915. Bd. 2, S. Fischer Verlag, Berlin 1915.

Bielfeldt, Sigrun: Moskau. Der literarische Führer. Insel Verlag Frankfurt am Main und Leipzig 1993.

Bodenstedt, Friedrich: Erinnerungen aus meinem Leben. Allgemeiner Verein für Deutsche Literatur, Berlin 1888.

Brecht, Bertolt: Die Gedichte in einem Band. Suhrkamp Verlag Frankfurt am Main [5]1988.

Bulgakow, Michail: Meister und Margarita. Aus dem Russischen von Thomas Reschke. © 1994 Verlag Volk und Welt, München, in der Verlagsgruppe Random House GmbH.

Carroll, Lewis: Tagebuch einer Reise nach Rußland im Jahr 1867. Insel Verlag Frankfurt am Main und Leipzig 2000.

Charpentier, Alfred: Russische Wanderbilder. Schulzesche Hofbuchhandlung, Oldenburg und Leipzig 1889.

Custine, Astolphe de: Russische Schatten. Prophetische Briefe aus dem Jahre 1839. Franz Greno Verlag, Nördlingen 1985.

Dumas, Alexandre: Reise durch Rußland. Aufbau Verlag, Berlin 2000.

Epstein, Fritz [Hrsg.]: Heinrich von Staden. Aufzeichnungen über den Moskauer Staat. Friederichsen, De Gruyter & Co. M. B. H., Hamburg 1930.

Felicetti-Liebenfels, Walter: Geschichte der russischen Ikonenmalerei in den Grundlagen dargestellt. Akademische Druck- und Verlagsanstalt, Graz 1972.

Feuchtwanger, Lion: Moskau 1937. Ein Reisebericht für meine Freunde. © Aufbau Verlag GmbH & Co. KG, Berlin 1993 (dieses Werk erschien erstmals 1993 im Aufbau Taschenbuch; Aufbau Taschenbuch ist eine Marke der Aufbau Verlag GmbH & Co. KG).

Giljarowski, Wladimir: Kaschemmen, Klubs und Künstlerklausen. A. d. Russischen von Manfred Denecke. © Aufbau Verlag GmbH & Co. KG, Berlin 1964 (dieses Werk erschien erstmals 1964 bei Rütten & Loening; Rütten & Loening ist eine Marke der Aufbau Verlag GmbH & Co. KG).

Gitermann, Valentin: Geschichte Rußlands. Europäische Verlagsanstalt, Hamburg 1949.

Goehrke, Carsten: Russischer Alltag. Bd. 1: Die Vormoderne. Chronos Verlag, Zürich 2003.

Goehrke, Carsten: Russischer Alltag. Bd. 2: Auf dem Weg in die Moderne. Chronos Verlag, Zürich 2003.

Gogol, Nikolai: Petersburger Skizzen und andere Aufsätze. Philipp Reclam Verlag, Leipzig 1982.

Gogol, Nikolai: Die Toten Seelen. Wilhelm Goldman Verlag, München 1984.

Graf, Oskar Maria: Reise in die Sowjetunion 1934. Hermann Luchterhand Verlag, Darmstadt und Neuwied 1974.

Gribojedow, Alexander S.: Verstand schafft Leiden. Insel Verlag, Leipzig 1970.

Grossman, Wassilij: Am 5. März 1953. In: Alles fließt. Albrecht Knaus Verlag, München und Hamburg 1985.

Heiler, Friedrich. Die Ostkirche. Neubearbeitung von Urkirche und Ostkirche. E. Reinhardt Verlag, München und Basel 1971.

Herzen, Alexander: Erinnerungen, 1. Teil. Wiegand & Grieben, Berlin 1907.

Holitscher, Arthur: Drei Monate Sowjetrußland. Fischer Verlag, Berlin 1921.

Jan [Jantschewetzki], W.: Mongolen. Roman einer Weltherrschaft. Zweites Buch. A. d. Russischen von Horst Wolf. © Aufbau Verlag GmbH & Co. KG, Berlin 1953 (dieses Werk erschien erstmals 1953 im Gustav Kiepenheuer Verlag; Gustav Kiepenheuer ist eine Marke der Aufbau Verlag GmbH & Co. KG).

Jessenin, Sergej A.: Gedichte. S. Fischer Verlag, Frankfurt am Main 1961.

Jewtuschenko, Jewgeni: Stirb nicht vor deiner Zeit. Europaverlag, Wien-München 1994.

Kasack, Hermann: Was ich in Moskau sah und hörte. In: Universitas, 15. Jahrgang, Stuttgart 1960.

Kisch, Egon Erwin: Zaren, Popen, Bolschewiken, Asien gründlich verändert, China geheim. Gesammelte Werke in Einzelausgaben, Band 4. Hrsg. von Bodo Uhse und Gisela Kisch. © Aufbau Verlag GmbH & Co. KG, Berlin 1961 (dieses Werk erschien erstmals 1961 im Aufbau-Verlag; Aufbau ist eine Marke der Aufbau Verlag GmbH & Co. KG).

Koeppen, Wolfgang: Nach Rußland und anderswohin. Empfindsame Reisen. Suhrkamp Verlag Frankfurt am Main 1992.

Kohl, Johann G.: Reisen im Inneren von Rußland und Polen. Arnoldische Buchhaldlung, Dresden und Leipzig 1841.

Kolodnyj, Lev: Moskva v ulicach i licach. Izdatel'stwo golos, Moskva 1999.

Komeč, Aleksej I.: Russkie monastyri. ART-BMB, Moskva 2001.

Kropotkin, Pjotr: Memoiren eines Revolutionärs. Insel Verlag Frankfurt am Main 1969.

Lermontov, Michail J.: Sočinenja v šesti tomach. Izdatel'stvo akademii nauk, Moskva/Leningrad 1957.

Lesskow, Nikolai: Der versiegelte Engel. R. Piper & Co. Verlag, München 1950.

Majakowskij, Wladimir W.: Frühe Gedichte. Suhrkamp Verlag Frankfurt am Main 1965.

Majakowskij, Wladimir W.: Ich. Ein Selbstbildnis. Suhrkamp Verlag Frankfurt am Main 1973.

Mandelstam, Ossip: Über den Gesprächspartner. Gesammelte Essays 1913-1924. S. Fischer Verlag, Frankfurt am Main 1994.

Mandelstam, Ossip: Im Luftgrab. Ein Lesebuch. Ammann Verlag, Zürich 1988.

Mann, Klaus: Heute und morgen. Schriften zur Zeit. Nymphenburger Verlagshandlung, München 1969.

Márquez, Gabriel García: Frauenhände. In: Zwischen Karibik und Moskau. Journalistische Arbeiten 1955-1959. Verlag Kiepenheuer & Witsch, Köln 1986.

Massie, Robert K.: Peter der Große. Sein Leben und seine Zeit. Athenäum Verlag, Königstein 1986.

Mayenburg, Ruth von: Hotel Lux. Piper Verlag, München 1991.

Mein Puschkin. Von Gogol bis Granin. Buchverlag Der Morgen, Berlin 1986.

Moltke, Helmuth Karl Bernhard Graf: Briefe aus Rußland. Verlag Gebrüder Paetel, Berlin 1877.

Moskau. Europa erlesen. [Hrsg.] Valeria Jäger, Erich Klein. Wieser Verlag, Klagenfurt/Celovec 1999.

Moskau. Menschen, Mythen, Orte. [Hrsg.] Monica Rüthers, Carmen Scheide. Böhlau Verlag, Köln 2003.

Moskovskoe metro. Izdatel'stwo vokrug sveta, Moskva ^{2}2006.

Moy, Carl Graf: Als Diplomat am Zarenhof. Prestel, München 1971.

Müller, Ludolf: Die Dreifaltigkeitsikone des Andréj Rubljów. Wewel, München 1990.

Neumann-Hoditz, Reinhold: Peter der Große. Rowohlt, Reinbek ^{4}1996.

O Bojan, du Nachtigall der alten Zeit. Sieben Jahrhunderte altrussischer Literatur. Hrsg. von Helmut Graßhoff, Klaus Müller und Gottfried Sturm. © Aufbau Verlag GmbH & Co. KG, Berlin 1965 (dieses Werk erschien erstmals 1965 bei Rütten & Loening; Rütten & Loening ist eine Marke der Aufbau Verlag GmbH & Co. KG).

Okudschawa, Bulat: Gedichte und Chansons. Kindler Verlag, München 1969.

Olearius, Adam: Moskowitische und Persische Reise. Bearbeitet von Eberhard Meißner. © Aufbau Verlag GmbH & Co. KG, Berlin 1959 (dieses Werk erschien erstmals 1959 bei Rütten & Loening; Rütten & Loening ist eine Marke der Aufbau Verlag GmbH & Co. KG).

Osborn, Max: Der bunte Spiegel. Erinnerungen aus dem Kunst- und Geistesleben der Jahre 1890/1933. Friedrich Krause, New York 1945.

Ostrowskij, Alexander N.: Aufzeichnungen eines Bewohners von Samoskworetschje. Übersetzt von Ulrike Zemme. © 1991 Residenz Verlag im Niederösterreichischen Pressehaus Druck- und Verlagsgesellschaft mbH, St. Pölten.

Ostrowskij, Alexander N.: Ausgewählte Theaterstücke. Bd. 1 und 2, Verlag Heinrich Ellermann, München 1966.

Ottwalt, Ernst: Wieder in Moskau. In: Die neue Weltbühne, Jahrgang 3, Berlin 1934.

Ovčinikova, S. T.: Puškin v Moskve. Letopis' žizni A. S. Puškina s 5 dekabrja 1830 g. po 15 maja 1831 g. Sovetskaja rossija, Moskva 1984.

Pasternak, Boris: Doktor Shiwago. Roman. A. d. Russischen von Thomas Reschke. © Aufbau Verlag GmbH & Co. KG, Berlin 1992 (dieses Werk erschien erstmals 1992 im Aufbau Verlag; Aufbau ist eine Marke der Aufbau Verlag GmbH & Co. KG).

Pilnjak, Boris: Maschinen und Wölfe. Pegasus Verlag, Zürich 1946.

Polnoe sobranie russkich letopisej. Izdatel'stvo akademii nauk, Moskva/Leningrad 1915-1977

Popow, Jewgeni: Das Herz des Patrioten. S. Fischer Verlag, Frankfurt am Main 1991.

Pross-Weerth, Heddy: Moskau. Von der Siedlung im Wald zur Kapitale einer Weltmacht. Insel Verlag Frankfurt am Main 1980.

Puschkin. Ein Lesebuch für unsere Zeit. Aufbau Verlag, Berlin und Weimar [6]1988.

Puschkin, Alexander: Jewgeni Onegin. Roman in Versen. Insel Verlag Frankfurt am Main und Leipzig 1999.

Puschkin, Alexander: Werke in sechs Bänden. Insel Verlag Frankfurt am Main 1973.

Radischtschew, Alexander N.: Reise von Petersburg nach Moskau. Rütten & Loening, Berlin 1952.

Reich, Bernhard: Erinnerungen an das frühe sowjetische Theater. In: Theateroktober. Röderbergverlag, Frankfurt am Main 1972.

Reise nach Moskau. Aufzeichnungen und Berichte 1526-1972. [Hg.] Klaus Kuntze, Heimeran Verlag, München 1980.

Rilke und Rußland. Briefe, Erinnerungen, Gedichte. [Hrsg.] Konstantin Asadowski. Insel Verlag Frankfurt am Main 1986.

Rilke, Rainer Maria: Briefe aus den Jahren 1892/1904. Insel Verlag Frankfurt am Main 1939.

Rilke, Rainer Maria; Marina Zwetajewa; Boris Pasternak. Briefwechsel. Insel Verlag Frankfurt am Main 1983.

Rilke, Rainer Maria: Sämtliche Werke. Insel Verlag Frankfurt am Main 1987.

Rinser, Luise: Grenzübergänge. S. Fischer Verlag, Frankfurt am Main 1972.

Rodimceva, Irina A.: Iz glubiny vekov. Očerki istorii Moskovskogo Kremlja. Gosudarstvennyj istoriko-kul'turnyj muzej-zapovednik »Moskovskij Kreml'«, Moskva 2000.

Romanze vom Arbat. Bulat Okudshawa. Lieder, Gedichte. Verlag Volk und Welt, Berlin 1985.

Roth, Joseph: Der neunte Feiertag der Revolution. Frankfurter Zeitung 14. 11. 1926.

Russische Heiligenlegenden. [Hrsg.] Ernst Benz. Diogenes, Zürich 1987.
Rußland-Chronik. [Hrsg.] Otto Böss. Das Bergland-Buch, Salzburg 1986.
Rüthers, Monica: Mythos Arbat. In: Moskau. Menschen, Mythen, Orte. [Hrsg.] Monica Rüthers, Carmen Scheide. Böhlau Verlag, Köln 2003.
Rybakow, Anatoli: Roman der Erinnerung. Memoiren. Aufbau Verlag, Berlin 2001.
Scheffer, Paul: Augenzeuge im Staate Lenins. R. Piper & Co. Verlag, München 1972.
Schlögel, Karl: Moskau lesen. Die Stadt als Buch. Siedler Verlag, Berlin 2000.
Strasser, Charlot: Reisenovellen aus Russland und Japan. Verlag von Rascher & Cie, Zürich und Leipzig 1911.
Seume, Johann Gottfried: Mein Sommer 1805. [Hrsg.] Clemens Fricke. Neuthor-Verlag, Michelstadt 1987.
Toller, Ernst: Quer durch. Reisebilder und Reden. Gustav Kiepenheuer, Berlin 1930.
Tolstoj, Alexej: Iwan der Schreckliche. Weltbild-Bücherdienst, Augsburg [ohne Jahr].
Tolstoj, Lew N.: Anna Karenina. Bd. 1-3. Insel Verlag Frankfurt am Main 1984.
Tolstoj, Lew N.: Die Dekabristen. In: Lew N. Tolstoj: Sämtliche Erzählungen. Bd. 4. Insel Verlag Frankfurt am Main 1980.
Tolstoj, Lew N.: Krieg und Frieden. Bd. 4-8. Insel Verlag Frankfurt am Main 1984.
Trifonow, Jurij: Das Haus an der Moskwa. Bertelsmann Verlag, München 1977.
Turgenjew, Iwan S.: Aufzeichnungen eines Jägers. Erzählungen 1844-1855. Artemis & Winkler Verlag, München ^{3}1994.
Tyrannei des Schönen. Architektur der Stalin-Zeit. [Hrsg.] Peter Noever. Prestel, München 1994.
Wagner, Richard: Mein Leben. F. Bruckmann, München 1911.
Weiskopf, Franz Carl: Zukunft im Rohbau. 18 000 Kilometer durch die Sowjetunion. Malik, Berlin 1932.
Zbarski, Ilya: Lenin und andere Leichen. Mein Leben im Schatten des Mausoleums. Econ Verlag, München 2000.
Zweig, Stefan: Die Welt von gestern. Bermann Fischer, Stockholm 1942.
Zwetajewa, Marina I.: Auf eigenen Wegen. Tagebuchprosa. Moskau 1917-1920, Paris 1934. Suhrkamp Verlag Frankfurt am Main 1987.
Zwetajewa, Marina I.: Ein Abend nicht von dieser Welt. Prosa. Suhrkamp Verlag Frankfurt am Main 1999.
Zwetajewa, Marina I.: Das Haus des alten Pimen. Philipp Reclam Verlag, Leipzig 1989.
Zwetajewa, Marina I.: Sočinenja. Tom 2. Stichotvorenja i poemy. Izdatel'stvo PTO Centr, Moskva 1992.

Museen

Moskau wird zu Recht als Stadt der Museen bezeichnet, denn über hundert Museen können hier besucht werden. Die folgende Übersicht beinhaltet die wichtigsten von ihnen und diejenigen, die in diesem Buch erwähnt wurden. Zusätzlich werden einige Literaturmuseen genannt, die im Buch nicht vorkommen. In den eckigen Klammern ist der jeweilige Spaziergang angegeben, im Rahmen dessen ein Besuch des betreffenden Museums integriert werden könnte.
Im Internet kann man sich über alle Museen informieren unter ‹www.museum.ru› (russisch und z. T. englisch) und in deutscher Sprache unter ‹www.moskau.ru/moskau/sehenswert/museum/›.
Die Museen schließen pünktlich, deshalb werden die Besucher oft schon eine halbe Stunde vorher zum Gehen aufgefordert. Wichtig: Eintrittskarten werden bis eine Stunde vor Schließung verkauft, und auch der Einlaß ins Museum ist dann beendet.
Die meisten Museen haben einen zusätzlichen Tag im Monat geschlossen. Während dieses »sanitarnyj den'« werden die Museumsräume gründlich gereinigt.

Alexej-Tolstoj-Museum / Wohnung [4. Spaziergang]
Spiridonowka 2/6
Metro: Arbatskaja
Mi., Fr. 13-18 Uhr und Do., Sa., So. 11-18 Uhr, außer letzter Fr. im Monat

Andrej-Rubljow-Museum / Museum der frühen russischen Kunst und Kultur
[liegt nicht in der Nähe der Spaziergänge]
Andronjewskaja Ploschtschad' 10
Metro: Taganskaja/Marksistskaja
Do.-Di. 11-18 Uhr, außer letzter Fr. im Monat
Einige Originale der Rubljow-Ikonen sind in der Tretjakow-Galerie zu sehen, doch hier bekommt man einen guten Einblick in das Gesamtwerk und Leben des berühmtesten russischen Ikonenmalers.

Archäologisches Museum Moskaus [2. Spaziergang]
Manegeplatz 1a
Metro: Ochotnyj Rjad
Di., Do., Sa., So. 10-18 Uhr und Mi., Fr. 11-19 Uhr, außer letzter Fr. im Monat

Belyj-Museum / Wohnung [4. Spaziergang]
Arbat 55
Metro: Smolenskaja
Mi.-So. 11-18 Uhr

Bulgakow-Museum / Wohnung [4. Spaziergang]
Bol'schaja Sadowaja 10
Metro: Majakowskaja
Täglich 13-23 Uhr, am Wochenende teilweise länger

Galerie europäischer und amerikanischer Kunst des 19. und 20. Jh. [5. Spaziergang]
Wolchonka 14 (Eingang Seitengasse: Malyj Snamenskij Pereulok)
Metro: Kropotkinskaja
Mi.-So. 10-19 Uhr, Do. bis 21 Uhr, außer letzter Fr. im Monat
In 26 Sälen werden Exponate aus der Sammlung Morosows und Schtschukins ausgestellt, darunter Cézanne, Matisse, Monet, Gauguin, van Gogh und Picasso.

Gogol-Museum / Wohnung [4. Spaziergang]
Nikitskij-Boulevard 7/7a
Metro: Arbatskaja
Di. 14-20 Uhr und Sa. 12-18 Uhr

Gorkij-Museum / Villa Rjabuschinskij [4. Spaziergang]
Malaja-Nikitskaja 6/2
Metro: Arbatskaja
Mi. und Fr. 12-18 Uhr, Do., Sa. und So. 10-16.30 Uhr

GULAG-Museum [im Anschluß an den 3. Spaziergang möglich)
Petrowka 16
Metro: Tschechowskaja/Puschkinskaja
Di.-Sa. 11-16 Uhr

Haus des Bojaren Romanow / Alter Regentenhof [2. Spaziergang]
Warwarka 10
Metro: Kitaj Gorod
Do.-Mo. 10-17 Uhr und Mi. 11-18 Uhr

Herzen-Museum / Haus [im Anschluß an den 4. Spaziergang möglich]
Siwzew Wraschek 27
Metro: Smolenskaja
Di., Do., Sa. 11-18 Uhr und Mi., Fr. 13-18 Uhr

Historisches Museum [1., 2. oder 3. Spaziergang]
Krasnaja Ploschtschad' 1/2

Metro: Ochotnyj Rjad
Mi.-Mo. 11-19 Uhr, außer erster Mo. im Monat

Jermolowa-Museum / Wohnung [4. Spaziergang]
Twerskoj Boulevard 11
Metro: Arbatskaja
Täglich 12-19 Uhr, außer Di. und jeden ersten Mo. im Monat (während der Sommerzeit jeden Mo. und Di. geschlossen)

Kreml [1. Spaziergang]
Metro: Ochotnyj Rjad / Alexandrowskij Sad / Borowickaja
Die Eintrittskarten für das Kremlterritorium und die Rüstkammer am besten an der Hauptkasse am Kutafjaturm kaufen. Für den Diamantenfonds erhält man die Eintrittskarten direkt dort an der Kasse. Wichtig: Alle Eintrittskarten bekommt man immer nur für den aktuellen Tag. Größere Rucksäcke oder Taschen müssen in der Regel in einer Aufbewahrungskammer unter dem Kutafjaturm abgegeben werden.
Mo.-Mi. und Fr.-So. 10-17 Uhr
Rüstkammer/Schatzkammer
Mo.-Mi. und Fr.-So., Besichtigungsintervalle 10-11.30; 11.30-12; 14.30-16; 16.30-18 Uhr
Diamantenfonds in der Rüstkammer
Mo.-Mi. und Fr.-So. 10-18 Uhr

Leninmausoleum [2. Spaziergang]
Krasnaja Ploschtschad'
Metro: Ochotnyj Rjad
Di.-Do. und Sa., So. 10-13 Uhr

Lermontow-Museum / Wohnung [4. Spaziergang]
Malaja Moltschanowka 2
Metro: Arbatskaja
Mi., Fr. 14-18 Uhr und Di., Do., Sa. 11-17 Uhr, außer letzter Tag im Monat

Lew-Tolstoj-Haus [5. Spaziergang]
Uliza Lwa Tolstogo 21
Metro: Park Kul'tury
Di.-So. 10-18 Uhr, außer letzter Fr. im Monat

Literatur-Museum [im Anschluß an den 3. oder vor dem 4. Spaziergang und zusammen mit dem Museum für moderne Kunst möglich]

Petrowka 28, in einem Gebäude des Wysoko-Petrowski-Klosters
Metro: Twerskaja/Tschechowskaja/Puschkinskaja
Mi., Fr. 14-18 Uhr und Sa. 10-17 Uhr, außer letzter Tag im Monat

Majakowskij-Museum [2. Spaziergang]
Lubjanskij Projesd 3/6
Metro: Lubjanka
Mo., Di., Fr.-So. 10-18 Uhr und Do. 13-21 Uhr, außer letzter Fr. im Monat

Museum für Geschichte Moskaus [im Anschluß an den 2. Spaziergang möglich]
Nowaja Ploschtschad' 12
Metro: Lubjanka
Di.-So. 10-19 Uhr, außer letzter Fr. im Monat

Museum für moderne Geschichte Moskaus / Englischer Klub [im Anschluß an den 3. oder vor dem 4. Spaziergang]
Twerskaja 21
Metro: Puschkinskaja
Di.-Sa. 10-18 Uhr und So. 10-17 Uhr, außer letzter Fr. im Monat

Museum für moderne Kunst [im Anschluß an den 3. oder vor dem 4. Spaziergang und zusammen mit dem Literatur-Museum möglich]
Petrowka 25
Metro: Twerskaja/Tschechowskaja/Puschkinskaja
Mo., Mi.-Fr. 12-20 Uhr und Sa., So. 12-19 Uhr

Museum privater Sammlungen [5. Spaziergang]
Wolchonka 10 (Eingang Seitengasse: Kolymaschnyj Pereulok)
Metro: Kropotkinskaja
Mi.-So. 12-19 Uhr, Do. bis 21 Uhr, außer letzter Fr. im Monat
Schenkungen privater Sammler: russische und westeuropäische Kunst 15. bis 20. Jh., viele Werke der Künstlervereinigung »Mir Iskustva« (1899-1924) und wechselnde Ausstellungen.

Museumsstädtchen [5. Spaziergang]
Ein Ensemble von mehreren Gebäuden. Das Puschkin-Museum für bildende Künste ist das Hauptgebäude. Wichtige Zweigstellen: Galerie europäischer und amerikanischer Kunst des 19. und 20. Jh.s und Museum privater Sammlungen (Öffnungszeiten siehe einzelne Museen)

Nemirowitsch-Dantschenko-Museum / Wohnung [3. Spaziergang]
Glinischtschweskij Pereulok 5/7
Metro: Twerskaja/Puschkinskaja/Tschechowskaja
Mi., Fr. 14-18.30 Uhr und Do., Sa., So. 11-17.30 Uhr

Neu-Jungfrauen-Kloster [5. Spaziergang]
Nowodewitschij Projesd 1
Metro: Sportiwnaja
Mi.-Mo. 10-17 Uhr
Neuer Friedhof am Neu-Jungfrauen-Kloster
Nowodewitschij Projesd 2
Täglich 10-17 Uhr

Neue-Tretjakow-Galerie [6. Spaziergang]
Krymskij Wal 10
Metro: Park Kul'tury oder Oktjabr'skaja
Di.-So. 10-19.30 Uhr
Die Neue-Tretjakow-Galerie ist seit 1980 eine Dependance der Tretjakow-Galerie, in der in 40 Sälen ausschließlich die Werke der russischen Avantgarde seit 1910 bis in die heutige Zeit ausgestellt werden. In einem Saal sind Werke von Kasimir Malewitsch zu sehen, darunter auch das berühmte *Schwarze Quadrat*. In anderen Sälen werden Arbeiten von Marc Chagall und Wassilij Kandinski gezeigt. Die Epoche des sozialistischen Realismus ist reich vertreten.

Ostrowskij-Museum / Haus [6. Spaziergang]
Malaja Ordynka 9
Metro: Tretjakowskaja
Mi.-So. 12-19 Uhr, außer letzter Fr. im Monat

Pasternak-Museum / Haus
[liegt nicht in der Nähe der Spaziergänge, erreichbar mit einem Vorortszug (Elektritschka) vom Kiewer Bahnhof aus]
Pawlenko Uliza 3 in Peredelkino
Do.-So. 10-16 Uhr

Puschkin-Literaturmuseum [5. Spaziergang]
Pretschistenka 12
Metro: Kropotkinskaja
Di.-So. 11-19 Uhr, außer letzter Fr. im Monat
Im spätklassizistischen Stadtpalais der Familie Chruschtschow kann man per-

sönliche Gegenstände des Dichters sehen. Puschkin hat hier nie gewohnt, beschrieb aber den schönen Garten des Palais.

Puschkin-Museum für bildende Künste [5. Spaziergang]
Wolchonka 12
Metro: Kropotkinskaja
Di.-So. 10-19 Uhr, Do. bis 21 Uhr
Sehenswert ist vor allem der Schatz des Priamos im Saal Nr. 3 und die wechselnden Ausstellungen.

Puschkin-Wohnhaus [4. Spaziergang]
Arbat 53
Metro: Smolenskaja
Mi.-So. 11-18 Uhr, außer letzter Fr. im Monat

Skrjabin-Museum / Wohnung [4. Spaziergang]
Bol'schoj Nikolopeskowskij Pereulok 11
Metro: Smolenskaja
Mi. und Fr. 12-18 Uhr, Do., Sa. und So. 10-16.30 Uhr, Öffnungszeiten ändern sich öfters

Staatliches Museum für moderne Kunst
[liegt nicht in der Nähr der Spaziergänge]
Zoologitscheskaja Uliza 13
Metro: Barrikadnaja/Krasnopresnenskaja
Di.-So. 12-19 Uhr – nur bei Ausstellungen (russische und internationale zeitgenössische Kunst und Abends verschiedene Veranstaltungen)

Stanislawskij-Museum / Wohnung [3. Spaziergang]
Leont'ewskij Pereulok 6
Metro: Smolenskaja
Mi., Fr. 14-19 Uhr und Di., Sa., So. 15-17 Uhr

Tolstoj-Haus / Wohnung siehe Alexej-Tolstoj-Museum und Lew-Tolstoj-Haus

Tolstoj-Museum [5. Spaziergang]
Pretschistenka 11
Metro: Kropotkinskaja
Di.-So. 11-17 Uhr
Hier kann man in einem wunderschönen Empirestadtpalais der Familie Lopuchin das Leben und Werk von Lew Tostoj anhand zahlreicher Dokumente verfolgen. Tolstoj hat hier aber nie gelebt.

Tretjakow-Galerie [6. Spaziergang]
Lawruschinskij Pereulok 10
Metro: Tretjakowskaja
Di.-So. 10-19.30 Uhr
Wichtig: Die Ikone der Gottesmutter von Wladimir befindet sich in der Nikolaikirche, im Innenhof der Tretjakow-Galerie, und ist für die Galeriebesucher nur zwischen 12 Uhr und 16 Uhr zugänglich.

Tschechow-Haus [4. Spaziergang]
Sadowaja-Kudrinskaja 6
Metro: Barrikadnaja
Di., Do., Sa., So. 11-16 Uhr und Mi., Fr. 14-18 Uhr, außer letzter Tag im Monat

Zwetajewa-Museum / Wohnung [4. Spaziergang]
Borisoglebskij Pereulok 6
Metro: Arbatskaja
So.-Fr. 12-17 Uhr

Cafés und Restaurants

Inzwischen gibt es innerhalb des Gartenringes eine Menge Cafés und Restaurants. Doch seit Moskau 2006 die weltweit teuerste Stadt wurde, schlägt sich das auch im Preisniveau der Lokale nieder, und man bezahlt im Durchschnitt das, was auch in anderen europäischen Großstädten üblich ist. Die Empfehlungen in diesem Band wurden ausgesucht wegen der besonderen Atmosphäre, der guten Küche oder der günstigen Lage. Weitere Adressen und Telefonnummern in der monatlichen Zeitschrift *where* oder unter ‹www.wheremoscow.spn.ru›.

1. und 2. Spaziergang (alle zentral gelegen)

Bosco Café und Bosko Baro, Krasnaja Ploschtschad' 3 (Restaurant und Café im GUM, an der Seite des Roten Platzes)
Täglich 10-23 Uhr, recht teuer, aber phantastischer Blickt auf den Kreml.

Krasnaja Ploschtschad', Krasnaja Ploschtschad' 1 (im Gebäude des Historischen Museums)
Täglich 12-24 Uhr, recht teuer, aber günstigerer Mittagstisch, feine russische Küche und schönes Ambiente.

Unterirdisches Einkaufzentrum Manegeplatz (oberste Ebene und unterste Ebene des Einkaufzentrums, viele Lokale, auch Selbstbedienung)
Täglich 11-22 Uhr, eher günstig, russische und internationale Speisen.

3. Spaziergang

Diverse Lokale in der *Fußgängerzone* Kamergerskij Pereulok, viele mit einer Sommerterrasse, Oase der Ruhe mitten im Zentrum.

Coffeemania, Bol'schaja Nikitskaja 13 (im Seitenflügel des Konservatoriums)
Täglich 24 Stunden, Café und Restaurant, guter Kaffee und schmackhafte Speisen, lauschige Sommerterrasse mitten im Zentrum.

4. Spaziergang

Café Puschkin, Twerskoj-Boulevard 26 a (unweit des Puschkin-Denkmals)
Café im Erdgeschoß, geöffnet täglich 24 Stunden, russische und internationale Küche.
Im ersten Stock ein traditionsreiches Restaurant mit guter russischer Küche, recht teuer, geöffnet 11-24 Uhr.

Konditorei Puschkin (direkt neben dem Café Puschkin)
Täglich 11-24 Uhr.

Le Gastronom, Kudrinskaja Ploschtschad' 1 (im Hochhaus aus der Stalinzeit, in der Nähe von Tschechows Haus)
Täglich 12-1 Uhr, beeindruckendes Interieur, repräsentatives Beispiel stalinistischer Architektur.

Café Margarita, EckeMalaja Bronnaja 28/Malyj Kozichinskij Pereulok (an den Patriarchenteichen)

Täglich 13-24 Uhr, vorwiegend russische Küche, Interieur eher rustikal.

MARI VANNA, Spiridonowskij Pereulok 10 (in der Nähe der Patriarchenteiche)

Mo. bis Fr. 8-23 Uhr, Sa. und So. 9-23 Uhr, Küche bis 22.30. Eine Tischreservierung ist vor allem für die Abendstunden notwendig (Tel.: 650-650-0). Am Eingang muß geklingelt werden. Es wird schmackhaftes Frühstück und russische »Hausmannskost« angeboten. 2008 wurde das Lokal in *Time out Moskwa* zum besten neu eröffneten Restaurant gewählt.

Dom Literatow, Powarskaja 50 (im Haus des Schriftstellerverbandes)

Täglich 12-24 Uhr, wo früher nur die Mitglieder des Schriftstellerverbandes speisen durften, kann inzwischen jeder die Speisen, aber vor allem das imposante Interieur genießen.

Mumu, Arbat 45 (neben dem Denkmal für Okudshawa)

Täglich 10-23 Uhr, russische Küche zu zivilen Preisen, Selbstbedienung, Sommerterrasse, gut besucht und deshalb meist lange Warteschlangen.

5. Spaziergang

Genazwale, Ostoschenka 12/14

Täglich 12-24 Uhr, georgische Küche, gehobenes Preisniveau.

U Pirosmani, Nowodewitschij Projesd 4 (gegenüber dem Neu-Jungfrauen-Kloster)

Täglich 12-22 Uhr, traditionsreiches georgisches Lokal, in dem zuweilen auch Prominente speisen.

6. Spaziergang

Kortschma Taras Bul'ba, Pjatnizkaja 14 (in der Nähe der Brücke: Bol'schoj Moskworeckij Most)

Täglich 12-24 Uhr, russische und ukrainische Küche.

Grabli, Pjatnizkaja 27

Täglich 9.30-23 Uhr, russische und ukrainische Küche zu zivilen Preisen, Selbstbedienung.

Bildnachweis

age fotostock/LOOK-foto: S. 4, 16, 33, 64, 89, 125, 180, Franz Marc Frei/LOOK-foto: S. 53, 104, 185, Joris van Velzen/LOOK-foto: S. 73, TerraVista/LOOK-foto: S. 169, Bildagentur Huber/Gräfenhain: S. 24, Bildagentur Huber/G. Simeone: S. 141, Bildagentur Huber/FotoSa: S. 192, Abraham Nowitz/Corbis: S. 81, Hubertus Blume/mauritius images: S. 152

Literarische Reisebegleiter im insel taschenbuch Eine Auswahl

Städte

Barcelona. Ein Reisebegleiter. Von Michi Strausfeld. Mit farbigen Fotografien. it 3251. 283 Seiten

Bayreuth. Ein literarisches Porträt. Herausgegeben von Frank Piontek und Joachim Schultz. Mit zahlreichen Abbildungen. it 1830. 208 Seiten

Mit Brecht durch Berlin. Ein literarischer Reiseführer. Von Michael Bienert. Mit zahlreichen Fotografien. it 2169. 271 Seiten

Literarischer Führer Berlin. Von Fred Oberhauser und Nicole Henneberg. Mit zahlreichen Abbildungen, Karten und Registern. it 2177. 517 Seiten

Bremen. Literarische Spaziergänge. Von Johann-Günther König. Mit farbigen Fotografien. it 2621. 272 Seiten

Buenos Aires. Ein Reisebegleiter. Von Sieglinde Oehrlein. Mit farbigen Fotografien. it 3215. 239 Seiten

Cambridge. Eine Kulturgeschichte. Von Peter Sager. it 3335. 331 Seiten

Chicago. Porträt einer Stadt. Herausgegeben von Johann Norbert Schmidt und Hans Peter Rodenberg. Mit farbigen Fotografien. it 3032. 330 Seiten

Dublin. Ein Reisebegleiter. Von Hans-Christian Oeser. Mit farbigen Fotografien. it 3114. 220 Seiten

NF 31/1/4.10

Florenz. Ein Reisebegleiter. Von Birgit Hanstedt. Mit farbigen Fotografien. it 3610. Etwa 220 Seiten

Frankfurt. Acht literarische Spaziergänge. Von Siegfried Diehl und Karlheinz Braun. Mit farbigen Fotografien. it 3204. 246 Seiten

Mein Frankfurt. Von Martin Mosebach. Ausgewählt und mit einem Nachwort von Rainer Weiss. Mit Fotografien von Barbara Klemm. it 2871. 176 Seiten

Granada. Ein literarisches Porträt. Herausgegeben von Nina Koidl. Mit farbigen Fotografien. it 2635. 243 Seiten

Hamburg. Ein Städte-Lesebuch. Herausgegeben von Eckhart Kleßmann. Mit zahlreichen Abbildungen. it 1312. 305 Seiten

Havanna. Ein Reisebegleiter. Von Roman Rhode. Mit farbigen Fotografien. it 3608. 216 Seiten

Heidelberg-Lesebuch. Stadt-Bilder von 1800 bis heute. Herausgegeben von Michael Buselmeier. it 913. 385 Seiten

Istanbul. Ein Reisebegleiter. Von Barbara Yurtdas. Mit farbigen Fotografien. it 3026. 313 Seiten

Leipzig. Ein Reisebegleiter. Von Werner Marx. Mit farbigen Fotografien. it 3253. 220 Seiten

Lissabon. Ein Reisebegleiter. Von Gaby Wurster. Mit farbigen Fotografien. it 3202. 190 Seiten

London. Literarische Spaziergänge. Von Harald Raykowski. it 2554. 272 Seiten

NF 31/2/4.10